사회복지행정론

김경희 저

청목출판사

머리말

사회복지행정이란 관리자 또는 행정가들에게만 국한된 특별한 영역이 아니라 모든 사회복지사들이 일상적으로 수행하는 일련의 활동영역이다. 행정이란 조직관리를 의미한다. 그래서 행정을 조직경영, 조직행정이라고 말하는 이도 있다. 지금까지도 사회사업(복지)을 전공하는 학생들은 사회복지행정론을 어렵고 재미가 없는 교과목으로 생각하는 경향이 있다. 학교에서 사회복지행정론을 십 여 년째 가르치면서, 그리고 사회복지실천현장에서의 나의 오랜 실무경험을 통해 아직까지도 우리나라 사회복지기관들의 행정체계가 그다지 잘 확립되어 있지 않은 것에 안타까움을 가진다. 오래 전부터 나는 사회사업(복지)을 전공한 학생들이 학교를 졸업하고 실천현장에서 사회복지사로 일을 할 때, 실제적으로 도움이 될 수 있는 사회복지행정을 가르칠 수 있어야겠다고 다짐한 적이 있다. 그리고 이를 통해 우리나라 사회복지기관들의 행정체계 확립에 조금이나마 기여할 수 있기를 소원하였다. 이 책의 장점은 실천현장에서 활용할 수 있는 예시 제시와 부록에 상당한 지면을 할애하였다는 점이다. 이 책으로 사회복지행정을 공부하게 될 모든 학생들이 사회복지조직에서의 행정의 중요성을 인식하고 사회복지기관의 행정체계를 실천적 입장에서 학습함으로써 사회복지실천현장에서 사회복지사로 일할 때 구체적이고 실제적인 도움이 가능하기를 바라는 마음 간절하다. 또한 실천현장의 사회복지사들이 행정업무를 좀 더 효과적이고 또 효율적으로 수행하는 데에 실질적으로 도움이 되기를 기대한다.

이 책은 모두 5부로 구성되어 있다. 제1부는 사회복지행정의 개념과 특성, 사회복지조직관리, 사회복지조직의 사명수립, 우리나라 사회복지서비스 전달체계에 관한 내용을 실어 사회복지행정에 대한 이해를 도왔다. 제2부는 기획, 의사결정과 의사소통, 인적자원관리, 수퍼비전, 재무관리, 그리고 최근 사회복지조직에서 중요한 이슈로 부각되고 있는 기금조성에 관한 내용을 다루어 사회복지사들이 실무에 참고할 수 있도록 하였다. 제3부에서는 사회복지행정에서 빼놓을 수 없는 중요한 이슈인 리더십을 심도 있게 다루었다. 제4부는 사회복지조직의 책무성과 조직의 구성원인 사회복지사의 책무성 문제를 다루면서 우리나라 사회복지기관행정의 문제점과 개선방안에 관하여 구체적으로 분석하였다. 그리고 최근에야 비로소 실증연구들이 진행되기 시작한 사회복지법인 이사회와 관련하여 이사회의 기능과 역할, 이사회 모델 및 이사 매뉴얼에 관해 다루었다. 마지막 제5부에서는 사회복지서비스의 질 관리, 나아가 조직의 질 관리를 위한 구체적인 틀을 제시하면서 사회복지행정의 핵심 업무가 되는 평가를 다루었다. 또한 '사람을 활용해서 사람을 돕는' 원조 전문직인 사회사업(복지)을 함에 있어서 자신을 돌아보는 작업, 즉 전문가로서 자신의 자아를 전문적 자아로 활용할 수 있기 위한 자기지식 개발에 관해 설명하였다. 본문의 용어 중, '사회사업'과 '사회복지'를 혼용해서 사용한 곳이 있다. 우리는 종종 'Social Work'을 '사회복지'로 번역하고 있는 것을 보는데, 이렇게 번역하는 것에 대한 부담 때문에 어떤 이들은 '사회복지(Social Work)'로 표현하기도 한다. 엄밀한 의미에서 이것은 잘못된 것이다. 그러나 이것이 현재 우리나라 사회복지계의 현실이다. 지난 사십 여년을 '사회사업'에 익숙해 왔고, 또 여기에서 정체성을 찾아온 필자의 입장에서 사회사업과 사회복지의 혼용에 대해 많은 갈등과 심리적 부담을 가지고 있음을 밝혀두고 싶다.

기쁜 마음으로 필요한 자료를 제공해 준 태화복지재단의 심정식, 안정미 두 분 선생님께 특별한 감사를 드린다. 또한 이 책의 발간을 허락하신 청목출판사의 유성렬 사장님과 발간을 적극 지원해 주신 최명성 부장님께도 깊은 감사를 드린다.

2007년 7월

김 경 희

차 례

머리말/3

제1부 사회복지행정에 대한 이해

제 1 장 사회복지행정의 개념 및 특성 — 15

제 1 절 사회복지행정의 개념 ……15
제 2 절 사회복지행정의 특성 ……20

제 2 장 사회복지조직관리 — 23

제 1 절 사회복지조직의 개념 및 특성 ……23
제 2 절 사회복지조직관리 ……27
1. 목표에 의한 관리 …… 27
2. 총체적 품질경영 …… 38
3. 임파워먼트를 통한 조직관리 …… 45
4. 사명에 기반한 조직관리 …… 48

제 3 장 비영리조직의 사명수립 — 50

제 1 절 비영리조직에 대한 이해 ……50
제 2 절 사명, 비전, 핵심가치에 대한 이해 ……52
1. 개념 정의 …… 52
2. 비영리조직의 사명, 비전, 핵심가치의 예 …… 53
제 3 절 사명과 비전의 수립 ……57
1. 새로운 사명과 비전의 수립이 필요한 시기 …… 57
2. 사명과 비전 수립의 제 단계 …… 59

제 4 장 우리나라 사회복지 서비스 전달체계 ——— 62

제 1 절 사회복지 서비스 전달체계의 유형 ········ 62

제 2 절 사회복지 서비스 전달체계의 원칙 ········ 63

1. 행정적 측면 ········ 64
2. 서비스 제공 측면 ········ 65

제 3 절 사회복지 서비스 전달체계의 개선방안 ········ 66

제2부 사회복지기관 행정체계

제 5 장 기　　획 ——— 73

제 1 절 기획에 대한 이해 ········ 73

1. 기획의 개념 ········ 73
2. 전략적 기획 ········ 74

제 2 절 사회복지조직에서의 기획 ········ 76

1. 비영리조직과 기획 ········ 76
2. 기획모델 ········ 78

제 6 장 의사결정과 의사소통 ——— 84

제 1 절 의사결정 ········ 84

1. 의사결정의 개념 ········ 84
2. 의사결정의 방법 ········ 85
3. 의사결정의 유형 ········ 86
4. 의사결정의 모형 ········ 87
5. 의사결정기술에 있어서의 집단 의사결정 방법 ········ 88

제 2 절 의사소통 ········ 90

1. 의사소통의 개념 ········ 90
2. 조직의 의사소통에 관한 이론들 ········ 91
3. 조직의 의사소통 유형 ········ 92
4. 의사소통의 원칙 ········ 93

제 7 장 인적자원관리 — 95

제 1 절 인적자원관리의 개념 및 과정 …… 95

1. 인사계획 …… 96
2. 모집 및 선발 …… 98
3. 교육 · 훈련 …… 98
4. 직무성과 평가 …… 99
5. 보상 …… 100
6. 인력유지 …… 102

제 2 절 인적자원관리로서의 직원개발 …… 105

1. 직원개발의 개념 및 목적 …… 105
2. 직원개발의 방법 및 내용 …… 107

제 8 장 수 퍼 비 전 — 111

제 1 절 수퍼비전에 대한 이해 …… 111

1. 수퍼비전의 개념 …… 111
2. 수퍼비전의 목표 …… 113
3. 수퍼비전의 필요성 및 중요성 …… 114

제 2 절 수퍼비전 관계 …… 115

제 3 절 수퍼비전의 기능 …… 117

1. 행정적 수퍼비전 …… 117
2. 교육적 수퍼비전 …… 122
3. 지지적 수퍼비전 …… 123

제 4 절 직원 수퍼비전 …… 125

1. 수퍼비전의 원리 및 방법 …… 125
2. 수퍼비전 내용 …… 127

제 5 절 실습생 수퍼비전 …… 130

1. 실습지도의 핵심적 내용 및 기술 …… 132
2. 실습교육에 있어서의 학교 · 기관 · 학생의 역할 및 과제 …… 135
3. 실습지도 개선을 위한 환경의 역할 …… 150

제9장 재 무 관 리 ———— 158

제1절 재무관리의 개념 및 과정 ……… 158

제2절 예산수립의 모델 ……… 161

1. 항목별 예산편성 ……… 161
2. 기능적 예산편성 ……… 162
3. P.P.B.S. ……… 162
4. P.P.B.S.의 축소판 예산편성 ……… 163

제3절 예산편성 ……… 164

제10장 기 금 조 성 ———— 168

제1절 사회복지조직에서의 모금 ……… 169

1. 비영리조직 모금활동의 중요성 ……… 169
2. 우리나라 비영리조직의 모금활동 현황 ……… 169
3. 사회복지조직 모금의 비전 ……… 172

제2절 모금활동의 단계 및 방향 ……… 174

제3절 기부문화의 활성화 ……… 180

제3부 리 더 십

제11장 사회복지행정가 ———— 187

제1절 사회복지행정가의 자세 ……… 187

제2절 바람직한 사회복지행정가 상 ……… 189

1. 민주적 의사결정과 의사소통에서 자유로운 지도자 ……… 189
2. 권위를 사용하지 않는 지도자 ……… 190
3. 인간에 대한 깊은 관심을 갖는 지도자 ……… 190
4. 미래지향적 관점을 가진 지도자 ……… 191
5. 비전을 제시할 수 있는 지도자 ……… 191
6. 정보와 지식을 소유하는 지도자 ……… 192
7. 윤리적 지표로서의 역할 모델이 되는 지도자 ……… 192

제12장 리더십 이론 ―――― 194

제 1 절 리더십에 대한 이해 ······ 195
1. 리더십의 개념 및 특징 ······ 195
2. 사회복지조직에 있어서의 리더십의 필요성 ······ 196

제 2 절 리더십의 전통적 이론 ······ 198
1. 특성이론 ······ 198
2. 행동이론 ······ 199
3. 상황이론 ······ 202
4. 가치 지향성에 따른 리더의 유형 ······ 204

제 3 절 사회복지환경과 리더십 ······ 207
1. 사회복지 공급 주체의 다원화 ······ 207
2. 급격한 사회변화와 다양한 사회문제의 대두 ······ 208
3. 사회복지조직의 책무성과 전문성에 대한 요구의 증대 ······ 208
4. 사회복지서비스의 민영화 경향 ······ 208
5. 사회복지사업법의 개정 ······ 209
6. 국민기초생활보장법의 제정 ······ 210

제 4 절 사회복지환경 변화에 따른 사회복지행정가의 리더십 ······ 210
1. 가치 경쟁적 리더십 통합모형 ······ 210
2. 변혁적 리더십과 거래적 리더십 ······ 217

제 5 절 조직문화와 리더십 ······ 219
1. 조직문화 형성에 있어서의 최고관리자의 역할 ······ 219
2. 조직문화와 리더십 ······ 222

제4부 우리나라 사회복지기관 행정의 현황

제 13 장 사회복지기관 행정의 문제점 및 개선방안 ―――― 227

제 1 절 사회복지기관 행정의 문제점 ······ 227
1. 행정의 필요성 및 중요성에 대한 인식 부족 ······ 227
2. 비전공 기관장의 양적 증가 ······ 228
3. 행정체계 미 확립 ······ 228
4. 조직이론, 경영이론 및 행정에 관한 전문적 지식 부족 ······ 229
5. 직원교육 프로그램 미비 ······ 230

6. 행정가의 목표의식 · 책임의식 부재 ···· 230
7. 조직의 사명헌장과 그에 따른 기관의 목적 · 목표 · 사업 지침 · 중장기발전계획 부재 ···· 231
8. 서비스의 효과성 검증을 위한 측정도구 미비 ···· 231

제 2 절 사회복지기관 행정의 방향정립 ···· 232

1. 프로그램 개발 및 평가의 중요성 인식 ···· 232
2. 전문성 증진을 위한 직원교육 프로그램 개발 ···· 233
3. 조직이론 및 경영이론 도입 · 활용 ···· 234
4. 행정체계 확립 ···· 235
5. 소비자 주권에 대한 의식 증진 ···· 235
6. 민간재원 개발의 활성화 ···· 236
7. 지역사회 내 인간봉사조직과의 협력체계 구축 ···· 237

제14장 책 무 성 ···· 238

제 1 절 사회복지조직의 책무성 ···· 238

제 2 절 사회복지조직 구성원의 책무성 ···· 243

1. 사회복지사의 직무성과 ···· 244
2. 사회복지사의 윤리적 책임행동 ···· 244
3. 실천 효과성 검증능력 ···· 245

제15장 이 사 회 ···· 246

제 1 절 이사회의 기능과 역할 ···· 246

제 2 절 이사회 모델 ···· 250

1. 고문 이사회 모델 ···· 250
2. 보호자 모델 ···· 251
3. 협력모델 ···· 251
4. 운영팀 모델 ···· 253
5. 정책 이사회 모델 ···· 255

제 3 절 이사 매뉴얼 ···· 258

제5부 평 가

제16장 평 가 ———— 263

제 1 절 평가의 목적 및 가치 ……… 263

제 2 절 사회복지기관에서의 제 평가 ……… 265

제17장 사회복지조직과 욕구조사 ———— 267

제 1 절 사회복지 욕구조사 ……… 267

1. 사회복지 욕구조사의 개념 및 목적 ……… 267
2. 욕구의 유형 ……… 269

제 2 절 사회복지적 관점에서의 지역사회 ……… 270

1. 지역사회의 개념 정의 ……… 270
2. 지역사회주민들의 욕구 파악 ……… 270

제18장 자기인식 ———— 273

제 1 절 전문가로서의 자신에 대한 이해 ……… 273

제 2 절 자기지식 개발 ……… 275

1. 생활방식과 인생철학 ……… 276
2. 윤리지침과 가치체계 ……… 278
3. 뿌리 ……… 279
4. 인생경험 ……… 280
5. 개인적 욕구(Personal Needs) ……… 281
6. 개인적 기능 ……… 283

◆참고문헌 ……… 285

◐부 록

<부록 1> 직무기술서 ········ 291
<부록 2> 사회복지법인 ○○복지재단의 사명수립 ········ 294
<부록 3> 프로그램 평가서 ········ 310
<부록 4> 연 사업평가서 ········ 312
<부록 5> 조직관리 활동 평가서 ········ 314
<부록 6> 200×년도 책임자 평가서 ········ 316
<부록 7> 200×년도 직원평가서 ········ 318
<부록 8> 근무성적 평가표 ········ 321
<부록 9> 수퍼비전 만족도 조사표 ········ 326
<부록 10> Blake & Mouton의 관리격자 리더십 척도 ········ 328
<부록 11> 오하이오 리더십 척도 ········ 331
<부록 12> 변혁적 리더십과 거래적 리더십 척도 ········ 332
<부록 13> 예시: 사회복지관의 직원 수퍼비전체계 ········ 333
<부록 14> 조직관리 시스템 체크리스트 ········ 343
<부록 15> 2007년 사회복지법인 꿈・희망・미래 재단-예시 ········ 344

◆찾아보기 ········ 377

제1부

사회복지행정에 대한 이해

제 1 장 사회복지행정의 개념 및 특성
제 2 장 사회복지조직관리
제 3 장 사회복지조직의 사명수립
제 4 장 우리나라 사회복지서비스 전달체계

1
chapter

사회복지행정의 개념 및 특성

사회복지행정은 일반행정과는 많은 다른 측면을 가지고 있다. 본 장에서는 사회복지행정의 개념을 일반행정과 비교하여 살펴보고, 사회복지행정이 갖는 특성을 구체적으로 살펴봄으로써 사회복지행정이 사회복지조직 또는 사회복지서비스 제공에서 갖는 의미를 살펴보고자 한다.

제1절 사회복지행정의 개념

그간 우리나라 사회사업(복지) 실천현장에서는 사회복지행정과 관련하여 별다른 도전을 받지 않아 왔다. 사회복지기관에서의 행정은 사회사업(복지) 실무경험을 한 사람들이면 누구나 할 수 있는 것으로 여겨왔다. 그러나 사회복지기관 행정은 단순히 오랜 실무경험으로만 할 수 있는 업무는 아니다. 사회복지기관 행정에는 사회복지행정에 관한 전문적 지식과 기술이 요구되며, 한편 사회사업의 철학과 가치를 내면화한 사회복지행정 전문가의 리더십을 필요로 한다.

사회복지기관 행정과 관련된 많은 문헌들은 행정(administration)과

관리(management)를 구별하기도 한다. 행정은 정치학 또는 사회심리학에 근접한 학문으로서 가치 지향적이며 인간 지향적인 개념으로, 관리의 상위개념으로 설명된다. 관리는 예술이라기보다는 과학으로서 경영학 또는 행정학에 근접한 학문적 개념으로 정책·시책·활동 중심적인 특성을 가진 하위개념으로 설명할 수 있다. 그러나 또 다른 학자 군(群)은 행정과 관리의 두 용어를 조직의 목표를 효율적·효과적으로 달성하도록 하는 과정을 설명하는 상호 교환적인 개념으로 사용하기도 한다. 한마디로 사회복지기관에서의 행정은 사회복지기관이라는 조직의 목표 달성을 위하여 사회복지사들이 수행하는 모든 행정적 업무를 총칭하는 것이라고 하겠다.

여기서 사회복지문헌들에서 나타나는 세 가지의 행정모델을 비교해 보는 것이 사회복지행정을 이해하는 데에 도움이 되겠다. 이들은 각각 분리되어 있다기보다는 중복된 영역들을 가지고 있으며, 하나의 연속선상에 있음을 알 수 있는데(김영종, 1998 재인용), 이러한 비교적 폭넓은 연속선상의 개념적 틀 위에서 사회복지기관에서의 행정을 설명하는 것이 유용할 것이다.

〈표 1-1〉 행정모델의 성격비교

	사회사업행정	사회복지행정	사회행정
관점	전문직	전문직과 외부사회 시각의 혼합	전체 사회적 시각
기능	잔여적 기능	잔여적-제도적 기능의 혼합	제도적 기능
지식과 기술	사회사업 전문직의 기존 3대 방법론에 기초	인간봉사조직의 경영에 필요한 일반적인 사회과학 지식	사회 전체의 사회적 욕구와 자원 배분에 관한 지식
개인과 환경	개인의 치료에 관심	개인과 환경의 상호작용	사회구조 및 환경의 변화

위 표에서 보면 사회사업행정은 사회사업 전문직의 관점에서 사회사

업 실천을 관리하는데 주된 관심이 있어왔다. 여기에서는 하위 또는 중간관리층의 역할 및 책임 등과 관련된 지식적 기반과 그에 따른 기술들이 강조된다. 반면 사회복지행정은 보다 사회복지기관과 외부환경간의 상호작용을 강조하고 인간봉사조직의 경영에 필요한 사회과학 지식을 요구하고 있다. 한편 사회행정은 보다 거시적인 행정 영역을 포함하고 있는데, 전체 사회적 시각에서 사회의 구조와 환경변화를 강조하고 사회사업 전문직을 포함한 제반 사회적 활동들을 모두 포괄한 사회 전체의 사회적 욕구의 실현을 의도한다. 이렇게 볼 때, 사회복지행정은 사회사업행정과 사회행정의 중간에 위치하고 있다고 볼 수 있다(김영종, 1998). 사회복지행정의 관심은 사회사업 전문직과 외부환경의 관점을 연결하고 조정하는 역할을 수행하는 데에 있다. 즉 인간봉사조직과 관련이 있는 제반 전문직들이 함께 사회복지적 목표를 달성하도록 사회복지조직을 관리·경영하거나 사회복지 서비스 및 프로그램들을 계획·실행·평가하는 데에 그 목적이 있다.

따라서 사회복지기관의 행정을 논하기 위해서는 위의 〈표 1-1〉의 행정모델을 근거로 하면서, 사회사업행정을 포괄하는 사회복지행정으로 사회복지기관의 행정을 설명하는 것이 바람직할 것이다. 최근의 사회복지환경의 급격한 변화는 사회사업 실천에서 환경의 요소를 중요하게 고려하게 하고, 서비스의 질 관리뿐만 아니라 조직의 질 관리를 위한 기법을 도입하지 않으면 안 되는 상황으로 이끌고 있다. 이러한 외부환경의 요소를 중요하게 고려할 때 사회복지기관에서의 행정은 사회사업행정을 포괄하면서 경영 관련 지식 및 조직과 외부환경의 상호작용을 강조하는 사회복지행정으로 설명하여야 한다는 결론에 도달하게 된다. 이 점은 제12장에서 설명할 21세기 사회복지조직이 필요로 하는 사회복지행정가의 리더십이 외부환경의 변화에 대처할 수 있기를 요구하고 있는 것과 동일한 맥락을 유지한다.

최성재·남기민(2000)은 사회복지행정의 개념을 협의의 개념과 광의의 개념으로 구분하여 설명하고 있다. 협의의 개념으로 사회복지행정이란, '사회복지조직의 목표 달성을 용이하게 하기 위해 관리자에 의해 수행되는 상호의존적인 과업·기능 및 관련 활동 등의 체계적인 개입활동'을 의미한다고 했으며, 광의의 개념으로는 '사회복지정책을 사회복지 서비스로 전환시키는데 필요한 사회복지조직에서의 총체적인 활동'이라고 Patti의 정의를 인용하여 소개하고 있다.

광의의 개념을 이야기할 때, 정책과 행정의 관계를 규명하는 것이 우선적으로 필요하다. 정책은 일종의 방향 제시이고 행정은 그것을 실천하는 수단이나 과정에 속하는 것으로 구분한다. 그러나 이러한 구분이 실천상황에서 반드시 명확하게 구분되는 것은 아니다. 왜냐하면 정책을 목적 또는 목표라 할 때, 행정은 그 목적·목표를 보다 효과적으로 달성하기 위한 수단이라 할 수 있는데, 사회적 목표가 분화되어 나가는 과정에서 목표와 수단은 절대적인 것이 아니라 상대적인 개념이 되기 때문이다. 즉 하나의 목적을 달성하기 위하여 다수의 하위목표들이 있게 되고, 그 하위목표들이 다시 분화하여 스스로의 하위목표들을 갖는다. 이 경우 하나의 하위목표는 상위목표들을 추구하기 위한 수단이 되기도 하며, 그 자신의 하위목표들에게는 추구해야 할 목적이 되기도 하는 것이다.[1] 이와 같이 사회적 목표들이 분화되어 가는 과정에서 목표와 수단에 대한 개념은 절대적이지 못하다. 따라서 정책과 행정의 구분도 상대적인 것으로 보는 것이 타당하다. 그러므로 행정을 단순히 수단으로만 보는 것에는 명백히 한계가 있다(김영종, 1998). 즉 행정을 정의할 때 정책과의 관련성이 배제되면 행정은 수단으로서의 실천방법론으로 국한된 협의의 개념으로 규정된다. 다시 말해 행정이란 이미 주어진 조직의 목적과 목표들을 달성하기 위해 필요한 업무와 기능들로 그 의미가 제한된다는 것이다.

사회복지행정에 관한 여러 학자들의 개념을 종합해 볼 때, 사회복지행정의 개념은 다음과 같이 정의할 수 있다.

1) 제2장 제2절의 〈예시 2〉 2007년 사업계획서 참조

◇ 광의의 개념

사회복지행정이란 인간의 사회복지를 증진시키기 위해 사회복지정책으로 표현된 추상적인 것을 실제적인 사회복지 서비스로 전환시키는데 필요한 사회복지조직에서의 총체적인 활동이다.

◇ 협의의 개념

사회복지행정이란 조직의 목표를 달성하기 위한 기관정책을 직접 서비스로 전환하여 지역사회 내의 개인 · 가족 · 집단의 사회적 욕구 충족 및 지역사회문제를 예방 · 완화 · 해결하기 위한 사회복지기관에서의 모든 활동이다.

사회복지행정의 개념을 광의의 개념과 협의의 개념으로 구분하여 살펴보았는데, 이를 달리 표현한다면 거시적 개념과 미시적 개념이라는 단어로 이야기할 수 있을 것이다. 그러나 사회복지행정의 과제를 거시적 · 미시적의 두 차원으로 나누어 살피는 것은 그다지 의미가 없다. 왜냐하면 거시적 행정 차원의 과제와 미시적 행정 차원의 과제는 그 본질상 확연히 구별될 수 있는 성질의 것이 아니기 때문이다(김형석 외, 2001).

일반적으로 사회복지행정이 가지는 과제는 효과적 · 효율적인 서비스의 전달, 서비스의 접근용이성, 전문성, 서비스의 중복 · 누락의 조정문제, 서비스 이용자의 욕구 충족, 지역사회의 인정(sanction), 그리고 불안정한 재정 등을 들 수 있겠다. 사회복지행정은 기획(Planning), 조직(Organizing), 인사관리(Staffing), 지도(Directing), 통제(Controlling), 보고(Reporting), 예산편성(Budgeting), 평가(Evaluating)의 영역을 가지고 있다. 이 영역들은 이 책의 전반적 과정을 통해 설명될 것이다.

제2절 사회복지행정의 특성

사회복지정책을 사회적 서비스로 전환시키는 과정인 사회복지행정은 일반행정과는 다른 다음과 같은 몇 가지 특성을 가지고 있다. 왜냐하면, 사회사업(복지)은 조직적이고 계획적인 원조활동이기 때문에 공식적인 조직을 통해 이루어지고, 사회복지 서비스는 조직의 맥락에서 계획되고 실천된다는 것을 의미하기 때문이다. 따라서 사회복지행정은 일반조직의 행정과 같은 공통성을 가지면서 다음과 같은 자체의 특성을 가진다.

첫째, 사회복지행정은 지역사회주민의 특수한 욕구 충족 및 문제에 관심을 가지며, 이를 위해 전문적 사회복지 서비스가 효과적이며 효율적으로 제공될 수 있도록 지원한다.

둘째, 사회복지행정 역시 사회사업 전문직이 가지는 중요한 두 가지 가치전제인 인간의 존엄성 및 개인의 독특성에 대한 신념, 클라이언트의 자기결정에 대한 신념을 가진다.

셋째, 사회복지행정 업무는 인간관계 기술을 필요로 한다.

넷째, 사회복지조직의 모든 구성원들은 행정과정에 참여하며, 직접 서비스를 제공하는 일선 사회복지사에게 많은 권한과 책임이 주어진다.

다섯째, 사회복지행정가는 사회사업의 전문적 지식과 기술을 보유, 발휘할 수 있어야 하며, 사회복지행정가의 리더십에는 사회사업의 철학과 가치가 내면화되어 있는 것을 전제로 한다.

여섯째, 사회복지행정가는 조직의 운영을 지역사회와 연관시킬 책임을 가진다. 즉 지역사회자원을 개발·확보하고 이를 최대한으로 활용할 수 있어야 한다.

마지막으로, 사회복지행정가는 조직구성원으로서의 사회복지사 개개인의 고뇌, 고통, 번민, 좌절 등에 대해서도 관심을 가진다.

Gilbert Smith는 사회복지행정의 특성을 일선 사무단위(front line units)가 갖는 조직의 주도권, 업무수행의 자율성, 조직의 통제수단으로서의 전문적 훈련·의사소통을 통한 통제·통제구조를 사용하는 통제를 들어 설명하고 있다.

◇ 일선 사무단위가 갖는 조직의 주도권

대인 서비스를 하는 사회복지기관의 일선 사회복지사들은 클라이언트의 위기상황을 만날 때 상급자의 지도감독 없이 자신의 판단에 의해 위기상황을 처리할 수 있다. 즉 위기상황에서 일선 사무단위들은 상급자의 직접적인 참여 없이 스스로 일을 처리할 수 있는 주도권을 가지고 있는 것이다.

◇ 업무수행의 자율성

사회복지조직의 일선 사회복지사들은 각자가 담당하는 업무내용 및 업무량에 따라 독자적으로 기능하게 된다. 물론 사례회의나 프로그램 회의를 통해 의견을 교환하고 직·간접적 지도감독을 받지만 역시 전문가로서의 자율성이 강조된다.

◇ 조직의 통제수단

전문적 훈련을 통해서 본인의 업무수행과 관련된 지식·기술을 습득함으로써 전문가로서의 자질을 갖추고 서비스의 질을 향상시키는바, 그것이 바로 통제구조로 작용하게 된다. 또한 의사소통을 통해 과노할 수 있는 전문가의 주도권 및 자율성이 통제되는데 정기적인 업무보고, 프로그램 회의, 사례회의, 정기 직원회의, 책임자 회의 등이 그것이다. 즉 의사소통 채널을 통해 일선 사회복지사들의 과도한 주도권과 자율성이 통제를 받게 된다. 한편 조직의 제도·정관·행정절차·내규·세부규칙 등 조직이 가지고 있는 통제구조에 의해서도 일선 사회복지사들의 과도한 주도권과 자율성이 통제된다.

Gilbert Smith가 조직의 통제수단으로 제시한 전문적 훈련, 각종 회의, 조직의 제 규정 외에 상급자의 지도감독(supervision ; 수퍼비전)과

실천상황에서 사회복지사들의 행동을 올바르게 안내해 주는 사회복지사 윤리강령[2]이 전문가로서 사회복지사들이 갖는 과도한 주도권 및 자율성, 그리고 잘못된 실천을 규제한다.

제1장을 위한 토의

□ 사회복지행정의 개념을 정립하시오.
□ 사회복지행정과 일반행정의 차이에 관한 자신의 견해를 피력하시오.
□ 전문직의 특성을 들고 전문직으로서의 사회사업을 설명하시오.
□ 사회복지사의 과도한 주도권과 자율성을 통제 또는 규제할 수 있는 방법에는 어떠한 것이 있는지 설명하시오.

■ 핵심단어

사회복지행정(social welfare administration), 자율성(autonomy), 전문성(professionalism), 가치전제(value premises)

2) 미국사회복지사 윤리강령(1996)은 클라이언트, 동료, 실천현장, 사회복지 전문직, 전체사회에 대한 사회복지사의 윤리적 책임 및 사회복지사의 전문가로서의 윤리적 책임에 대해 51개 조항의 164개 윤리기준을 설정하고 있다. 한국의 사회복지사 윤리강령도 한국사회복지사협회에서 2002년 2월 공포한 윤리강령에서 클라이언트, 동료, 사회, 기관 등 4개 대상에 대한 사회복지사의 윤리적 책임행동을 총 46개의 윤리기준으로 제시하고 있다.

2
chapter

사회복지조직관리

사회복지조직은 전문인력을 통해 사회복지 서비스를 제공하고 있다. 사회복지조직에서의 조직관리는, 서비스의 질뿐만 아니라 조직의 질, 나아가 사회복지사의 정체성 확립에도 중요한 영향을 미친다. 본 장에서는 먼저 사회복지조직의 개념과 특성을 살펴보고, 사회복지조직의 조직관리 기법을 구체적으로 설명하고자 한다.

제 1 절 사회복지조직의 개념 및 특성

사회복지조직이란 하나의 법인체[3]로 구성되어 있으며 법인과 관련된 특수한 법률에 의해서 사회복지사업을 행하는 모든 단체, 즉 사회복지수용 및 이용시설 · 기관 · 연합단체들을 말한다. 사회복지조직이란 사회복지 서비스로 인간과 사회문제를 예방 · 해결 · 완화하는 조직이다. Etzioni는 조직을 특정 목표를 달성할 목적으로 의도적으로 구조화되고 계획된 사회적 단위라고 하였다. 여기에서 조직의 목표란 조직이 미래

3) 여기에서 법인체란 사회복지법인 · 사단법인 · 재단법인 등을 의미한다.

의 일정 시점에서 실현하고자 하는 '바람직한 상태'를 말하는데, 조직의 목표는 조직의 설립이념(mission statement)을 실현하기 위해 설정된 조직의 목적을 현실적인 구체적 목표로 전환시킨 것이라 할 수 있다.

사회복지조직에는 클라이언트에게 사회복지 서비스를 직접 제공하거나 사회복지 서비스를 계획함으로써 인간 또는 사회문제를 예방·완화·해결시키는 기능을 수행하는 사회복지기관·시설·단체 및 기타 사회복지 서비스와 밀접하게 관련된 특수교육조직·의료조직·법률조직·교정조직 등이 포함된다.

사회복지조직의 특성을 설명하기 전에 먼저 인간봉사조직(human service organization)의 특성을 설명하는 것이 사회복지조직에 대한 이해를 도울 수 있다. 인간봉사조직이란 사회복지조직 및 기타 인간에게 서비스를 제공하는 모든 조직을 포괄적으로 지칭한다. 인간봉사조직의 특성은 다음의 6가지로 설명될 수 있다(Hasenfeld, 1983).

첫째, 인간봉사조직의 원료(raw material)는 인간이므로 조직이 사용하는 서비스 기술은 도덕적으로 정당화되는 것이어야 한다. 왜냐하면 클라이언트와 관련된 모든 행동은 중대한 도덕적 결과를 초래하기 때문이다.

둘째, 인간봉사조직의 목표는 불확실하고 애매모호하며, 문제점을 내포한다. 즉 인간의 복지에 대한 욕구를 충족시키고자 하는 문제에는 조직의 목표달성, 설립이념, 그리고 사회사업의 가치전제(value premises) 등과 관련하여 그 합의점을 찾기 어렵다.

셋째, 인간봉사조직들이 처한 환경은 많은 이해당사자(stakeholder)들로 둘러싸여 있고, 이들은 조직을 통하여 각자의 목적을 달성하기 위하여 자신의 이익과 관련된 접근을 시도한다. 한편 인간봉사조직은 운영을 위한 재원을 외부의 기증자들로부터 확보하기 때문에, 이해집단들을 포함한 환경에 크게 의존할 수밖에 없다. 따라서 환경의 변화로부터 쉽게 영향을 받는다.

넷째, 인간봉사조직은 바람직한 산출물을 이루어내는데 필요한 완전한 지식을 가지고 있지 못하며 따라서 불확실한 기술로 업무를 수행한다.

다섯째, 인간봉사조직의 핵심적 활동은 서비스를 제공하는 사회복지사와 클라이언트의 관계에 있다. 즉 직접 서비스를 제공하는 일선 사회복지사와 클라이언트의 '관계의 특성과 질'에 따라 조직의 목표달성의 성패가 좌우된다.

여섯째, 인간봉사조직은 서비스 산출물의 측정과 조직의 효율성 및 효과성을 사정(assessment)하기 위한 과학적인 측정도구를 충분하게 갖추고 있지 못하다.

이러한 인간봉사조직에 대한 기본적인 이해를 바탕으로, 사회복지조직은 어떠한 특성을 가지고 있는 조직인지 설명하도록 한다.

첫째, 사회복지조직은 목표 지향적인 사회적 집합체이다. 즉 잠재적 수혜자들의 욕구에 의해 프로그램을 개발하고, 지역사회 내에서 필요한 자원을 확보한다. 그러므로 지역사회주민이 어떠한 사회복지 욕구를 가지고 있는지에 관한 조사가 반드시 필요하다. 조직은 조직의 설립이념을 실현하기 위한 목적을 가지고 있고, 이 목적을 성취하기 위하여 조직은 공식적 목표와 운영상의 목표를 가진다. 공식적 목표란 설립이념과 관련된 조직의 대외적 목적으로 조직이 공식적으로 존재하는 이유가 된다. 운영상의 목표는 실제적 운영지침을 가진 구체적 목표로 작업목표라고도 한다. 이러한 목표를 달성하기 위해 필요한 서비스를 계획하고 집행하게 되며, 각각의 단위사업은 다시 단위사업별로 목표를 가진다. 이 단위사업별 세부 목표가 바로 단위사업을 평가하기 위한 평가지표가 되는 것이다.

둘째, 사회복지조직은 사회복지서비스를 계획하거나 직접 제공함으로써 인간 또는 사회문제를 예방·해결 내지 완화시키는 기능을 수행한다.

셋째, 조직이 사용하는 서비스 기술은 도덕적으로 정당화되는 것이어야 한다. 왜냐하면 사회복지조직은 인간을 다루는 조직이고 사회사업의 전문성을 구성하는 세 가지 요소 중 하나인 가치가 지식 및 기술보다 상위의 개념이기 때문이다. 즉 사회사업의 가치전제를 충족시키는 기술이어야 한다.

넷째, 사회복지조직은 변화되어야 할 속성을 지니고 있는 클라이언트와 직접 접촉하여 활동하고 있다. 즉 사회복지조직의 주 대상은 문제나 욕구를 가진 사람이라는 것이다.

다섯째, 사회복지조직은 물질적·정신적으로 사회의 지원을 받아 운영하는 공공성을 특징으로 하며, 이와 관련하여 책무성(accountability)을 이행하여야 할 책임을 가지고 있다.

여섯째, 사회복지조직은 조직의 주도권이 일선 업무단위에 있고, 각 업무단위는 상호 독립적으로 업무를 수행하며, 클라이언트와 직접적인 관계형성을 통해 서비스를 제공하는 일선 사회복지사에게 자율성을 부여한다.

마지막으로, 조직의 목표 성취도 및 효과성·효율성을 분석하기 위해 과학적인 평가를 필요로 한다.

사회복지조직에서 일하는 행정가와 일선 사회복지사들은 사회복지사업을 지원하는 지역사회·후원자·서비스 대상자·관련 정부감독기관·정책 입안자 및 이사회에 사업의 결과, 즉 사업성과를 설명, 보고하면서 최종책임을 져야 할 의무를 가진다. 이것이 사회복지조직과 조직구성원이 조직을 지원하는 제 대상들에 대해 지녀야 할 책무성이다. 조직이 갖는 책무성은 효과성과 효율성의 개념을 강조한다. 조직과 조직구성원의 책무성에 대해서는 제14장에서 상세히 설명하기로 한다.

제 2 절 사회복지조직관리

1. 목표에 의한 관리(MBO ; Management By Objectives)

기획과정에서 기관의 목표설정의 중요성을 강조하는 조직관리 방식인 MBO 방식은 Peter Drucker에 의해 주창되었다. MBO란 전통적인 조직관리 기법 중의 하나로, 목표에 의해 정확하고 구체적으로 계획된 운영방식을 가지고 조직을 관리하자는 것이다. 목표에 의해서 조직을 관리한다는 것은, 기관의 목적 · 목표 및 결과목표를 명료화해서 프로그램 운영의 방향을 명확히 제시함으로써 프로그램의 효과성과 효율성을 증진시키고 프로그램 성과에 대한 평가를 용이하게 하는 것을 의미한다. 즉 조직구성원의 활발한 참여를 통해 명확한 목표를 설정하고 그에 따라 생산 활동을 수행하도록 한 후, 성과를 측정 · 평가함으로써 관리의 효율화를 기하려는 포괄적 조직관리 기법이다. 이 '목표에 의한 관리'는 다음의 세 가지 전제를 갖는다. 첫째, 계획이나 목표 없이 일하는 것은 비효과적이고 비효율적이다. 둘째, 목표가 수립되어 있지 않으면 서비스를 실천한 후에 평가를 할 수가 없다. 셋째, 수퍼바이저가 수퍼비전을 할 수 있는, 즉 하급자를 관리할 수 있는 도구가 된다 등이다.

MBO에서 가장 중심이 되는 개념은 목표설정이며, 설정된 목표의 달성을 위해 어떤 과업을, 누가, 어떻게, 그리고 언제까지 완수할 것인가를 측정이 가능한 형태로 구체적으로 규정한다. 이 방식에서는 목표달성과 목표달성을 위한 노력에 조직의 최고관리자와 조직구성원들의 적극적인 참여를 강조한다. MBO 방식은 조직의 목표와 자원, 그리고 조직의 목표를 달성하기 위한 구체적 활동 간의 관계를 구체화해 주기 때문에 기업조직과 마찬가지로 사회복지조직의 기획과정에서 매우 유용하게 활용할 수 있다. 이 방식은 '무엇을 위해서, 어떤 활동을, 언제, 어디에서, 누가, 어떻게, 어떤 자원을 활용하여' 수행할 것인지를 구체화해 준다.

◇ 기본전제 3가지

1) attainable: 달성할 수 있는 목표를 설정하여야 한다.
2) stretchable: 누구나 달성할 수 있는 목표가 아닌, 최대한으로 뻗을 수 있는 목표이어야 한다.
3) measurable: 측정할 수 있는 목표이어야 한다.

◇ 목표달성을 위해 필요한 양식

1) 직무기술서: 직무의 일반적 사항, 직무개요, 직무수행요건, 직무내용 등
2) 업무분석표: 업무내용, 업무책임, 장애요인, 권한위임, 기술
3) 연 사업계획서: 1-12월까지의 시행시기별로 사업을 계획/주요 사업별 목표, 목표달성을 위한 세부 사업계획 기술
4) 분기별 사업계획서: 1-4분기의 시행시기별로 사업을 계획/분기별 사업목표, 세부 사업계획 기술
5) 월 사업계획서: 1-30일별로 사업을 계획/주요 사업, 목표 기술
6) 주중 업무계획표: 주별로 사업을 계획/직접 서비스, 행정업무, 협조업무

다음에 MBO 방식으로 조직을 관리할 때 활용할 수 있는 몇 가지 양식을 〈예시 1~5〉로 제시하였다.

〈예시 1〉

직무기술서

작성일 : 2007. 1. 1

1. 직무의 일반적 사항

성명	김**	직무명	법인행성업무
직위	과장(대우)	입사일	2003년 2월 1일
현 직무 담당연한	7개월	과거 실무경력	**종합사회복지관 가족복지팀 2년 근무
수퍼바이저명	김**	수퍼바이지명	최**

2. 직무개요

재단의 설립 취지, 미션, 비전을 실현하기 위해 조직체계, 운영방향 등 조직적 특성에 대한 이해를 토대로 법인행정업무 전반을 담당, 각 사업이 목표하는 바를 효율적으로 성취할 수 있도록 운영・관리한다.

- 연 사업계획 수립 및 시행・평가
- 장학생 선정 및 사례 관리, 위기개입, 자원개발 및 연계
- 영세 장애인시설, 사회복지프로그램 지원
- 서비스 질 향상을 위한 직원교육・훈련, 수퍼비전 등 인적자원관리
- 기타 행정업무처리

3. 직무수행요건

구분	세부수행요건	
지식·기술	사회복지실천을 위한 지식 및 기술	
	전문적 발달을 위한 지식·기술	자아인식·자기지식 개발, 전문적 성장에 대한 책임감, 실천 효과성 평가 능력, 수퍼비전 기술, 중간관리자의 역할과 책임
	행정적 측면의 지식·기술	재단의 설립취지·미션·비전·핵심가치에 대한 이해 법인 정관·운영규정·업무규정·각종 세칙 숙지 재단의 공식적·비공식적 구조 파악 이사회 모델·기능·임무에 대한 이해 지도감독기술, 업무시간관리, 사회사업기록, 회계관리, 컴퓨터 활용기술
	정책적 측면의 지식·기술	사회복지사업법, 사회복지법인 재무·회계 규칙 등, 사회복지법인 운영 관련 법규 이해 정부의 가족복지·청소년복지·장애인복지정책에 대한 이해 서비스 전달체계에 관한 지식 및 활용기술 서울시 및 마포구청 관내 비영리조직 현황 파악
	기본적 대인관계 기술	의사소통기술, 동료와의 관계 형성기술
	클라이언트체계 개입을 위한 지식·기술	인간행동의 다양성에 대한 지식 및 적용기술 장학생 관리 및 긴급지원 서비스: 면접·사정·개입·평가·종결기술 캠프, 장학생 대집단 프로그램: 집단사회사업실천기술 의뢰 및 사례관리기술 옹호활동
교육·훈련 (내·외부)	사회복지법인 실무자 회계 교육, 비영리조직경영, 리더십 훈련, 수퍼비전, 기타 사회복지실천 관련 교육	
학력	4년제 대학(사회복지전공자) 졸업	
경험	사회복지현장실습I, II 가족복지 및 청소년복지 관련 자원봉사활동 3년 이상의 실무 경력	
자격·면허	사회복지사 1급 자격증	
기타	사회사업의 철학과 가치를 내면화하고, 실천윤리를 준수하는 책임적 행동	

4. 직무내용

단위 사업명	세부직무내용	직무 등급	세부 비중(%)	조정 업무량*	직무성과 평가지표
학업지원서비스	장학생 선정	MoA3	8	7.28	· 장학생 선정 인원 · 장학생 재선정률 · 장학생과 중간관리자 참가율 · 취업상황(취업률) · 실무자 평가서
	학비지원	BA3	4	3.28	
	장학생 모임	BB4	8	6.56	
	장학생 관리	MoA3	15	13.65	
	취업관리	MoB3	4	3.28	
BB/BS사업	BB/BS활동	BB3	8	5.84	· BB/BS활동보고서 제출률 · 봉사활동 참여자 평가서 · 실무자 평가서
	해외봉사활동	BB3	2	1.46	
집단활동	소집단활동	BB3	2	1.46	· 실무자 평가서 · 캠프참여자 평가서
	장학생 캠프	MoA3	8	7.28	
긴급지원	사례회의를 통한 사례 선정 · 개입 · 사후관리	BA3	10	8.2	· 긴급지원 사례수 · 지원이후의 6개월 내지 1년 사이의 변화 내용
시설지원	장애인시설 지원	BB3	4	2.92	· 지원 시설수 · 지원시설 실무자 평가서 · 실무자 평가서
	기타지원	BB3	1	0.73	
프로그램지원	사회복지전공대학생 지원봉사활동 지원	BB4	5	4.1	· 참가팀수 · 봉사자 평가서 · 실무자 평가서
기부자개발과 관리	기부자개발 및 관리	MoA3	3	2.73	· 기부자수 및 기부금액 · 기부자 만족도
	희망나눔 관리	MoB3	2	1.64	
연변사업지원	업무협조	SC2	1	0.46	· 실무자 평가서

행정·회계업무	수퍼비전/연사업계획 수립 및 평가/연예산수립 및 결산보고/3개월사업계획서 작성/월업무보고서작성/월회계보고서 작성/주중업무계획서 작성/수입·지출·예금인출 결의서 작성/이사회준비/4대 보험, 급여 및 세금 업무관리/마포구 보고	BB4	15	12.30	·실무자 평가서
총계			100	83.17	

*조정업무량 : 일반직원 75-80/선임급 78-83/과장이상 80-85(자료: 안정선(2002), 사회복지관 사회복지사의 직무분석에 관한 연구)

5. 타부서와의 관계

타부서·직무명	협조 업무 내용
연변사무소	사회복지공동모금회 지원금 전달 및 관련 서류 제출 업무 협조, 인트라넷 관련 지원

6. 외부와의 관계

외부자원명	자원활용·협조 내용
서강대 동문회	서강대 스티브 김 장학생 선발
서강대 학생과, 서강대 총동창회실	서강대 스티브 김 장학생 관리, 업무협조 장학생 모임 기념품 제공
서울지역 대학 대외협력실	미등록으로 인한 제적위기 학생 장학금 지원
마포구청	사업관련보고
마포세무서	회계관련보고
KOPION	BB/BS활동우수자 해외봉사 활동 참가 단체
서울소재 4년제 대학 사회복지학과 사무실	대학생 자원봉사활동 홍보 협조
WSH(정**)	인트라넷·모니터링 프로그램 정기점검 및 자료백업
사회복지공동모금회	연변사무소 방과후 교실 프로그램 지원

7. 업무환경 관리

- 비품구입 및 관리상황 점검

책임지고 있는 시설·비품	세부 내용
업무용 컴퓨터 1대	정기적 점검 및 수리

〈예시 2〉 2007년 사업계획서

단위사업	단위사업의 목표	구체적 서비스	구체적 서비스의 목표	효과성 측정 수단	시행 시기	대상	예상 인원	담당자	자원 동원	비고
가족복지사업 학업지원서비스	경제적 위기에 처한 잠재가능성이 높은 청소년을 발굴, 경제적·정서적 지원을 통하여 개인의 성장과 가정의 기능이 회복·강화될 수 있도록 돕는다.	1. 장학생 선정	① 서비스 대상자 발굴	· 장학생 선정 인원	· 가정방문 및 선정결과 발표: 1월	고등학교 2-3학년 (05학년도 기준)	30명		-	· 8기장학생 서류 접수 및 심사는 04년 12월에 시행 · 장학사업 매뉴얼 참조
		2. 학비 지원	① 경제적인 어려움을 겪는 청소년들에게 안정적인 교육 기회 제공 ② 저소득가정에 대한 교육비 지원으로 경제적 자립 기회 제공 ③ 학업중단위기에 처한 청소년에게 특별지원을 통해 학업을 유지할 수 있는 여건 마련	· 장학금 지급액	· 등록금 및 학업지원비: 2월, 8월(연2회) · 공납금: 3월, 5월, 8월, 11월(연4회) · 학습지원비: 매월5일(연12회) · 특별지원: 수시	대학생 고등학생 고등학생 대학생	94명 52명 52명 16명		-	· 대학생 탈락자 지원 : 2월(등록금의 50% 1회 지원) · 8기 학습지원비 지급:05년 3월부터
		3. 장학생 모임 "비전 Vision)"	① 재단의 설립취지와 사업에 대해 장학생, 중간관리자의 이해를 도모하고 각자의 역할과 책임 인식 기회 제공 ② BB/BS 결연을 통해 장학생간의 친밀감을 높이고, 상호 지지·격려할 수 있는 분위기 조성	· 장학생과 중간관리자의 참가율 · 실무자평가서	제6회 장학생 모임 3월 1일	장학생 176명 졸업생 52명 중간관리자 52명	장학생 139명 졸업생 15명 중간관리자 26명		사진촬영, 교통비정산은 졸업생이 담당	· 장학생 대표단 선출 · 장소: 서강대 스티브 김 홀

〈예시 3〉 분기별 사업계획서

사업 내용 \ 시행 시기				1/4분기			2/4분기			3/4분기			4/4분기			비고
				1월	2월	3월	4월	5월	6월	7월	8월	9월	10월	11월	12월	
가족복지사업	학업지원서비스	장학생 선정	장학생 선정계획 수립										○			9기
			장학생 신청안내 공문발송 · 신청서 접수 · 심사(1차)												○	9기 / 고등학교 · 사회복지관 · 양육시설 2,609곳
			서류 심사 결과 및 가정방문 일정 공문 발송	○												8기
			가정방문(2차) 및 방문보고서 작성	○												〃
			최종선정을 위한 장학생선정위원회(3차) · 최종선정 통보공문 발송	○												〃
			장학증서 수여			○										장학생 모임에서 수여
		학비 지원	고등학생 공납금 지급			○		○				○		○		분기별 1회
			고등학생 학습지원비 지급	○	○	○	○	○	○	○	○	○	○	○	○	매월 5일(8기는 3월부터 지급)
			대학생 등록금 및 학업지원비지급		○						○					연 2회/특별장학생 포함
			대학생 재선정 탈락자 등록금 지급		○											등록금의 50%지원
		장학생 모임 "비전(Vision)"	장소 섭외 및 확인/강연자 또는 공연 섭외	○												제6회 장학생 모임 서강대 스티브김홀
			계획 수립 및 물품 · 자료집 준비	○	○											
			진행 참여 장학생 선정 및 훈련		○											사진촬영, 교통비정산 :졸업생
			참가 안내 공문 발송 · 확인 전화		○											
			장학생 모임 시행			○										3월 1일
			장학생모임 평가회 및 평가서작성			○										

〈예시 4〉 11, 12, 1월 사업계획서(3개월 사업계획서)

사업내용 \ 월별			11월				12월				1월				비고
			1주	2주	3주	4주	1주	2주	3주	4주	1주	2주	3주	4주	
장학금 지급	· 학습지원비 지급		◇				◇				◇				매월5일
	· 공납금 지급(4/4분기)							◇	◇						
지원 사업	· 생활지원비(김**,전**) · 의료비지원(남**) · 난방비지원(송**)		◇				◇				◇				매월5일
	· 학교사회 사업 지원	프로그램 시행	◇	◇	◇	◇	◇	◇	◇	◇	◇	◇	◇	◇	기관별
		중간보고서 제출요청 공문 발송 및 접수				◇									11.25 12.5
	· 영세장애인복지시설 지원 및 대학생 봉사활동 지원	장애인시설 방문	◇	◇											10.24
		사업계획 수립			◇										
		사업 추진/대학에 공문발송					◇								사업계획에 따라
장학생 관리	· 사례종결기록 정리		◇												
	· 중간관리자 분기별보고서(4/4분기) 발송 요청									◇					
	· 중간관리자 분기별보고서 접수/긴급지원 대상 확인										◇	◇			1.9까지
	9기 장학생 선정	안내공문발송					◇								12.1
		서류접수 마감							◇						12.20
		서류심사 결과발표								◇					12.26
		가정방문 및 기록									◇	◇	◇		
	· 정기가정방문 일정 공고								◇	◇					
	· 정기가정방문(대학생)										◇	◇	◇		
	· 정기가정방문보고서 작성		◇											◇	
	· 성탄절 카드제작 및 발송/자원봉사자 확보								◇						12.15
	· 장학생파일 관리(Progress note)		◇												11월 10일
	· 2006년 수능성적 접수 및 대학생 장학생 선정/학교·가정방문							◇	◇						
	· 메일상담		◇	◇	◇	◇	◇	◇	◇	◇	◇	◇	◇	◇	수시
	· 생일축하 메일 발송		최** 강**	김** 이**	변**		양** 강**	정**	김** 임**	유** 최** 박**	김** 이**	이** 권**	하** 정** 임**	전** 신**	
	· 장학생 모임 계획 수립 · 자원봉사자 확보												◇	◇	3월 1일 예정

〈예시 5〉

주중 업무계획표

2007년 1월 8일~1월 13일 김 × ×

요일	업 무 내 용			비고
	직접 서비스	행정업무	협조업무	
(8) 월				
(9) 화				
(10) 수				
(11) 목				
(12) 금				
(13) 토				
기타/지연되고 있는 업무				

2. 총체적 품질경영(TQM ; Total Quality Management)

TQM이란 고객에게 제공하는 서비스의 품질을 지속적으로 향상시키기 위한 관리이며, 고객의 욕구와 기대에 부응하기 위해 작업을 수행하는 과정을 분석, 통제하고 이것을 전 조직구성원의 참여 속에 지속적으로 개선하는 관리방식이다. 이 TQM은 기업조직의 품질관리를 위해 도입된 기법이지만 최근 미국의 경우, 정부 및 공공기관을 비롯해 사회복지조직 등 비영리조직에도 적용하고 있다. '총체적인 조직관리'를 의미하는 새로운 조직관리 방식인 TQM은 조직구성원 전체의 노력과 참여를 필요로 하며 조직의 질을 '과거와는 다르게' 체계적으로 개선하고자 한다. 총체적(total)이란 고객의 욕구를 확인하는 것에서부터 고객의 만족도를 평가하는 것에 이르기까지 업무수행의 전 과정에 걸쳐 서비스의 질을 추구한다는 것을 의미한다. 또한 각 부서 또는 팀 간의 유기적 관계를 통해 체계적으로 조직을 관리한다는 의미도 포함한다. 서비스의 질(quality)은 고객의 욕구를 충족시킬 뿐만 아니라 고객을 감동시킬 수 있는 질을 추구하는 것을 말한다. 관리(management)란 서비스의 질을 지속적으로 향상시키기 위하여 조직적 역량을 개발하고 유지시키는 것을 의미한다. TQM은 고객의 욕구에 부응하는 방향으로 서비스의 질을 개선하며, 인적·물적 자원을 적재적소에 배치함으로써 얻게 되는 비용의 절감으로 진정한 의미의 생산성 향상을 꾀할 수 있다는 입장에 기초하고 있다(박경원, 2001).

이러한 TQM의 기본철학은 고객지향성, 지속적 개선, 조직구성원에 대한 능력부여에 기초하고 있다.

1) 고객지향성(customer orientation)

TQM으로 조직을 관리하기 위해서는 조직의 목표가 모든 이해관계자들의 욕구를 만족시킬 수 있도록 서비스를 설계하는 것이 필요하다. 조직의 이해관계자(stakeholder)들이란 그 조직의 서비스를 제공받는 외부 고객뿐만 아니라 내부 고객인 조직의 구성원 모두가 포함된다. 고객지향성과 관련된 과제는 이해관계자가 누구이고, 그들이 기대하는 것은 무엇이며, 그들에게 어떤 수준의 서비스를 제공할 것인지, 만약 목표한 수준에 도달하지 못한다면 그 이유는 무엇이고, 이를 해결하기 위한 방법은 무엇인지? 등이다.

2) 지속적 개선(continuous improvement)

TQM은 급변적이고 단시간에 성과를 맛볼 수 있는 관리방식이 아니라 조직의 전 과정에 대한 지속적이고 장기적인 개선을 추구하는 조직관리 방식이다. TQM은 리더와 조직구성원의 행동변화를 요구하는 것이기 때문에 인내와 관용을 필요로 한다. 지속적인 개선은 고객의 만족도가 주기적으로 평가되어야 하고 관리자가 고객 만족과 서비스 전달과정의 개선을 위해 지속적으로 노력해야 한다는 것을 의미한다. 즉 TQM은 조직구성원들의 지속적인 노력과 행태변화, 훈련과 개선의 반복적 과정을 요구하고 있다. 또한 카리스마적인 리더 한 사람에 의해서 조직의 혁신을 일으키는 것이 아니라 조직구성원 모두의 노력과 헌신이 요구되기 때문에 TQM은 오랜 시간을 요구한다. 결국 TQM의 성공은 업무과정에 대한 지속적인 분석과 작은 개선들의 축적을 통해 이루어지는 것이라 할 수 있다(정재동, 1998).

3) 조직구성원에 대한 능력부여(employee empowerment)

조직구성원들에 대한 능력부여는 고객의 욕구 충족을 확보하기 위한 중요한 전략이 된다. 조직구성원 개개인과 각 부서 또는 팀으로 하여금 그들 자신의 업무와 업무환경에 관한 중요한 결정을 하도록 허용하는 종합적인 접근방법이라 할 수 있다. 즉 조직구성원 각자와 부서 혹은 팀에게 그들의 고객을 만족시킬 수 있는 폭넓은 재량권이 주어진다.

TQM은 조직구성원으로 하여금 조직의 질 개선과정 참여를 통해 조직의 사명헌장을 재검토하게 하고, 조직으로부터의 능력부여(empowerment)를 통해 직무성과를 높이게 한다.

TQM은 이러한 기본철학을 바탕으로 고객중심, 팀워크, 보상과 인정, 관리자의 적극적인 이해와 지지, 과학적인 과정 분석 등의 다섯 가지의 기본원칙을 갖는다. 다음은 TQM 방식으로 조직을 관리하기 위한 네 가지 절차를 설명하기로 한다.

(1) 준비단계

① 조직문화의 변화: TQM은 몇몇 기법이나 프로그램의 집합이 아니라 일종의 관리 시스템이므로 조직문화의 변화를 필요로 한다. TQM을 조직문화 속으로 융화시키기 위해서는 TQM의 주요 개념과 방법을 조직구성원들이 충분히 이해할 수 있어야 한다. 그러나 조직문화의 변화는 단 시간에 이루어지는 것이 아니라는 점에 주목하여야 한다.

② 업무개선 팀의 구성: 업무개선 팀(Task Force Team)은 실질적인 서비스의 질 향상을 달성하고 조직 내 변화의 선도자가 되도록 하기 위하여 실제로 업무를 수행하는 사람들로 구성하여야 한다. 팀장을 선택할 때에는 현재의 관리자로 한정할 필요가 없으며, 모든 직급의 성원들을 대상으로 팀 내 성원들이 자율적으로 선정할 수 있도록 한다.

③ 조직의 미션, 비전, 핵심가치의 공유: 설립이념에서 비롯된 조직의 미션을 확립하고, 그 미션을 실현하기 위하여 비전을 제시한다. 조직구성원이 이러한 조직의 미션 및 비전을 실현하기 위하여는 공통의 핵심가치를 공유할 수 있어야 한다. 한편, 관리자는 조직의 미션이 조직 내부 곳곳에서 강조되고 실현될 수 있도록 리더십을 발휘하여야 한다.

(2) 도입단계

① 고객정의: 조직의 고객이 누구인가를 규명한다. 서비스를 제공받을 사람이 누구인가를 정의하는 것은 조직의 목표를 검토하는 과정에

서 규명할 수 있을 것이다. 고객의 변화하는 욕구를 파악하고 고객을 더 잘 정의하기 위해서 고객에 대한 이해가 필요하다.

② 업무분석: 업무규정에 따른 조직구성원들의 업무를 분석할 필요가 있다. 일단 조직구성원 각자가 자신이 하고 있는 직접 서비스, 행정업무 및 협력업무의 세 영역에 있어서 어느 정도의 업무를 수행하고 있는지 등, 업무비중을 분석한다. 한편 고객이 원하는 서비스, 불필요한 서비스, 부가가치를 증대시키는 서비스 등으로 자신의 업무를 분석한다.

③ 교육·훈련 실시: TQM은 장기적으로 조직의 개혁과 변화를 요구하는 것이므로 이러한 변화를 수용하고 문제해결능력을 향상시키기 위해서 체계적인 교육과 훈련이 필요하다. 최고관리자를 비롯하여 중간관리자, 일선 조직구성원들에 대한 직급별, 그리고 조직 차원에서의 교육과 훈련이 필요하다.

(3) 실행단계

① 기본목표 설정: 수집된 정보와 각종 자료를 토대로 조직이 추구해야 할 기본 목표를 설정하고, 이를 조직의 모든 구성원에게 인식시켜야 한다. 이를 위해서 기존의 의사소통 방법을 개선할 필요가 있다. 즉 조직의 사명헌장에 기초한 조직이 추구해야 할 기본 목표를 설정하는 것이다.

② 세부계획 수립 및 추진: 기본 목표를 달성하기 위한 세부계획을 수립하고 부서별 또는 부문별 과제를 선정하여 실행하면서, 중간 시점에 평가를 통해 조직의 관리 개선을 지속적으로 추진해 나가야 한다.

(4) 평가 및 새로운 목표의 설정 단계

① 추진 성과의 평가: TQM의 추진 결과는 조직 내부의 모든 구성원들 뿐만 아니라 외부 고객에 의해서 평가되어져야 한다. 이를 위해서 고객 만족도 조사를 실시하는 것도 한 방법이 된다.

② 새로운 목표 설정: 서비스에 대한 고객의 요구는 끊임없이 변화하므로 그러한 변화를 수용할 수 있도록 새로운 목표를 설정하여 지속

적으로 추진함으로써 장기적으로 조직의 혁신을 지속해 나간다.

이러한 네 단계를 순환하면서 장기적인 시각에서 지속적으로, 과학적이고도 체계적인 분석을 통한 개선의 작은 축적들로 인해 점차 조직의 질을 향상시켜 나가는 것이다.

비영리조직에서 TQM 방식으로 조직을 관리할 필요성에 대해 Martin은 다음과 같은 점들을 지적하고 있다. 첫째, 사회복지조직은 클라이언트, 일반대중 및 후원자 등 조직을 지지하는 자들로부터의 신뢰를 확보하기 위해 이용자가 만족하는 양질의 서비스를 공급해야 하기 때문에 TQM식으로 조직을 관리해야 한다. 둘째, TQM의 기본원칙이 사회사업의 중심 가치와 부합하기 때문에 TQM으로 조직을 관리할 때 조직구성원들의 합의도출 및 진행과정이 수월할 수 있다는 것이다(최재성, 1998 재인용).

이제 사회복지조직에서의 TQM 적용의 가능성과 고려해야 할 사항들을 검토하기로 한다. 사회복지조직에서의 TQM의 적용 가능성은 크게 세 가지로 설명할 수 있겠다.

첫째, 사회복지조직의 서비스 전달은 기본적으로 인간적 요소를 중요시한다. 왜냐하면 사회사업(복지)전문직은 '사람을 활용해서 사람을 돕는' 원조 전문직이기 때문이다. 사회복지실천의 궁극적 목적은 양질의 서비스를 통하여 클라이언트의 삶의 질 향상을 도모하는 데에 있고, TQM은 고객지향성을 기본철학으로 하는 조직관리 기법이기에 사회복지조직에서의 TQM 적용이 가능하다.

둘째, 사회복지실천에서의 서비스는 일회성으로 제공되는 서비스라기보다, 문제해결과정을 통한 클라이언트의 문제해결능력 증진을 중시하는 장기적이고 지속적인 만남을 필요로 한다는 서비스의 특징을 가지고 있다. TQM은 장기적이고 지속적인 개선을 기본으로 하고 있기 때문에 사회복지조직에서의 TQM 적용이 실효를 거둘 수 있으리라고 본다.

셋째, 사회복지조직은 전문가인 사회복지사가 핵심 인력으로 활동하고 있고, 조직의 사회복지사에 대한 능력부여는 사회복지사의 직무성과에 영향을 미치며 따라서 서비스의 질 향상을 가져온다. TQM의 기본철학이 조직구성원들에 대한 능력부여인 바, 사회복지조직에서의 TQM 적용은 서비스의 질 나아가 조직의 질 향상에 기여할 것이라고 보는 것이다. 즉 조직의 질이 개선됨으로써 조직구성원 또는 자원봉사자들의 동기가 부여되고, 따라서 책임감 내지 자존감이 향상됨으로써 사회사업(복지) 전문직에 대한 긍지와 자부심을 가질 수 있을 것이다.

이러한 TQM 적용 가능성과 함께 사회복지조직에서의 TQM 적용시 고려해야 할 몇 가지 사항을 살펴보도록 하겠다.

첫째, TQM 도입은 조직 전체에 상당한 변화를 요구하는 것이기 때문에 이에 대한 조직구성원들의 이해 및 협조가 필수적이다. 만약 이러한 부분이 소홀한 상태에서 TQM이 도입된다면 실행과정에서 많은 도전과 저항, 또는 무관심이 초래될 수 있다.

둘째, TQM은 조직구성원들의 주인의식, 자발성, 협동성을 필요로 한다. 그러므로 조직의 문화가 이를 받아들일 수 있도록 체제 전반에 대한 점검이 필요하다.

셋째, 각 사회복지조직이 가지고 있는 특수성이 있는 바, TQM을 도입하기 전에 잠재적 장애요인을 확인하고 이를 감소하거나 제거 또는 극복할 전략을 사전에 강구할 수 있어야 한다. 일반적으로 나타날 수 있는 장애요인으로는 자원의 부족, 올바른 목표설정의 부재, 이사회의 비협조, 기술적·행정적 절차 등의 문제가 있을 수 있겠다.

넷째, TQM이 성과를 거두기 위해서는 TQM의 이념적 측면만을 수용해서는 안 된다. 다양한 기술적 측면을 수용할 수 있어야 하는데, 이에 관한 충분한 지식과 활용 능력을 보유, 발휘할 수 있어야 할 것이다. 따라서 조직구성원 전체에 대한 TQM 관련 교육과 훈련이 필요하다.

마지막으로 사회복지조직에서의 TQM의 단계별 수행방안을 살펴보기로 한다(박경일 외, 2002).

1단계: 조직의 문제점 발견 및 올바른 인식

1) 정보수집
2) 고객의 욕구 파악 및 지역사회 자원 조사
3) 조직구성원의 태도 조사 및 조직 진단
4) 서비스의 우선순위 결정

2단계: TQM 도입을 위한 사전준비와 조직 구성

5) TQM에 관한 교육 및 훈련 실시
6) TQM 추진을 위한 조직 구성
7) 각 조직구성원별, 각 부서별 업무 분장표 작성 및 직무분석 실시

3단계: TQM의 기본목표 설정

8) 수집된 정보와 각종 조사결과를 토대로 조직의 기본목표 설정
9) 조직의 사명헌장 재검토 및 서비스 헌장 제정
10) TQM의 추진 성과에 대한 월별, 분기별 측정을 위한 서비스의 단위당 비용 측정

4단계: 각 부서별 개선 대책 수립

11) 조직의 기본목적 달성을 위한 중장기 계획 수립 및 부문별 과제 책정
12) 조직구성원의 자질 향상을 위한 교육 및 훈련 실시
13) 아이디어 창출을 위한 소집단 활동 추진

5단계: 개선대책의 실행

14) 고객의 만족과 신뢰도 확보를 위해 서비스 매뉴얼 작성
15) 서비스 절차의 문서화

16) 새로운 프로그램 개발 또는 벤치마킹

6단계: 평가 및 새로운 목표의 설정
17) 평가항목별 체크리스트를 통한 TQM 추진상황에 대한 평가시도
18) 평가발표 및 보상체계 수립, 추진
19) 고객의 변화하는 욕구에 대처할 수 있는 새로운 목표 설정

TQM은 조직구성원들의 지속적인 노력과 행태변화, 그리고 훈련과 개선의 반복 과정을 요구하며, 교육 및 훈련이 지속적 개선의 핵심 전략이 된다. 즉 TQM은 카리스마적인 리더 한 사람에 의해서 조직의 혁신을 일으키는 것이 아니라 조직구성원 모두의 노력과 헌신이 요구되기 때문에 오랜 시간이 필요하다. 결국, TQM의 성공은 업무 진행과정 및 서비스 전달과정에 대한 지속적인 분석과 작은 개선들의 축적을 통해서 이루어진다고 할 수 있다.

3. 임파워먼트를 통한 조직관리

임파워먼트가 실천되는 수준은 다양하다. 임파워먼트의 개념에는 그것이 적용되는 수준에 따라 미시적인 차원에서부터 거시적인 차원까지 그 의미가 모두 포함된다. 미시적 차원에서는 구조적 변화가 없더라도 개인의 힘이나 통제력이 증대되었다고 느끼는 사고의 변화에 초점을 두며, 반면에 거시적 차원에서는 조직, 제도 및 구조의 변화에 초점을 두고 있다. 그리고 이 둘 사이에 중시적, 상호적 차원으로서 개인과 집단의 임파워먼트는 상호 영향을 미치는 것에 관심을 갖는다(양옥경 · 최명민 2006, 재인용).

최근 사회복지실천의 모델로 강점관점에 근거한 임파워먼트 모델이 주목을 받고 있다. 임파워먼트는 사회복지실천 현장에서 사회복지사의 클라이언트에 대한 임파워먼트에서 비롯되었는데, 사회복지사들이 클

라이언트의 결여된 힘을 증대시키기 위해 추구하는 방법으로서 개인, 집단, 조직 및 지역사회가 그들의 환경에 대한 통제력을 얻고 그들 자신의 목표를 달성함으로써 결과적으로 삶의 질을 최대화시켜 나가는 수단으로 정의할 수 있다(장인협, 1999). 다시 말해, 임파워먼트는 개인이나 집단, 조직, 지역사회가 상대적으로 무기력한 상태에서 힘을 가진 상태로 움직여 나가는 것으로, 이러한 체계들이 자신들이 가지고 있는 능력을 개발하여 사회에 보다 잘 적응할 수 있도록 사회적 기능을 높여주는 것, 그리고 사회적 기회와 자원의 가용성을 증대시킴으로써 사회제도의 반응성을 고양하는 것이 목적이다. 최근에는 조직 또는 상급자의 일선 사회복지사에 대한 임파워먼트가 실천현장에서 강조되고 있다. 즉 임파워먼트는 사회복지사의 클라이언트에 대한 힘의 증대뿐만 아니라 조직 또는 상급자의 사회복지사에 대한 힘 증대의 의미를 갖게 된 것이다.

조직구성원 개인에 대한 기관의 임파워먼트는 단지 기관의 운영책임자가 운영의 한 방법으로서 권한을 배분하고 이양하는 일방적인 의미를 갖는 것이 아니라, 조직구성원 내부에서 형성되는 상황에 대한 통제력 및 무엇인가를 할 수 있다는 믿음과 신념으로 이해되는 경향이 짙다. 즉 조직구성원에 대한 임파워먼트는 개인과 업무환경과의 관계에서 형성되는 내적인 측면을 중심으로 하고 있고, 임파워먼트의 구체적인 내용은 업무에 대한 자신감, 업무에 대한 영향력, 업무수행을 위한 업무환경 조작 및 통제능력, 직무수행능력 등을 포함하고 있다(강철희·윤민화, 2000).

이러한 조직 및 상급자의 일선 사회복지사에 대한 임파워먼트에서 더 나아가 임파워먼트 중심의 사회복지 조직관리를 조직구조, 인력, 기술의 세 가지 차원으로 설명하고 있다. 즉 구체적인 조직 임파워먼트의 방안이 제시되고 있는 것이라고 볼 수 있는데, 예를 들어, 분권화된 조직구조와 더불어 팀제의 운영과 의사소통의 활성화가 조직구조를 임파워링하는데 중요한 요소로 부각되고 있고, 전문인력 강화를 위해서는 조직구성들에 대한 적절한 보상이 궁극적으로 구성원들의 동기부여와 사기진작을 위해 바람직하다는 것이다. 또한 과학적으로 효과성이 입증된 새로운 실천기법을 임상에 적용하고 확산, 보급시키는 것이 기술적 임파워먼트의 핵심이라는 것이다. 이러한 조직 임파워먼트를 체계적으로 적용시키기 위해서는 조직이 학습조직화되는 것이 필요하다고 황성철(2002)은 주장한다. 즉 조직학습에 긍정적으로 영향을 주는 학습문화의 개발, 다양한 방법을 통한 직원개발, 조직과 조직구성원간, 그리고 조직구성원간의 의사소통의 활성화 등을 권장하고, 한편 부정적인 영향을 미치는 자신감의 결여, 최고관리층의 리더십 부재, 자원의 부족 및 과도한 업무량으로 인한 시간부족 등을 개선하는 방향으로 조직개혁을 추구한다면, 조직의 학습조직화가 극대화될 수 있다는 것이다.

학습조직은 조직 내·외적으로 정보를 발굴, 입수하여 조직의 전 구성원이 공유하고 업무활동에 적용함으로써 새로운 지식을 창출하고 조직 전체에 보급하는 역동적인 학습이 일어나는 조직을 말하는데, 조직의 지속적인 변화를 통해 급변하는 사회환경에 대한 대처능력과 경쟁력을 강화시켜 나가는 조직이다. 조직구성원들의 역량과 기술에 의해 서비스의 질이 좌우되는 사회복지조직에서 조직학습의 일상화로 설명되는 학습조직의 구축은 조직경쟁력을 높이는 중요한 대안이 될 수 있다(김경희·안정선, 2006). 물론, 앞으로 실증적 조사연구가 활발해져서 임상의 이론화를 통해 지식기반이 나져져야 할 것이지만, 학습조직화는 조직과 조직구성원들을 임파워링시키는 데에 유용한 조직관리 전략이 될 수 있다.

요컨대, 임파워먼트 모델은 기본적으로 개인의 역량을 강화하고 환경적 자원과 기회를 극대화하는 데에 초점을 두고 있는 바, 자원과 기회, 서비스를 제공하는 체계와 클라이언트를 연결하는 것이 사회복지사의 중요한 기능 및 역할인 것을 감안한다면 이러한 임파워먼트 모델은 사회복지실천에서의 사회복지사의 근본 존재이유와 매우 부합한다고 볼 수 있다. 더욱이 임파워먼트 모델은 강점관점에 기반 하기 때문에 클라이언트의 문제나 약점에 관심을 두기보다는 그들이 가지고 있는 강점을 발견, 인정하고 이를 활용할 수 있도록 동기부여하면서 잠재능력을 개발하는 것으로, 사회사업(복지) 전문직이 가지고 있는 기본가치 전제에 부합하며 따라서 사회사업복지)의 가치 실현을 충족시킨다 할 수 있겠다.

4. 사명에 기반한 조직관리(Mission Based Management)

성공하는 비영리조직들은 다음과 같은 특징을 가지고 있다. 첫째, 살아 움직이는 생동감 있는 사명을 가지고 있다. 둘째, 오찬과 만찬, 교제와 명예를 즐기는 이사회가 아닌 실제로 일하는 이사진들로 구성되어 있다. 셋째, 조직의 사명을 실현하기 위해 지속적인 교육과 훈련을 받은 직원들이 있다. 넷째, 인사관리 · 재무관리 및 조직의 운영에 있어 질 높은 통제가 이루어지고 있다. 다섯째, 비영리조직 마케팅에 대한 이해와 응용이 조직구성원 모두에 의해 인식되고 실천되고 있다. 여섯째, 조직의 현재 상황에 대한 SWOT분석[4])을 통해 조직이 나아가야 할 방향을 알고 조직의 미래의 모습인 비전을 제시하고 있다. 일곱째, 재정적 안정이 확보되어 있다. 마지막으로, 빠르게 변화하는 환경에 대해 적응력을 가지고 있다.

사명은 '조직의 존재이유'로, 조직구성원들과 참여자들의 활동을 하나로 결집시킬 수 있어야 하나, 많은 비영리조직의 경우 더 이상 조직구성원들과 자원봉사자, 지역사회주민, 후원자, 이사진 등 조직의 지지자(constituency)들을 동기부여하지 못하는 의미 없는 허상으로 존재하고 있다. 사명은 조직의 귀중한 자원으로서 조직관리의 도구가 된다. 즉 사명을 기반으로 한 조직관리는 조직을 보다 더 효과적 · 효율적이

4) SWOT분석이란, 전략적 기획의 한 방법으로서 강점(Strength), 약점(Weakness), 기회(Opportunity), 위협(Threat)의 네 가지 요소를 가지고 조직의 현재 상태를 분석, 조직이 미래에 나아가야 할 방향을 설정하는 것이다.

게 한다. 따라서 사명은 조직의 모든 곳에 존재하는 자원이라 할 수 있다. 다시 말해 사명은 연 사업계획서, 연 사업평가서, 이사 매뉴얼, 인사관리 매뉴얼, 신입 직원 오리엔테이션, 기획 등, 조직의 모든 문서와 프로그램의 토대가 되는 것이다. 비영리조직의 사명수립에 관해서는 다음의 제3장에서 보다 구체적으로 다룰 것이다.

제 2 장을 위한 토의

□ 현재 우리나라 사회복지실천 현장의 실천 효과성 및 효율성 측정 현황에 대해 아는 바를 설명하시오.
□ 사회복지조직에서의 TQM 적용 가능성에 대한 자신의 견해를 피력하시오.
□ 목표 지향적인 집합체로서 사회복지조직이 가지고 있는 일련의 흐름을 설명하시오.

■ 핵심단어

인간봉사조직(human service organization), 효과성(effectiveness), 효율성(efficiency), 사명헌장(mission statement), 책무성(accountability), 조직관리(organizational management), 목적(purpose), 목표(goal), 결과목표(objectives), 능력부여(empowerment; 임파워먼트)

3
chapter

비영리조직의 사명수립

조직이 추구해야 할 핵심가치와 사명을 명문화하는 것은 매우 중요하다. 왜냐하면 조직이 갖는 목적과 목표는 조직의 사명으로부터 비롯되는 것이고, 조직의 사명·비전, 그리고 핵심가치는 모든 조직구성원들이 공유할 수 있어야 하기 때문이다. 본 장에서는 비영리조직으로서 사회복지조직들이 반드시 행해야 할 사명헌장 수립과 조직의 비전·핵심가치에 관한 내용을 다루고자 한다.

제1절 비영리조직에 대한 이해

비영리조직을 묘사하는 것은 쉽지 않다. 어떤 사람들은 비영리조직을 특징짓는 주요한 정의는 '공공 서비스(public service)'를 제공하기 위해 설립되었다는 점이라고 말한다. 어느 정도는 맞는 말이다. 그러나 공공 서비스라는 사명은 오해를 불러일으킬 수 있다. 그 한가지로, 공공 서비스를 위해 조직되지 않은 비영리조직들도 많이 있다. 예를 들어, 무역협회나 노동조합 같은 단체들이다. 어떤 사람들은 비영리조직을 특징짓는 주요한 정의는 그들의 사명이 돈을 버는 것이 아니라는 점이라고 주장한다. 이 역시 일부분 맞는 말이다. 그러나 많은 비영리조직들이 상당히 기업적이다. 많은 조직들이 영리단체들과 매우 유사한 돈을 벌 수 있는 모든 종류의 사업들에 참여하고 있다. 비영리조직들도 영리조직들과 같은 방식으로 돈을 벌 수 있다. 그러나 그렇게 벌어들인 돈은 기관 설립시의 공공 목적, 기관이 존재하는 공공 목적, 또는 공공 목적을 가진 타 기관으로부터 인계받은 공공 목적을 위해 사용되어야 한다. 비영리조직의 사명을 규명하고 명료화하는 것은 영리조직의 그것보다 훨씬 더 어려우며, 따라서 성공 여부를 측정할 수 있는 척도를 정하는 것도 어렵다. 영리조직에서는 사명이 명확하기 때문에 성공 척도 역시 명확하다. 영리조직의 사명의 중심은 수익성이다. 비영리조직의 사명의 중심은 공공 서비스로, 목적을 규명하는 것이 어려울 뿐 아니라 성공을 측정할 수 있는 적절한 척도를 찾아내는 것 또한 당혹스러운 과제일 수 있다. 따라서 비영리조직의 첫 번째 주요한 과제는 명확한 공공 서비스 사명을 정의하는 것이다(Wolf, 1999).

사명헌장 개발에는 두 가지 방식이 있을 수 있다. 첫 번째 방식은, 좋은 사명헌장을 개발한다는 과제를 수행하기 위해서는, 기관이 개입할 가능성이 있는 많은 활동들을 충분히 포함할 정도로 개괄적으로 사명헌장을 기술하는 방식이 있다. 즉 목적을 포괄하여 사명을 기술할 때 서비스, 프로그램, 활동들에 대하여 기관이 취해야 할 방향에 대한 구체적인 지침을 포함시킨다. 또 하나의 방식은, 사명헌장에는 조직의 존재이유 및 목적만을 포함하고, 운영상의 목적 및 목표에 따른 구체적인 지침은 별도로 가지고 있는 방식이 그것이다. 사명헌장을 고안, 개발할 때 결정된 헌장의 내용들은 수정 불가능한 것이 아니라는 점을 기억할 필요가 있다. 사명헌장은 정기적으로 검토되고 또 개정되어야 한다.

제2절 사명, 비전, 핵심가치에 대한 이해

1. 개념 정의

사명(mission)이란, 특정한 목표나 전략이 아닌, 조직의 나아가야 할 방향을 제시하고 조직구성원들에게 동기를 부여하는 '조직의 근본적인 존재이유'이다. 사명은 조직에 대해 안정성과 지속성을 제공하고, 가능성과 기관의 방향을 제한하며, 조직이 준수해야 할 핵심적인 내용을 포함한다.

비전(vision)은 '조직이 장래를 내다보는 능력으로서의 비전'과 '조직이 장래를 내다본 산출물(output)로서의 비전'이라는 요건이 통합된 것으로서, '조직의 핵심가치와 사명을 미래로 투시한 것'이다. 즉 비전은 현실성이 있고 신뢰할만하며, 또한 매력적인 조직의 미래상이라 할 수 있다. 이러한 비전의 본질은 조직이 추구하는 핵심가치 및 사명과 일치되면서 다음과 같은 질문에 긍정적인 답을 할 수 있어야 한다.

질문 1: 비전이 조직의 발전을 자극하는가?

질문 2: 비전이 조직 내에서 추진력을 만들어내고 있는가?

질문 3: 비전이 조직구성원들을 움직이고 있는가?

질문 4: 비전으로 인해 조직구성원들이 활력을 가지게 되었는가?

질문 5: 비전으로 인해 조직구성원들이 목표에 자극을 받고 재미있어 하며, 모험적으로 되고 있는가?

질문 6: 비전으로 인해 조직구성원들이 기꺼이 자신들의 상상력을 발휘하고, 창의적인 재능과 에너지를 목표달성을 위해 사용하고 또 헌신하고 있는가?

비전은 새로운 방향, 방법, 전략 등의 지속적 변화를 추구하는 것으로서 목표, 개선, 이상적인 상태 등을 향한 역동성을 표현하고 있다. 즉 극적이고 가능한 숫자를 제시하는 등, 매우 구체적이며, 획기적인 변화 초래를 촉구한다. 따라서 비전은 조직구성원들을 긴장하게 하고 동기부여하며, 보다 집중된 노력을 전개할 수 있게 한다. 다시 말해 비전은 '조직이 추구하는 대담한 목표'라고 할 수 있다. 대담한 목표로서의 비전은 사람들을 끌어당기고 명백하며, 기운이 넘치고 매우 집중적이며 설명 없이도 즉시 이해가 가능하여야 한다.

핵심가치(core value)는 다른 기관이 이미 세워 놓은 것이 아닌, 조직구성원들의 마음속에서 진실로 신뢰할 수 있는 '바람직한 그 무엇'이다. 핵심가치는 조직의 특별한 문화나 운영지침과는 다르며, 기관의 이익이나 근시안적 기대치와 타협해서는 안 되는 '조직의 필수적이고 영속적인 신념'이다. 조직이 지속적으로 보존해야 할 핵심적인 가치는 끊임없이 이어지는 조직의 역사 속에서 그곳에 모여드는 사람들의 마음을 통합하는 정신적 의지인 조직의 마음이라 할 수 있다. 시간이 흐르고 공간이 바뀌어도 변하지 않는 '조직의 마음'은 조직의 정체성(identity)으로 나타나고 '조직의 정체성'은 그 조직의 생명의 지속적 원천이 된다(강철희, 2000).

2. 비영리조직의 사명, 비전, 핵심가치의 예

조직에 따라 사명헌장과 비전, 핵심가치를 모두 가지고 있는 조직도 있고, 사명헌장은 있지만 비전 또는 핵심가치를 제시하지 않고 있는 조직도 있다. 다음에 사회복지조직의 사명헌장, 비전, 핵심가치의 예를 제시한다. 이들 예에서는 각 조직들이 사용하고 있는 고유한 표현을 그대로 기술하였다. 이러한 예들을 통해 실제 사회복지조직에서 어떠한 사명을 가지고 일하는지에 대한 이해를 도울 수 있을 것이다. 아래 예는 사명헌장에 구체적인 운영지침을 포함시키지 않은 사례들이다.

1) 꿈 · 희망 · 미래 재단

사명: 꿈 · 희망 · 미래 재단은 사랑과 봉사의 섬김 자세로 사회적 · 경제적 소외 계층을 대상으로 그들의 삶의 질을 향상시킴으로써 정의와 평화가 있는 인류사회 구현에 헌신한다.

비전:

- 극심한 경제적 곤란 상태에 있는 한국과 연변의 고등학생들이 꿈과 희망을 가지고 자신의 미래를 설계할 수 있도록 돕는다.
- 경제적 궁핍으로 인하여 해체 직전에 있는 가정을 위기상황에서 벗어날 수 있도록 돕는다.
- 사회적 · 경제적 약자의 삶의 질을 과거와는 다르게 변화시킨다.
- 나눔의 기부문화 조성으로 더불어 사는 따뜻한 세상 만들기에 기여한다.

핵심가치:

- 하나님을 경외하는 삶을 지향한다.
- 윤리적 책임행동을 준수한다.
- 클라이언트 중심의 임상을 실천한다.
- 자기지식 개발 및 자기변화를 통해 클라이언트의 변화를 기대한다.
- 미래지향적 사고의 틀 안에서 클라이언트의 잠재력과 성장가능성을 믿는다.

2) 이랜드

사명선언서: 우리는 선한 청지기로서 도움이 필요한 이웃들에게 인적 · 물적 자원과 전략적 지식, 현장경영과 네트워크를 통해 차별화 및 전문화된 서비스를 가장 효율적으로 제공함으로써 세상의 빛과 소금의 역할을 충실히 감당한다.

비전: 그늘진 곳에 생명의 빛이 되며 삶의 가치를 지켜가겠다는 소망으로 모든 사람이 행복한 그날까지 이랜드가 함께 합니다.

3) 월드비전

소명헌장: 월드비전은 가난하고 억눌린 자들과 함께 일함에 있어 우리의 주이시며 구세주이신 그리스도를 따라 가는 것을 사명으로 하는 기독교인들의 국제협력기관으로서, 우리의 소명은 인간의 변화를 위해 노력하고, 정의를 구현하며, 하나님 나라의 복음을 증거하기 위한 것입니다.

핵심가치:

- 우리는 그리스도인입니다.
- 우리는 가난한 사람들을 위해 헌신합니다.
- 우리는 사람을 소중히 여깁니다.
- 우리는 청지기입니다.
- 우리는 동역자입니다.
- 우리는 응답합니다.

4) 감리회 태화복지재단

사명: 감리회 태화복지재단은 섬김과 나눔의 정신으로 사회적 · 경제적으로 소외된 이웃의 삶의 실을 개선 · 향상시킴으로써 하나님의 큰 평화(泰和 ; 태화)가 실현되는 인류사회 구현에 헌신한다.

비전:

- 하나님의 '큰 평화'를 실현하는 사회복지 공동체
- 사회변화를 주도하는 선도적인 사회복지사업 수행
- 사회복지 전문인력 육성

핵심가치:

- 하나님을 경외하고 이웃을 사랑하는 삶

- 비영리 인간봉사조직으로서의 책무성 이행
- 사회사업의 가치와 실천 윤리를 준수하는 책임적 행동
- 사회복지사업의 전문성 증진에 기여하는 미래지향적 헌신

5) 사회복지공동모금회

사명: 공동모금회는 서로 나누고 돕고자하는 인간의 본성을 개발·증진시켜 궁극적으로 사회복지발전에 이바지함을 사명으로 한다.

신조:

- 우리는 모든 인간의 존엄성과 가치를 소중히 여기고 보존한다.
- 우리는 사회적 유대감을 강화시켜 '나눔의 공동체'를 구현하는 데에 최선을 다한다.
- 우리는 이러한 나눔의 공동체를 형성하는데 있어서 기부자, 자원봉사자 및 사회복지 서비스 제공자가 우리의 동반자임을 확신한다.
- 우리는 기부자, 자원봉사자 및 사회복지 서비스 제공자들의 기대에 부응하는 것을 모든 활동의 핵심으로 한다.
- 우리는 기부자와 자원봉사자들이 제공한 기부금과 봉사시간에 대한 명확한 정보를 기꺼이 제공할 의무가 있다.
- 우리는 주어진 자원으로 우리 사회의 복지욕구를 충족시키기 위하여 좀더 효율적인 방법을 부단히 모색한다.
- 우리는 우리가 지원한 사업들을 엄정히 평가하여 사회복지 서비스 제공자들의 효과적이고 전문적인 사업수행을 선도해 나간다.

6) 서울대학병원

사명: 서울대학병원은 세계 최고 수준의 교육, 연구, 진료를 통하여 인류가 건강하고 행복한 삶을 누릴 수 있도록 한다.

비전:

- 최상의 진료로 가장 신뢰받는 병원

- 생명의 미래를 여는 병원
- 세계 의료의 리더를 양성하는 병원
- 의료 선진화를 추구하는 정책협력병원

핵심가치:
- 고객중심
- 인재존중
- 혁신추구
- 사회공헌
- 상호협력

제 3 절 사명과 비전의 수립

1. 새로운 사명과 비전의 수립이 필요한 시기

대다수의 비영리조직들은 조직이 탄생할 때 조직의 설립취지를 가진다. 왜 조직을 설립하려고 하는지, 조직의 존재 이유에 대한 분명한 생각을 가지고 있다. 그러나 조직이 설립된 후, 조직의 사명헌장에 대해 시 재검도의 과정을 갖는 조직은 그리 많지 않다. 국제적 기구의 지부이거나 또는 국제적 기구로 출발했으나 현재는 동일한 사명을 공유하면서 각 나라에서 독립적으로 운영되고 있는 기구들은 대략 5년에 한 번 씩은 사명헌장과 핵심가치 등을 재검토하고 있는 것으로 보여진다. 조직의 사명을 수립하고 핵심가치를 이끌어내며, 그리고 비전을 정립하는 과정에 조직구성원들의 참여는 필수적이다. 정기적인 검토 외에 새로운 사명과 비전의 수립이 필요한 시기는 과연 언제일까? 다음의 질문들을 통해서 그 시기를 알 수 있다.

첫째, 조직의 목적에 대해 조직구성원들이 혼란을 겪고 있다는 증거가 있는가?

둘째, 조직구성원들이 미래를 회의적으로 보거나, 현재에 대해 냉소적인가?

셋째, 조직의 정당성, 역사성, 주도적 위치 등에 대해 과거의 명성을 잃고 있는가?

넷째, 조직이 외부의 환경변화에 능동적으로 대처하지 못하는 것처럼 보이는가?

다섯째, 조직 내에서 자부심이 사라지는 징조들이 보이는가?

여섯째, 조직구성원들이 모험을 회피하며, 새로운 프로젝트에 대한 책임을 회피하는 등, 변화에 저항하고 있지는 않은가?

일곱째, 얼마나 많은 일들이 개선되고 있는지, 중간관리자들이 분명하게 알기 어려운가? 여전히 조직이 매력적인 미래를 가지고 있다고 낙관적인 느낌을 가지고 있는가?

여덟째, 조직구성원들이 기관의 책임자를 진심으로 신뢰하고 존경하는가?

이러한 질문들 외에 사명, 비전, 핵심가치가 아예 설정되어 있지 않은 경우, 설정되어 있지만 현재의 상황과 맞지 않은 경우, 조직 전반에 걸쳐 개혁을 추진할 필요가 있는 경우, 한정된 역량을 집중해야 할 필요가 있는 경우, 그리고 최고경영자의 변동이 생긴 경우에 사명을 재검토하고 그에 따른 비전을 수립하는 것이 바람직하다.

그렇다면, 과연 누가 조직의 사명과 비전 수립을 주도해야 하는가? 만약에 우리 조직에 변화가 필요하다는 자각에서 조직의 하위 구성원들에 의해 주도된다면, 최고관리자와 중간관리자의 동의와 지지를 얻지 못할 가능성이 크고 따라서 조직화하기가 어렵다. 이에 소기의 성과를 거두는 데에는 상당한 어려움이 있을 것으로 예측된다. 반면 최고관리자가 주도하게 되면 빠르게 진행될 수는 있지만 전체 조직구성원들의 공유에 어려움이 있을 것이다. 따라서 구호에 그치거나 일시적 효과만 있을 뿐일 가능성이 크다. 한편 중간관리자들이 이를 주도한다면, 조직구성원들의 강력한 몰입 및 공유가 가능할 것이다. 이 때 최고관리자와 모든 조직구성원들 간의 의사소통을 통한 동의에 의해 점진적으로 추진하는 것이 바람직하다.

2. 사명과 비전 수립의 제 단계

조직구성원들과 함께 조직 내에 암묵적으로 내재되어 있는 핵심가치와 조직의 존재이유인 목적을 찾아내야 한다. 기본적으로 변화는 위협이 아닌 기회라는 인식을 가지고, 사명과 비전을 실천해야 할 조직구성원들이 수립 과정을 중요시하면서 철저하게 자신을 긍정하는 자세로 임하는 것이 중요하다. 사명과 비전을 수립하는 과정은 다음의 네 단계를 통해서 이루어진다.

1) 사전준비단계:

- 프로젝트 추진 팀 결성(TFT: Task Force Team)
- 필요시 외부 전문가의 도움 요청
- 조직구성원 교육

프로젝트 팀을 구성할 때 중간관리자, 하위관리자 및 실무자로 팀을 구성하는 것이 바람직한데, 중간관리자가 되기 직전의 실무자를 참여시키는 것이 팀의 역동성이나 추진력을 갖는 데에 도움이 된다. 필요 시 외부 전문가를 초빙할 수 있으며, 외부 전문가 외에 이사를 참여시키는 것도 한 방법이 된다. 이 팀의 구성원들은 각 팀에서 추천을 받은 후, 면접 또는 시험을 거쳐 선발할 수 있다. 팀이 구성된 후, 전체 조직구성원들을 대상으로 사명과 비전의 필요성, 수립절차 및 방법에 관한 사전교육을 한다.

2) 분석단계:

- 해야 할일, 하고 싶은 일, 그리고 할 수 있는 일 파악
- 기관의 문제점 및 조직문화 파악

조직의 외부와 내부 환경을 분석하는 단계이다. 변화하고 있는 사회복지환경, 선도적인 타 기관의 동향 분석 및 새로운 사업을 시도할 기회를 분석함으로써 기관이 '해야 할 일'을 찾는다. 한편 개별 및 집단면담, 설문지 조사 등을 통해 조직구성원들의 의지와 의사를 파악함으로써 기관이 '하고 싶은 일'을 발견한다. 또한 조직의 현재 상황을 파악하여 조직의 내부 능력을 분석하여야 하는데, 조직의 역량 및 현재 사업현황을 파악함으로써 '할 수 있는 일'을 명료화한다. 이 단계에서 조직의 역사성을 고려할 수 있어야 한다.

이 과정에서 기관의 문제점 및 조직문화를 파악할 수 있다. 전략적 기획으로서 SWOT 분석에 의해 기관의 강점(Strength), 약점(Weakness), 기회(Opportunity), 위협(Threat)의 4가지 측면을 분석, 파악할 수 있다.

3) 정립단계:

- 조직의 존재이유와 핵심가치 규명
- 비전의 정립

조직의 존재이유 및 핵심가치를 규명하고 비전을 정립하는 단계이다. 조직의 사명과 핵심가치는 5-10년 내에 진부해지지 않는 것이어야 한다. 조직의 최고관리자 또는 최고관리자와 중간관리자들이 비전을 제시하는 것이 아니다. 조직구성원들이 사명과 핵심가치를 공유하면서 논의를 통해 비전을 개발하는 것이 바람직하다. 이러한 과정을 거칠 때, 조직의 새로운 사명과 핵심가치, 그리고 비전을 조직의 전 구성원들이 공유할 수 있다. 비전은 조직의 목적과 방향을 명료화해 주고, 조직구성원들의 열정을 고취시키면서 그들의 헌신적 참여를 유도한다. 한편 비전은 대의명분을 가지면서 독자성을 가질 수 있어야 한다. 그리고 매

우 명확한 표현으로 되어 있어서 누구나 쉽게 이해할 수 있는 것이어야 한다.

4) 전개 및 공유단계:

- 사명선언식
- 각 사업별 사명과 비전 정립
- 각 사업별 전략 수립

사명과 비전, 그리고 핵심가치가 규명된 후에는 사명선언식을 가지는 것이 바람직하며, 가급적 빠른 시일 내에 공표하는 것이 좋다. 사명선언식 거행과 동시에 소책자나 기존에 발행되고 있는 기관의 소식지 및 웹 사이트를 활용하는 것도 효과적이다. 사명선언식 후, 각 사업별 또는 부서별 사명과 비전을 정립하고, 이에 따라 각 사업별 전략을 수립하게 된다.

비영리조직의 사명과 비전 수립의 예는 〈부록 2〉에 제시하였다.

제 3 장을 위한 토의

□ 실습기관 또는 자원봉사활동을 했던 기관을 하나의 예로 하여 사명, 비전, 핵심가치를 아는 대로 제시, 설명하시오.

□ 사회복지기관의 사업안내서를 사명, 비전, 핵심가치에 초점을 맞추어 분석하시오.

■ 핵심단어

비영리조직(nonprofit organization), 사명헌장(mission statement), 비전(vision), 핵심가치(core value)

4
chapter

우리나라 사회복지 서비스 전달체계

본 장에서는 우리나라 사회복지 서비스 전달체계의 유형과 서비스 전달체계가 지켜야 할 원칙을 행정적 측면과 서비스 제공 측면에서 살펴보고자 한다. 이어 우리나라 사회복지 서비스 전달체계의 개선방안을 제시하였다.

제1절 사회복지 서비스 전달체계의 유형

사회복지 서비스는 핵가족화와 인구고령화에 따라 그 욕구가 급속도로 증대되고 있고, 이에 부응하기 위해 다양한 사회복지 서비스 전달체계가 만들어졌으며, 1990년대 중반부터 전면 실시된 지방자치제[5]에 힘입어 더욱 많은 전달체계가 양산되기에 이르렀다.

사회복지정책을 통해 제공되는 서비스는 여러 영역에 걸쳐 다양하다. 따라서 이러한 서비스를 수급자에게 전달하는 방법도 다양할 수밖

5) 1989년 마련된 지방자치법에 대하여 1991년 기초의회선거와 광역의회선거가 있었다. 그러나 전면적인 지방자치는 문민정부가 출범한 후에 실시된 1995. 6. 27 4대 지방선거에 의하여 비로소 시작되었다.

에 없다. 즉 어떤 서비스들은 중앙정부가 급여의 자격 · 급여형태 · 재원 등에 관한 모든 결정을 한 후, 전 국민들을 대상으로 포괄적으로 제공하고, 또 어떤 서비스들은 민간부문에서 모든 것을 결정하여 일부의 사람들에게만 제공하기도 하며, 어떤 서비스들은 중앙정부와 지방정부, 혹은 정부와 민간부문 사이의 다양한 형태의 혼합체계로 제공되기도 한다.

사회복지전달체계는 일반적으로 정부전달체계와 민간전달체계의 두 가지로 크게 분류된다. 정부전달체계는 사회보험과 공적부조와 관련된 서비스를 담당하고, 민간전달체계는 대인적 사회복지 서비스를 담당하게 되는데, 이를 하나의 전달체계로 볼 때 정부전달체계는 행정체계에 속하고 민간전달체계는 집행체계에 속한다고 볼 수 있다. 또한 어떤 의미에서는 민간전달체계가 공적(정부)전달체계로부터의 기획과 자원 통제 하에 있기 때문에 민간전달체계는 공적전달체계의 하부구조 또는 집행구조로 볼 수 있다.

제 2 절 사회복지 서비스 전달체계의 원칙

사회복지 서비스 전달체계의 필요성은 사회문제해결 및 지역주민들의 사회복지 욕구를 충족시키는 데에 있다. 사회복지 서비스들을 수급자들에게 바람직하게 전달하기 위해서는 효과적인 사회복지 서비스 전달체계가 구축되어야 하는데, 이에는 지켜야 할 몇 가지 주요 원칙이 있다. 이 주요 원칙을 행정적 측면과 서비스 제공 측면의 두 가지 측면에서 살펴보고자 한다.

1. 행정적 측면

1) 서비스의 전문성(professionalism): 사회복지기관은 다양한 사회문제를 예방하고 치료적 접근을 하기 위해 사회사업의 전문적 지식과 기술을 보유한 전문 인력에 의해 사업을 수행하고, 이들 인력에 대한 지속적인 재교육을 통해 전문성이 증진될 수 있어야 한다.

2) 서비스의 통합성(integration): 서비스의 통합이란, 클라이언트의 욕구를 보다 종합적으로 다루기 위해서 둘 이상의 서비스 공급자들을 함께 묶는 것을 말한다. 이를 위해서는 지역사회 내 인간봉사조직들 간에 서비스의 누락과 중복을 방지하는 서비스의 조정이 필요하다.

3) 서비스의 공급자와 수급자의 효용의 극대화(efficiency): 서비스의 공급자와 수급자 모두 충분한 정보를 바탕으로 합리적인 선택을 하게 되면, 모두의 효용을 극대화하기 때문에 서비스의 효율적 배분이 이루어진다.

4) 서비스에 대한 접근 용이성(accessibility): 전달체계의 서비스에 수급자들이 얼마나 쉽게 접근할 수 있는가 하는 것이다. 수급자들이 실제로 서비스를 이용하기 어렵다면 그 서비스의 실효성은 크게 떨어진다고 볼 수 있다. 따라서 서비스 전달체계는 공간적·시간적 측면에서 수급자가 서비스를 쉽게 이용할 수 있어야 한다.

5) 수급자의 욕구 부응성과 책무성(accountability): 전달체계가 얼마나 수급자의 욕구에 부응하고 있으며 책무성을 가지고 있는가 하는 것이다. 수급자의 욕구 부응성이란, 급변하는 현대사회 속에서 수급자의 변화하는 욕구에 신속하고 융통성 있게 대응할 수 있어야 한다는 것이다. 또한 전달체계에게 맡겨진 사회적 위임과 과제를 적절하게 수행하고 있는지에 관한 책무성을 가질 수 있어야 한다. 즉 사업수행에 따른 효과성과 효율성을 입증하고 책임을 다하려는 다각적 노력이 필요하다.

6) 조사 및 연구(research): 수급자의 욕구와 문제에 대한 지역사회 조사를 정기적으로 실시하여 사업의 우선순위에 따라 사업이 수행되도록 하여야 한다. 한편, 임상적 경험을 통한 실천적 지혜를 이론화하는 작업도 서비스 전달체계가 학계와 연계하여 담당하여야 할 부분이다. 실천적 지혜란 사회복지사들이 그들의 일상적 경험을 통해 실천적으로 유용하다고 판단한 축적된 정보, 가설, 이념이라 할 수 있다.

2. 서비스 제공 측면

1) 평등 또는 사회적 적절성(reasonableness): 전달체계가 얼마나 평등한가 또는 사회적 적절성의 목표를 이룰 수 있는가하는 것이다. 즉 '도움이 필요한 사람'에게 적절한 도움을 줄 수 있어야 한다.

2) 지속적·안정적인 욕구 충족(continuity): 사회복지 서비스에 대한 욕구는 지속적으로 혹은 안정적으로 제공할 수 있어야 한다. 또한 하나의 욕구가 해결되어 다른 욕구로의 이전이 필요할 때도 전달체계 간의 연계가 필요하며 또 중단 없이 제공되어져야 한다.

3) 서비스의 경쟁력 강화(competitiveness): 일반적으로 어떤 서비스가 단일 제공자에 의해서 독점적으로 제공되면, 그 서비스의 질은 낮아지고 가격은 높아질 수 있다. 따라서 여러 제공자가 서비스를 경쟁적으로 제공할 때 그 가격과 질은 소비자에게 유리하다.

4) 재활 및 자활목표 성취(self-sufficiency): 경제적 어려움에 기인하는 생활 곤란자 및 사회 부적응자에 대해 경제·심리·사회적 지지를 통해 그의 독립심을 손상함이 없이 일반인들과 더불어 생산적인 일에 참여하면서 인간다운 삶을 살 수 있도록 원조할 수 있어야 한다.

5) 가족중심의 서비스(family-centered service): 가족을 하나의 서비스 단위로 하여 지역사회주민의 삶의 문제에 접근함으로써 개인 및 가족의 기능강화 및 삶의 질 향상을 위한 다양한 서비스를 제공할 수 있어야 한다.

제3절 사회복지 서비스 전달체계의 개선방안

지금까지 사회복지 서비스 전달체계가 지켜야 할 기본원칙을 행정적 측면과 서비스 제공 측면의 두 가지 측면에서 간략하게 살펴보았다. 이러한 원칙에 근거하면서 효율적인 사회복지 서비스 실천을 위한 개선방안을 제시하고자 한다.

첫째, 다양한 형태의 사회복지 서비스들을 수급자들에게 바람직하게 전달, 실천하기 위해서는 먼저 전달체계의 바람직성 여부를 판단할 평가기준이 있어야 하며 사회복지 서비스 전달체계에 대한 질적 평가제 도입이 우선되어야 하겠다.[6)]

둘째, 현재 각종의 사회복지 서비스 프로그램들이 개발된 법적 근거로 노인복지법, 아동복지법, 장애인복지법, 모・부자복지법, 영유아보육법, 정신보건법 등이 제정되어 있다. 이러한 관련법들이 요구하고 있는 기준들을 충족시키고 있는지, 혹은 관련법을 충분히 제대로 활용하고 있는지를 면밀히 검토할 필요가 있다.

셋째, 서비스 공급 주체의 다원화가 필요하다. 사회복지 서비스는 반드시 국비에 의해 실시되어야 하는 것만은 아니다. 종교단체, 민간 비정부단체의 활동, 그리고 기업 재단을 통한 공익활동 등, 여러 형태의

6) 사회복지시설에 대한 평가는 지난 1999년부터 시작되었다. 이는 정부가 각종 시설의 운영비를 지원하면서, 자금출처원에 대한 각 시설의 책무성 이행을 촉구하기 위한 것이라 할 수 있다. 최근 실시된 2006년도 사회복지시설평가는 2005-2007년까지의 제3기 사회복지시설평가의 일환으로 사회복지관, 노인복지시설 및 노인복지(회)관을 대상으로 실시되었는데, 평가 원칙으로서의 현실성, 객관성, 공정성의 확보를 위하여 지표보완과정에 실천현장실무자들의 참여를 확대하여 실제 평가를 받는 시설들의 의견이 최대한 반영될 수 있도록 하였다. 이에 관한 자세한 내용은 보건복지부가 주관하고 한국사회복지협의회가 연구한 '2006년 사회복지시설평가'를 참고하기 바란다.

비 시장적 지지기제가 국가부문 사회복지 서비스를 대신해 주거나 보완해 줄 수 있다고 본다. 현재 사회복지 서비스의 대상자들은 국가가 마땅히 보호해야 할 의무가 있는 극빈·영세계층이 대부분이다. 이들에 대한 서비스는 일차적으로는 국가의 책임이고 민간의 책임은 부차적인 것이다.

넷째, 효율적인 사회복지 서비스 실천을 위한 민-관 파트너십 구축이 필요하다. 사회복지 서비스의 재원확보 및 효과적 전달을 위해 민-관이 어떻게 협력할 수 있는가 하는 문제는 대단히 중요한 문제이다. 모든 민간자원-공식, 비공식 조직-들의 연대 혹은 참여, 그들 자원들을 합리적으로 또 체계적으로 조직화하는데 민-관의 긴밀한 협력관계 형성은 필수적이다. 이러한 민·관의 협력자관계는, 민이 주도하고 관이 행정적 지원을 하는 형태가 바람직하다.

다섯째, 지역사회를 배경으로 하는 사회복지 서비스 제공에 있어서, 지역사회 차원의 전문적 개입이 필수적으로 행해져야 한다. 그리하여 빠르게 변화하고 있는 지역사회에 기여할 수 있는 사회복지실천을 통해 지역사회주민의 삶의 질을 '과거와는 다르게' 변화시킬 수 있어야 할 것이다. 예를 들어, 서비스 전달의 핵심 인력인 사회복지사의 옹호자(advocate)로서의 역할이 특별히 요청된다 하겠다. 이는 지역사회주민들의 권리와 의사를 대변하는 활동으로서, 사회사업(복지)실천의 궁극적 목적인 사회정의와 경제정의 실현을 위한 필수불가결한 역할과 책임이라 할 수 있다. 한편 조직과 외부환경간의 관계에 있어 중개자(broker)의 역할 또한 요청된다.

여섯째, 지역사회 내 민간 수용시설과 이용시설의 상호협력 및 연계를 위해서 지역사회복지협의회와 같은 조직이 양자 간 공동사업의 추진·협력 및 의뢰체계를 구축하는 것이 필요하다. 한편 아동, 노인, 장애인들을 위한 수용시설 및 이용시설의 균형적인 수급을 위해서 정부의 민간전달체계에 대한 전반적 구조조정이 필요하다 하겠다(황성철, 2000).

일곱째, 지식·정보화 사회에서 사회복지행정가에게 요청되는 지도력 육성이 필요하다. 정보를 공유하고 기획과 판단력을 갖추며, 열린 사고를 하는 사회복지 지도력을 육성하는 일은 사회복지 서비스를 효율적으로 전달하기 위한 초석이 된다.

마지막으로, 통합적 사회복지 서비스 실천 기관으로서 지역사회복지관 모델을 구축하는 것도 중요한 방안이 될 수 있다. 현재 사회복지관 내에는 재가복지봉사센터·경로식당·어린이집·자활지원센터·취업알선센터·청소년쉼터·여성쉼터·가정폭력 상담센터·성폭력 상담센터·노인주간보호센터·지역아동센터 등 많은 부설 기관들이 있다. 이러한 역할을 잘 감당하고 있는 지역사회복지관이 지역사회복지의 협력조정기관(coordinator)의 역할을 담당할 수 있을 것이라고 본다. 서비스의 누락과 중복을 방지하고 소모적인 경쟁을 지양하며, 공동 프로젝트를 기획하고 정보 데이터베이스를 함께 구축함으로써 복지자원의 폭과 크기를 넓혀갈 수 있을 것이다.

사람들의 삶의 질 향상을 위한 다양한 욕구는 계속 증대되고 있다. 이는 사회복지 서비스 공급체계의 다양화를 지속적으로 야기시키고, 사회복지 서비스 전달체계를 공급자 중심에서 수요자 중심으로 변화시켰다.

사회복지 서비스 전달체계가 그 본래의 가치와 목표를 성취하려면, 복지에 대한 국민의 태도와 의식이 달라질 수 있어야 한다. 왜냐하면 정부의 지원만으로 복지가 이루어지는 것은 결코 아니기 때문이다. 한편, 어떤 학자는 '외부의 지원이 없이는 아무 것도 할 수 없다는 국민들의 고질적인 의식을 바꾸는 일이 보다 중요하다'고 이야기하기도 한다. 그러나 아무리 의식이 살아있고 자원봉사정신이 투철하다 해도 외부의 물적·인적지원과 더불어 심리적 지지가 없다면 사회복지에 기여하고자 하는 모든 이들은 여러 곤경에 처할 것이다.

사회복지 서비스에 대한 욕구가 분출되고 있는 현실과 자원봉사에 대한 정부·기업·언론·학교, 그리고 지방자치단체의 관심이 높아지고 그 실용방안들이 구체적으로 실현되고 있는 시점에서 바람직한 사회복지 서비스 전달 및 실천을 위해 전술한 개선방안들이 적극적으로 또 지속적으로 검토될 수 있어야 할 것이다.

제 4 장을 위한 토의

☐ 최근에 개정된 사회복지사업법을 검토하시오.

☐ 사회복지사업에 참여하고 있는 우리나라의 기업복지재단의 현황은 어떠하며, 기업은 어떻게, 어떠한 방법으로 사회복지에 참여하는 것이 바람직한지 자신의 견해를 피력하시오.

☐ 사회복지전담공무원의 기능과 역할은 무엇인가?

☐ 우리나라 사회복지 서비스 전달체계의 개선방안에 대한 자신의 견해를 피력하시오.

■ 핵심단어

옹호자(advocate), 지역사회보호(community care), 조정자(coordinator), 서비스의 질 보장(quality assurance), 사례관리(case management), 접근 용이성(accessibility)

제2부

사회복지기관 행정체계

제 5 장 기 획

제 6 장 의사결정과 의사소통

제 7 장 인적자원관리

제 8 장 수퍼비전

제 9 장 재무관리

제10장 기금조성

5 chapter

기 획

장기적인 계획을 위해 투자한 기관과 그렇지 않은 기관은 미래에 매우 상이한 결과를 맞게 된다. 기획에 대한 투자 면에서 실패한다면, 결국은 비싼 값을 치루는 결과를 맞게 될 것이라는 것이다. 비영리조직에서도 기획은 사치가 아니라 필수이다. 본 장에서는 기획의 개념과 전략적 기획, 그리고 비영리조직에서의 기획의 중요성에 대해 설명하였다.

제1절 기획에 대한 이해

1. 기획의 개념

기획(planning)이란 조직의 환경 및 클라이언트의 욕구변화에 대처하기 위한 새로운 목표설정 및 이를 달성하기 위한 미래의 활동을 합리적으로 결정해 나가는 의사결정 과정으로, 설정된 조직의 목표를 달성하기 위하여 구체적인 행동방안을 선택하는 것을 말한다. 즉 기획은 의사결정 과정뿐만 아니라 최적의 의사결정을 추구하기 위한 기관

내 · 외적인 의사소통과도 관련이 깊은 종합적 조직관리 활동이라고 할 수 있다. 따라서 미래에 대한 목표설정과 이를 달성하기 위한 최적의 접근방법의 선택이 기획의 핵심과정이 된다. 사회복지기관은 환경적 변화 상황 속에서 미래를 예상하고 적절한 계획을 수립, 신속하고 현명한 의사결정을 하지 않으면 발전을 보장할 수 없다. 뿐만 아니라 이는 기관의 생존 여부에도 중요한 영향을 미친다. 그러므로 기관의 운영 상태를 평가하고 중장기 발전 방향을 설정하면서 여러 다른 시나리오를 검토할 수 있어야 한다. 이러한 장기적인 계획을 위해 기획에 대한 투자는 그 의미를 가진다.

기획은 미래지향적, 목표지향적, 과정지향적, 적응지향적이라는 특징을 가지고 있다. 즉 미래의 기관의 목적과 목표를 설정하고 미래의 행동을 규정하며, 미래 활동에 대한 연속적인 준비과정으로서 조직의 외부 환경에 적응하기 위한 노력이라고 할 수 있는 것이다. 한마디로 정의한다면, 기획은 기관의 생존과 성장을 위한 미래지향적 의사결정 과정이라고 할 수 있다. 기획과 의사결정은 불가분의 관계에 있는데, 기획이 '목표달성'에 관심이 있다면, 의사결정은 '문제해결'에 관심이 있다. 즉 문제해결을 통해 목표를 달성할 수 있으므로 의사결정은 기획의 한 부분이라 할 수 있겠다.

이러한 기획의 궁극적 가치는 기관의 목표를 보다 효과적이고 효율적으로 성취하여 기관의 책무성(accountability)을 이행하는 데에 있다.

2. 전략적 기획

전략적 기획은 장기 · 중기 · 단기로 구분할 수 있다. 장기 기획은 미래에 대한 예측과 실현가능성이 낮으나 미래에 대한 비전을 제시한다. 단기 기획은 '전략적 기획'으로 1년 정도의 기간에 대한 기획이므로 현실성이 높고 변화하는 조직 환경에 대한 적극적인 대처 전략이 된다.

전략적 기획의 필수요소로 경쟁을 활용하는 것과 조직의 환경변화에 대한 분석이 강조된다. 경쟁은 조직의 생존과 서비스의 질을 위해서 불가피한 요소이고, 따라서 경쟁을 적극적으로 활용하지 않으면 안 된다. 지금까지 대부분의 사회복지기관들은 근무경력에 따라 승진인사를 해왔다. 그러나 21세기 변화하는 사회의 사회복지조직은 능력이 있는 자만이 승진되는 일반 기업과 별로 다를 바가 없다. 사회복지환경은 빠르게 변화하고 있다. 선의의 경쟁을 통해 전문가로서의 성장과 발전을 추구할 수 있어야 할 것이다. 조직의 환경변화에 대한 분석이란 조직이 가지고 있는 강·약점 및 위기상황에 대한 분석을 통해 기관의 사명, 목적·목표, 그리고 활동에 대한 최적의 변화전략을 선택해야 한다는 것을 의미한다.

기획은 미래에 대한 목표를 설정하고 이를 달성하기 위한 최적의 접근방법을 선택하는 과정이기 때문에 의사결정 및 의사소통과도 밀접하게 관련된 핵심적인 기관관리 활동이다. 또한 기획은 통찰력과 체계적인 사고, 그리고 조사 연구를 통해 문제해결을 시도하는 것으로, 과거와 현재의 정보를 수집, 분석함으로써 조직의 미래 발전에 대한 예측을 통해 공식적 목표달성을 위한 전략을 수립하기 위한 일련의 활동이다. 사회복지행정가는 이러한 기획의 중요성을 인식함은 물론 기획의 다양한 기법 및 절차 등에 관한 지식을 보유할 수 있어야 한다. 전통적 기획과정과 함께 최근에 강조되고 있는 전략적 기획은 매우 가시적인 환경변화를 경험하고 있는 사회복지기관에서의 활용가치가 높다. 전략적 기획의 활성화를 위해서는 기관의 환경변화에 대한 사회복지행정가의 정확한 탐색과 인지의 노력이 중요하다. 특히 기관이 봉사하는 클라이언트와 지역사회의 욕구변화는 기획 활동에 있어 가장 중요한 기반이 되어야 한다(김형식 외, 2001).

제 2 절 사회복지조직에서의 기획

1. 비영리조직과 기획

영리를 추구하는 곳에서는 기획이라는 것이 비교적 수월하다. 왜냐하면 영리기업은 '수익창출'이라는 분명한 사명을 가지고 있기 때문이다. 비영리조직의 사명은 '공공 서비스'인데, 이는 막연하기 때문에 기획이 수월하지 않다. 수익이라는 것은 측정할 수 있는 것이지만, 공공서비스라는 것은 그렇지 않다. 영리 기업에서는 기획자가 수익 창출을 위한 많은 전략들을 고안해 낼 수 있고 또 평가할 수 있다. 수치로 환산이 가능한 테스트를 통해 그 효과성도 측정할 수 있다. 그러나 그 기획자가 만일 비영리조직에서 미래를 위한 기획을 하게 된다면, 그 기관의 사명이 무엇인가에 대한 합의를 이끌어 내는 것조차도 힘들다는 것을 알게 될 것이다. 비영리조직의 기획에 있어서의 문제점은 사명헌장에 대한 합의도출이 힘들다는 점이다. 사명에 대한 합의가 이루어졌다 하더라도, 그 사명을 실현하기 위한 최선의 전략이 무엇인가에 대한 논쟁이 필요하다. 이러한 사명과 전략에 관한 문제들 외에도 또 하나의 문제가 있다. 비영리분야에서는 성공이라는 것은 측정하기 힘들뿐만 아니라 그 개념을 정의하는 것조차도 어렵다는 것이다. 사명과 전략, 그리고 성공의 기준에 대한 합의가 힘든 것을 보면 비영리조직들이 기획을 무시하는 것이 이상할 것도 없다 하겠다.

일반적으로 비영리조직들이 기획을 하지 않는 이유는 첫째, 기획에는 너무 많은 시간과 노력이 든다는 것이다. 사회복지사들은 이미 과다한 업무를 수행하고 있고, 지금은 해결해야 할 문제들이 너무 많이 쌓여 있어 기획을 할 수 있는 적절한 시기가 아니라고 이야기한다. 둘째,

기획은 비용이 너무 많이 든다. 우리 기관은 예산에 여유가 없어 외부 전문가를 초빙할 수도 없고, 회의나 기타 기획에 소요되는 비용을 감당할 수가 없다. 셋째, 기획은 기관의 솔선성을 약하게 한다. 즉 기획된 장기계획은 기관으로 하여금 지역사회주민들이나 이사들에 대해 기관의 입장을 융통성이 없게 만들 수 있기 때문에 기관으로 하여금 불필요한 곤경에 처하게 할 수 있다. 즉 기획이 궁극적으로 기관의 솔선성을 약하게 하는 원인이 될 수도 있다는 것이다. 넷째, 기획이 잘못될 경우, 시간 낭비일 뿐 아니라 때로는 조직구성원들 내지 이사들의 사기를 저하시킬 수 있다. 아무도 읽지 않는 방대한 문서만을 만들어 내는 고비용의 실현 가능성이 매우 적은 장기 계획일 수 있다는 것이다(Wolf, 1999). 그러나 이 중 어느 주장도 정당화될 수는 없다. 전술한 바와 같이 기획은 기관의 발전과 성장, 그리고 생존을 위해 필수불가결한 요소인 것이다. Skidmore(1990)는 불확실성을 감소시키고, 합리성, 효율성, 효과성, 책임성 증진 및 사회복지조직의 사기 진작을 위해 기획이 필요하다고 하였다. 기획은 기관의 사명 및 비전 실현을 위해 필수불가결한 영역이며, 기획의 부재는 기관을 취약하게 만든다. 따라서 제대로 된 기획과정을 시도하는 것은 매우 가치 있는 일이다.

기획의 과정은 다음의 단계를 밟는다. 첫째, 사명의 재검토, 목적수립 및 목표설정의 단계, 둘째, 정보수집 및 가용자원 검토의 단계, 셋째, 목표달성을 위한 대안을 모색하는 전략 단계, 넷째, 각 대안의 장·단점을 평가하는 단계, 다섯째, 최종 대안을 선택하고 구체적인 실행계획을 수립하는 단계, 마지막으로, 실행하고 평가하는 단계이다. 이 단계들은 반드시 순차적으로 밟아져야 하는 것은 아니며 또 반드시 순차적으로 밟아지는 것도 아닐 수 있다. 즉 한 단계가 완료되기 전에 다음 단계를 시작할 수도 있고, 여러 단계들이 동시에 행해질 수도 있다. 이러한 기획과정에 있어서 중요하게 고려해야 할 사항으로 다음과 같은 점들을 들 수 있겠다. 첫째, 기획과정은 간단할수록 성공 가능성이 높아진다는 점. 둘째, 기획에 한 가지 옳은 방법이란 없다는 점. 셋째, 기획은 갈등과 불안을 만든다는 점. 넷째, 만장일치를 바라면 기획과정은 효율적으로 진행될 수 없다는 점. 다섯째, 기획은 기획 전문가에게 전적으로 맡기면 안 된다는 점 등이다. 마지막으로, 무엇보다 중요한 것은 조직 내에 기획을 향한 열광적인 분위기가 조성되어야 한다는 것이다.

2. 기획모델(Planning Model)

비영리조직의 기획을 위한 다양한 접근 방식들이 있다. 비영리조직의 행정가들과 이사회가 그 모든 접근방식을 잘 알아야 할 필요는 없다. 중요한 기획모델로, 장기계획을 위한 두 가지 기본 접근 방식, 즉 선형기획(Linear Planning)과 통합기획(Integrated Planning)이 있다. 이 두 가지 접근방식은 각각 장점과 단점을 가지고 있다. 이를 잘 이해한다면 각각의 조직에 적합한 구체적인 기획모델을 만들어낼 수 있다.

1) 선형기획

선형기획은 새로운 기관이 설립될 때, 기관이 중요한 새로운 프로젝트를 수행하고자 할 때, 시설을 건축할 때, 집중거액 캠페인 중일 때, 기관이 새로운 방향의 전환을 모색하고 있을 때, 그리고 미래에 대한 명확한 비전을 제시하고자 할 때 유용할 수 있다. 선형기획은 어떤 특정한 시점에서 시작해 정해진 일정 시점에서 종료되는데, 위에서 기술한 특정 경우뿐만 아니라 정기적으로(예: 5년마다) 실행할 수 있다. 선형기획은 일반적으로 다섯 가지 단계를 갖는다. 즉 사명/목적수립 단계, 목표설정 단계, 결과목표 설정 단계, 전략단계 그리고 활동계획 단계 등이다. 이러한 각 단계에서 광범위한 선택사양들을 고려하면서 가장 합리적이고 상식적인 것들을 취한다. 선형기획모델은 다음의 〈그림 5-1〉과 같이 역삼각형으로 그려질 수 있다. 시간의 흐름에 따라 진행되는 선형기획을 비유하여 시각적으로 보여준 역삼각형에서 이 접근 방식의 두 가지 특징을 볼 수 있다. 첫째, 선형기획은 항상 넓은 의미인 사명에서 시작하여 목표 설정을 거쳐 더욱 구체적인 활동계획으로 진행된다는 점이다. 둘째, 선형기획은 많은 선택 사양들을 하나하나 제거해 나가면서 최선의 것만을 취한다는 점이다.

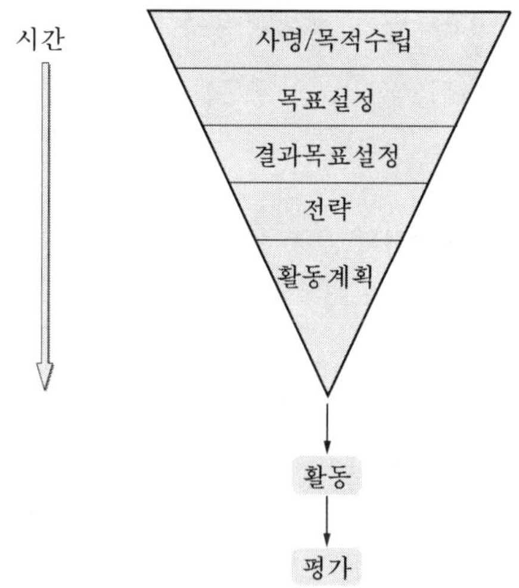

〈그림 5-1〉 선형기획 모델

선형기획에는 장점과 단점이 있다. 꼽을 수 있는 장점으로는 이해가 용이하다는 점이다. 비영리조직이 다양한 영역에 있어 기관의 미래를 평가하고 예측함에 있어 조직적인 방식으로 스스로를 성찰하려 할 때, 선형 접근방식이 유용하다. 그와 비슷하게, 기관이 논쟁의 여지가 있고 위험하며, 고비용인 프로젝트를 수행하려 할 때 선형기획을 통해, 새로운 방향이 경솔히 수행되는 것이 아니며 많은 사람들에게 자문을 받았고 많은 선택 사양들이 고려되었다는 사실을 입증해 보일 수 있다. 또 다른 장점은 선형기획 과정에서 만들어지는 공식 문서들이 활동의 틀을 보여주고, 다른 접근방식을 고려해야 한다는 압력으로부터 기관을 보호할 수 있다는 점이다. 그러나 바로 그 이해의 용이함이란 것이 선형기획이 가지는 가장 큰 단점 중 하나이기도 하다. 선형기획은 속도가 느리고 종종 좌절을 가져오기도 한다. 많은 기관들이 사명을 정의하기 위하여 수개월을 보내고, 목표들을 논의하기 시작한다. 그리고 기획을 지속할 의지와 기획이 부재한 상태로 기진맥진하여 포기한다. 경직성이 두 번째 단점이다. 일단 기획이 수립되고 승인되면 변경하기가 힘들다. 기획 자체가 제 궤도에 있지 않다고 보여지는 경우와 같이, 변경해야 할 경우에도 기획은 수정이 용이하지 않다. 더욱이 그러한 긴 시간의 과정 때문에 기관은 종종 새로운 시작을 하지 못하는 보류상태에 놓이게 될 수도 있다.

2) 통합기획

기획을 위한 접근방식에는 예측 가능한 일련의 단계들에 대한 의존성이 적은 대신, 기관의 정규 운영 속에 통합되어 있고 진행형 과정에 의존하는 접근방식들이 있다. 이러한 통합기획 모델들은 예측 가능한 시작이나 끝이 없고, 기획과정에 있어 다음 단계를 결정하는 전 단계를 취하지 않는다. 그보다는 전략적 일치(strategic fit)를 활용한다. 예를 들어, 선형기획에서는 정보가 한 방향으로 흐르는 경향을 보인다. 따라서 사명에 대한 정보가 목표설정을 결정짓지만, 그 반대로 목표설정이 사명을 결정짓지는 않는다. 목표는 결과목표를, 결과목표는 전략을 결정하는 식이다. 그러나 통합기획에서는 정보가 여러 방향으로 교류된다. 왜냐하면 모든 기획의 요소들이 상호 의존적이고 상호 영향을 주기 때문이다. 다시 말해 기관의 사명은 그 활동들, 활동에 대한 평가, 전략을 결정짓는 자원들, 내·외부 고객의 욕구 등과 밀접히 연결되어 있다. 그 결과, 통합기획은 다양한 종류의 진행형 정보 수집을 통해 정보를 가져야 한다. 즉 기획의 어느 한 특정 단계에서 한번 정보를 수집하는 것으로는 충분치 않다. 통합기획 모델은 아래의 〈그림 5-2〉의 바퀴모양에서 잘 보여 지고 있다. 기획 조정자 혹은 조정 그룹이 바퀴의 중앙에 위치하고, 주변 그룹들과 의사소통을 하며 그들로부터 정보를 수집한다. 주변 그룹에서는 다양한 사람들이 특정 업무를 담당하고 있다. 한 그룹은 현재의 활동들을 평가하고, 다른 그룹은 목표를 검토하며, 세 번째 그룹은 미래의 새로운 목적수립을 위해 기관의 회원들을 대상으로 조사하고, 네 번째 그룹은 잠재적 투자자와 대화 창구를 가지고, 다섯 번째 그룹은 특정 활동계획들과 관련된 예산업무를 담당하는 등이다. 바퀴가 돌기 위해서는 기획 조정과정이 중앙에서 이루어져야 한다. 여기에는 세 가지 형태의 활동이 포함된다. 즉 바퀴의 주변에 있는 기획 그룹들로부터 정보 수집하기, 그 그룹들에게 관련 정보 제공하기, 이 모든 정보의 조각들을 하나의 응집된 기획으로 만들기 등이다.

통합기획은 본래 진행형 과정이다. 과정을 비유하고 있는 바퀴처럼 시작이나 종료지점이 없으며 끊임없이 움직인다. 그렇기 때문에 통합기획은 기획의 '과정'을 강조한다. 이 점이 선형기획과 비교해 볼 때 장점으로 꼽힐 수 있다. 선형기획과는 달리, 통합 과정은 기관이 변경, 기회, 후퇴와 같은 것들에 즉각적으로 반응할 수 있도록 해 준다. 잠재 기부자들의 투자, 예측하지 못했던 또 다른 기회들, 활동들과 같은 갑작스러운 변화들에 대응하기 위해 기획 과정을 모두 다시 시작하지 않아도 된다. 변화가 일어나면, 목표들이 재수립되고 동시에 활동계획들도 다시 만들어질 수 있다. 기획 조정자의 역할은 업무들이 모두 수행 되었는지와 적절한 의사소통이 이루어지고 있는지, 기획의 다양한 요소들이 응집되기 위해 잘 연계되어 있는지를 확인하는 것이다. 통합기획이 가지는 두 번째 장점은, 이사회와 조직구성원, 그리고 기관의 이해당사자들을 이 진행형 과정에 참여하도록 고무시킨다는 점이다. 선형기획에서는 사명과 목적들을 근본적으로 살펴볼 수 있는 기회가 한두 번뿐인 경우가 대부분이다. 그리고 '올바르게 이해시키기' 위해 오랜 시간 신중하게 논의하지만, 그 후에는 논의가 중단된다. 통합기획에서는 과정이 지속적으로 진행되면서 사명/목적, 목표들, 결과목표들, 전략들 그리고 활동계획들에 대한 논의가 반복적으로 이루어진다. 즉 전략에 대한 논의를 하기 위해 사명에 대한 논의가 끝나기를 기다리지 않는다. 왜냐하면 논의에 있어 종결이란 없기 때문이다. 지속적으로 기획은 전개되고 업데이트 된다. 통합기획이 가지는 세 번째 장점은 진행되는 속도가 빠르다는 점이다. 선형기획은 각 단계가 구분되어 있고, 기획 결정에 있어서 모든 합리적인 대안들이 고려되어야 하기 때문에 그 진행 속도가 느리다. 그러나 통합기획의 장점이 단점이 될 수도 있다. 정보가 결핍된 상태에서 무모한 활동들이 야기될 수 있고, 융통성이 있다는 것이 자칫 기관의 장기 계획상에서 사람들의 확신에 부정적인 영향을 미칠 수 있으며, 과정을 강조하는 것이 기획을 신중하게 조직하고 문서화하는 것의 중요도를 낮게 생각하게 할 수도 있다(Wolf, 1999).

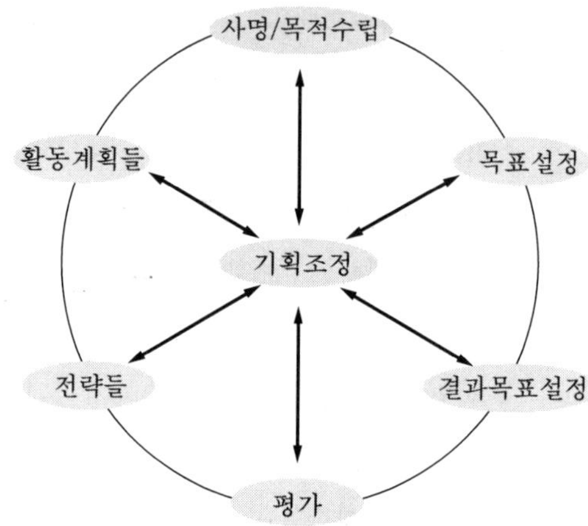

〈그림 5-2〉 통합기획 모델

제5장을 위한 토의

□ 계획과 기획의 차이를 설명하시오.
□ 전략적 기획의 필수요소에 관한 자신의 견해를 피력하시오.
□ 학습자가 비영리조직의 최고관리자라면, 선형기획 모델과 통합기획 모델 중, 어떤 모델을 선택할 것인가?

■ 핵심단어

기획(planning), 경쟁(competition), 조직의 환경변화(environmental change of the organization), 책무성(accountability), 선형기획(linear planning), 통합기획(integrated planning)

6
chapter

의사결정과 의사소통

조직에는 하루에도 수많은 의사결정이 이루어진다. 개인 수준의 의사결정, 집단 수준의 의사결정, 그리고 조직 수준에서의 의사결정이 그것이다. 조직구성원들이 조직의 의사결정에 어느 정도 관여할 수 있는가 하는 것은 그들의 사기와 직무성과, 그리고 직무만족에 커다란 영향을 미친다. 본 장에서는 조직구성원들에게 있어 가장 민감한 사안 중의 하나인 의사결정과 의사소통에 대해서 설명하고자 한다.

제 1 절 의사결정

1. 의사결정의 개념

의사결정이란 문제를 인식하고 바람직한 결과를 얻기 위한 해결방안을 선택하는 과정이다. 즉 조직의 목표달성을 위한 여러 대안 중에서 가장 바람직한 행동 경로를 선택하는 과정으로 총체적 조직관리 과정이라 할 수 있다. Skidmore(1983)는 의사결정은 조직구성원의 사기와 밀접한 관계를 갖는다고 하였다. 다시 말해 의사결정 과정은 조직의 서비스 전달의 효과성을 좌우하는 중요한 요인이라 할 수 있다. Packard(1989)는 의사결정 과정에 대한 조직구성원의 참여가 높을수록 직무성과 및 직무만족도가 높다고 하였다. 조직 내에서는 하루에도 수많은 의사결정 과정이 개인 수준에서 집단 수준에서, 그리고 조직 수준에서 이루어진다. 이러한 수많은 의사결정 과정에 적절한 위치에 있는 조직구성원들을 참여시키는 것은 구성원의 사기, 직무성과, 직무만족에 지대한 영향을 미치게 된다는 것이다.

의사결정 과정은 크게 문제를 인식하는 과정과 문제해결 방안을 선택하는 두 가지 과정으로 구분할 수 있다. 첫째 과정은, 문제를 인식하는 과정으로, 의사결정 후, 실행에서 나타날 성과수준을 결정하고 조직의 문제를 진단하기 위해서 외부환경과 조직상황에 대한 정보를 수집하는 과정을 말한다. 두 번째 과정은, 문제해결방안을 선택하는 과정으로, 여러 가지 행동 대안을 고려하여 최적의 대안을 선택하고 실행하는 과정이다.

2. 의사결정의 방법

의사결정 방법은 대략 직관적 결정 · 판단적 결정 · 문제해결적 결정의 세 가지 방법으로 구분하여 설명할 수 있다. 이러한 결정들은 사회복지 실천현장에서 일선 사회복지사, 사회사업 수퍼바이저, 행정가에 의해서 각각의 사안에 따라 개인 · 집단 · 조직 차원에서 행해지게 된다.

1) 직관적 결정: 합리성보다는 감정(feeling)에 근거하여 결정하는 것으로, 의사결정자가 옳다거나 최선의 것이라고 느끼는 것에 근거하여 결정하는 것을 말한다.

2) 판단적 결정: 개인이 가지고 있는 지식과 경험에 의해 결정하는 것으로, 일상적이고 정해진 절차 속에서 일을 하는 가운데 얻어진 경험과 지식에 근거하여 결정하는 것을 말한다.

3) 문제해결적 결정: 결정해야 할 사안에 대해 정보를 수집하고 연구하며 분석하는 등, 합리적이고 과학적인 절차를 통해 이루어지는 의사결정이다. 그러므로 즉각적으로 해결해야 할 사안에 대해서는 이 문제해결적 결정을 적용할 수 없다. 보다 시간적인 여유가 있을 때, 중요한 사안일 때 이 문제해결적 의사결정 방법을 사용하는 것이 바람직하다.

3. 의사결정의 유형

의사결정의 유형은 보통 두 가지로 구분한다. 즉 정형화된 의사결정과 비정형화된 의사결정이 그것이다. 해결해야 할 문제가 명확할 때, 그리고 일반적인 상황에서 정형화된 의사결정이 행해진다. 비정형화된 의사결정은 새롭고 또 구조화되어 있지 않은 것에 대한 의사결정으로, 해결할 수 있는 행정절차가 형성되어 있지 않은 경우에 이루어진다. 그러나 의사결정이 정해진 특별한 절차에 따르냐 그렇지 않느냐에 따라 정형적 의사결정과 비정형적 의사결정으로 나눈 것이지, 모든 의사결정과 기법이 이러한 두 가지 형태로 확연히 구분되는 것은 아니다. 오히려 이 두 가지 의사결정 간의 계속 선상에 있다고 보는 것이 옳다.

1) 정형화된 의사결정(programmed decisions): 프로그램화

반복적이고 일상적인 의사결정으로 해결해야 할 문제가 명확하다. 즉 과거경험을 통해서 지속적으로 검증된 사안에 대해 조직 내에 이미 개발되어 있는 여러 행정 절차를 이용하여 의사결정을 하는 것이다.

2) 비정형화된 의사결정(non-programmed decisions): 비프로그램화

구조화되어 있지 않은 새로운 사안에 대한 의사결정으로, 해결할 수 있는 행정절차가 조직 내에 형성되어 있지 않은 경우에 비정형화된 의사결정을 하게 된다. 비정형화된 의사결정에서는 문제해결을 위해 사용할 수 있는 규칙이나 표준 운영 절차가 조직 내에 축적되어 있지 않기 때문에 책임자의 판단 · 직관 · 창의성 등에 의존할 수밖에 없다. 즉 문제가 발생하고 따라서 문제해결을 위해 의사결정을 해야 할 그때부터 해결방안을 찾아야 하기 때문에 정형화된 의사결정 보다 해결방안을 찾기 위한 탐색활동이 더 많이 요구된다. 일반적인 조직에서는 상위계층으로 올라갈수록 비정형화된 의사결정의 비율이 증가한다.

4. 의사결정의 모형

의사결정에는 다음의 세 가지 모형이 있다.

1) 합리성 모형(rational model)

의사결정자가 문제를 인식하고 문제해결에 필요한 각종 자료를 수집해서 해결대안을 개발한 후, 각 대안의 가치를 비교 검토해서 최적의 대안을 선택하고 선택된 대안을 실행한 후 평가하는 네 단계를 거쳐서 의사결정을 하는 것을 말한다. 이 모형은 의사결정자가 객관적이며, 의사결정에 필요한 정보를 모두 가지고 있다는, '완전한 합리성'을 가정한 이상적인 모형이다. 따라서 비현실적이라는 비판이 있다.

2) 제한된 합리성 모형(bounded rational model)

완전한 합리성이란 현실을 무시하는 것이고 어차피 제약은 있는 것이라고 주장한다. 즉 환경적 제약 요인에 의해서 의사결정이 제한을 받게 된다는 것이다. 이러한 제약 요인으로 인해서 합리성 모형에서 주장하는 것처럼 의사결정자가 이용 가능한 모든 대안을 이해하는 데에는 한계가 있으며 따라서 최적의 의사결정이란 사실 상 어렵다는 것이다. 그러므로 실제로 이루어지는 의사결정은 최적의 대안을 선택하는 것이 아니라 '만족할만한' 대안을 선택하는 것이라고 주장한다. 이 제한된 합리성 모형은 주로 비정형화된 의사결정에 적용된다. 왜냐하면 해결해야 할 문제가 새롭고 불분명하며 또 복잡하여 기존의 행정절차를 이용할 수 없을 때, 이 제한된 합리성의 관점에서 의사결정을 하게 되는 경우가 많게 되기 때문이다.

3) 쓰레기통 모형(garbage can model)

이 쓰레기통 모형은 조직 내의 많은 의사결정의 비체계성을 강조하는 모형으로, 목표가 불확실하고 따라서 목표달성을 위한 수단이 불분명하며 의사결정에 참여하는 사람들이 계속 바뀌는 조직에서는 문제해결을 위한 의사결정이 계획적이고 단계적인 문제해결활동에 의해서가 아니라, '우연하게' 이루어질 수 있다는 것이다. 이 모형에 의하면 의사결정은 문제 · 해결방안 · 의사결정 참여자 · 의사결정 순간이 서로 독립적으로 상호작용하는 가운데 어떤 사안이 결정된다고 본다. 즉 이 네 가지 흐름들이 쓰레기통 속을 흘러 다니다가 어느 한 시점에서 우연히 만났을 때 의사결정이 이루어진다고 보는 것이다. 여기에는 기회 · 운 · 타이밍과 같은 변수가 중요한 결정요인이 된다.

5. 의사결정기술에 있어서의 집단 의사결정 방법

집단으로 의사결정을 하는 몇 가지 방법 중, 사회복지조직에서 흔히 사용하는 델파이법과 소집단 투표의사결정법, 그리고 최근 새로이 거론되는 '동의달력' 의사결정 방법을 설명하기로 한다.

1) 델파이 방법(Delpi Technique)

어떤 불확실한 사안에 대해 전문가들의 합의를 얻고자 할 때, 즉 전문가 또는 관련자들로부터 의견이나 정보를 수집하고자 할 때 사용한다. 우편으로 전문가들의 의견 또는 정보를 수집하고 그 결과를 분석한 후, 다시 응답자에게 그 결과를 요약해서 발송, 다시 의견을 묻는 식을 반복하여 만족스러운 결과를 얻을 때까지 계속하는 방법이다. 델파이 방법은 전문가를 한 장소에 모으는 수고를 덜고 전문가가 자유로운 시간에 의견을 말할 수 있으며, 자신의 의견과 다른 사람들의 의견을 비교해 가면서 재검토할 수 있다는 장점이 있다. 반면 시간이 많이 걸리고 절차를 반복하는 동안에 응답자 수가 줄어드는 문제점이 있을 수 있다.

2) 소집단 투표 의사결정 방법

일단의 전문가 또는 관련자들을 한 장소에 모아 놓고 각자의 의견을 기록하여 제출한 것을 종합하여 정리한 후, 집단이 각각의 의견을 검토하는 절차를 만족스런 수준의 합의가 이루어질 때까지 계속하는 방법이다. 또는 전체를 6-7명의 소집단으로 나누어 각자의 의견을 기록해서 제출하도록 한 후, 그 내용들을 종합, 정리하고 다시 집단이 검토하는 식을 반복하여 만족스러운 합의가 이루어질 때까지 계속한다. 구체적으로 살펴보면, 집단토의에 대한 지침전달→개인별 의견 기록→집단별 순차적 개인의견 개진→집단별로 제시된 의견 확인→집단별 예비투표→예비투표 결과 토의→최종투표→전체집단에 대한 보고 등의 절차를 밟게 된다.

3) 동의 달력(consent calendar)

'동의 달력'이라고 부르는 이 의사결정 시스템은 공공기관의 의사결정 회의에서 널리 사용되고 있는데, 민간 비영리조직에서도 쉽게 적용할 수 있다. 다음은 기획과정에서 많은 아이디어와 제안들을 고안하는 단계에서 최종결정을 내리기 위해 사용하게 되는 동의 달력을 사용한 의사결정 절차를 소개하기로 한다(Wolf, 1999).

첫째, 의사결정 집단의 구성원들에게 모든 사람들의 제안사항이 적혀있는 응답지를 보낸다. 그 응답지에는 각 제안사항들이 모두 기재되어 있고, 그 사항들 밑에는 '동의/반대/논의'라는 세 단어가 적혀 있다.

둘째, 각 구성원은 각각의 제안사항들에 대해 완전히 동의하면 '동의'에 동그라미를 친다. 만일 설명이 필요하거나 제안사항에 대해 혼란스럽게 느낀다면, 또는 제안 사항이 중요한 사안이어서 충분한 논의를 거치는 것이 바람직하다고 생각하면, '논의'에 동그라미를 친다. 만일 전적으로 반대하는 경우에는 '반대'에 동그라미를 친다.

셋째, 사전 동의에 의해, 미리 정해진 '동의' 퍼센트만큼 나온 항목은 동의달력에 기재된다. 동의달력에 일단 제안사항이 올라가면 논의 항목에서 빠지게 되며 기획을 승인하는 회의에서 투표에 부쳐진다. 60% '동의'율이 동의달력에 올라갈 수 있는 절대 최소 수치이나, 75%가 더 선호된다. 일부 기관은 90%로 할 수도 있다.

넷째, 기획결정을 하는 회의에서는, 동의 달력에 포함되지 않은 모든 제안 사항들이 논의 항목이 된다. 전체적으로 '반대'표를 받은 것이 있다면 그것이 우선 논의될 수도 있다.

이러한 동의 달력 시스템에는 많은 장점들이 있다. 논쟁의 여지가 없는 것에 대한 논의를 생략함으로써 의사결정 과정을 능률적이게 하고, 응답지를 통해 사람들의 의견이 회의에서 공개되므로 일반적으로 사람들은 논의를 통해 자신의 의견을 선회하거나 변경할 충분한 시간을 가지게 된다. 결국, 동의 달력은 한두 사람이 의사진행을 방해하거나 논의를 길게 하는 것, 또는 다수가 적합하다고 생각하는 활동의 승인을 방해하는 것으로부터 보호해 준다.

제 2 절 의사소통

1. 의사소통의 개념

의사소통은 다른 사람들과 어떤 관계를 맺고 어떤 일을 겪는가를 결정하는 최대의 단일 요인이다. 어떻게 생존문제를 해결하는가, 다른 사람들과 어떻게 사귀는가, 얼마나 생산적인 인간이 되는가, 어떻게 지각하는가, 그 자신의 인간으로서의 존귀함을 어떤 식으로 받아들이는가 하는 이 모든 것들은 대부분 그의 의사소통 기술에 달려 있다. 의사소통은 두 사람이 서로 상대방의 '자존심 수준'을 재는 계량기이며, 또한 동시에 두 사람 모두 자존심의 수준을 바꿀 수 있는 도구이기도 하다. 의사소통은 사람들이 정보를 주고받는 전체 범위를 망라한다. 이 범위에는 주고받는 정보의 내용과 그 정보의 사용방법이 포함된다.

일반적 의미의 의사소통은 의사전달자가 의사수신자의 행위를 변화시키기 위한 목적으로 의미를 전달하는 과정을 뜻한다. 이러한 일반적 의미의 의사소통과는 달리 사회조직 내에서의 의사소통은 고도의 구조적 특성과 함께 조직 외부환경과의 의사소통 과정까지를 포함시킨다. 따라서 전략적 기획과정과 같이 환경변화에 대처하기 위한 조직의 노력이 증가할수록 외부로부터의 정보를 수용, 처리하여 기관 활동으로 전환시키는 과정으로서의 의사소통의 중요성은 더욱 커진다.

체계론적 관점에서 사회조직은 외부의 정보를 여과, 선택하여 받아들이고 또 이를 해석하여 조직행동으로 변환시켜 나가는 하나의 정보운영 체계로 표현할 수 있다. 이와 같은 정보의 획득과 처리를 위해 필요한 조직 활동이 의사소통이며, 이를 통해 합리적 의사결정을 꾀할 수 있다. 우리가 흔히 보는 조직의 조직도(organizational chart)는 기관의 의사소통을 좀 더 원활하게 하기 위한 조직차원의 노력이라 할 수 있다.

2. 조직의 의사소통에 관한 이론들

Taylor에 의해 주창된 과학적 관리학파는 조직구성원을 기계의 연장으로 인식하며 조직 상위 층으로부터 하위 층으로의 수직적(vertical) 의사소통인 하향식 의사소통을 강조한다. 다른 학파에 비해 의사소통의 중요성을 상대적으로 약하게 강조함으로써 조직 활동에 관련된 명령을 내보내고 이에 대한 순응을 강조, 조직 활동의 효율성을 추구한다. 이는 위계적 의사소통이라 할 수 있다.

Barnard가 중심이 된 인간관계학파에서는 공식적 조직 내의 비공식적 집단의 중요성을 강조하면서 동료 구성원들 간의 수평적(horizontal) 의사소통을 강조한다. 의사소통의 흐름은 이러한 비공식적 집단에서의 동료 구성원들 간의 수평적 의사소통 및 상위 층과 하위 층간의 수직적 의사소통으로 이루어진다. 조직구성원들의 욕구 충족 또는 만족과 동시에 그들이 의사결정 과정에 활발히 참여하기를 원한다.

체계이론학파에서는 조직 내 모든 형태의 의사소통의 중요성을 강조하는데 조직 외부환경과의 의사소통 및 조직 내의 하위체계들 간의 의사소통의 흐름을 특히 강조한다. 이 학파는 조직 내의 모든 수직적, 수평적 의사소통 및 조직 간 의사소통에도 관심을 가진다. 조직 외부환경과의 의사소통이란, 의사결정자에게 정보를 제공하여 조직이 외부환경에 적응토록 하는 것을 말한다(김형식 외, 2001).

3. 조직의 의사소통 유형

1) 공식적 의사소통

조직 내의 공식적 채널, 직위 및 직무에 따라 이루어지는 의사소통을 의미하며, 크게 수직적 의사소통과 수평적 의사소통으로 구분할 수 있다.

(1) 수직적 의사소통: 과학적 관리학파에서 강조하는 의사소통의 형태로 하향식과 상향식 의사소통으로 세분한다. 하향식 의사소통은 상의하달로 업무지시, 업무절차 및 조직의 목표를 달성하기 위한 구성원들에 대한 지지·격려의 노력 등 조직의 관리자가 조직구성원들에게 전달하는 것이 대부분이다. 상향식 의사소통은 하의상달의 의사소통으로 각종 업무활동에 대한 보고 및 상급자의 수퍼비전이 필요한 문제나 상

황을 보고하는 것들이다.

(2) 수평적 의사소통: 인간관리학파에서 강조하는 의사소통의 형태로, 동료간 또는 부서(팀)간에 이루어지는 의사소통을 의미한다. 주로 업무의 중복 방지, 불필요한 갈등 해소, 필요한 정보교환을 위한 의사소통을 포함한다.

2) 비공식적 의사소통

조직에서는 공식적 의사소통뿐만이 아니라 친분이나 상호 신뢰와 같은 인간관계를 통해 이루어지는 비공식적인 의사소통이 존재한다. 공식적 의사소통이 상징적이고 기계적인 역할에 그치며 특정한 상황에 대한 구체적인 의사소통을 방해하는 경향이 있기 때문에 이를 보완하는 역할로서 비공식적 의사소통은 조직 활동에 적지 않은 영향을 미친다.

4. 의사소통의 원칙

효과적인 의사소통을 위한 원칙은 학자들마다 다양하게 주장되고 있지만 다음과 같은 공통 요인이 포함된다.

1) 명료성(clarity): 의사전달은 수신자가 그 의미를 정확하게 이해할 수 있도록 해야 한다.

2) 일관성(consistency): 의사전달은 전후의 메시지가 모순되지 않고 일관성을 유지해야 한다.

3) 적시성(timeliness): 의사전달은 적절한 시점에서 이루어져야 한다.

4) 배포성(distribution): 정보는 정확한 수신자에게 전달되어야 한다.

5) 적정성(adequacy): 전달된 정보의 양이 너무 많거나 적어 수신자의 이해를 어렵게 하면 안 된다.

6) 관심도와 수용성(interest & acceptance): 의사전달은 수신자가 관심을 가지고 수용적인 태도를 보일 때 가장 효과적으로 이루어질 수 있다.

제 6 장을 위한 토의

☐ 사회복지기관에서 주로 활용하고 있는 의사결정 방법에 대해 아는 바를 설명하시오.

☐ 사회복지기관에서는 어떠한 유형의 집단 의사결정 방법을 사용하고 있는지 아는 바를 설명하시오.

■ 핵심단어

의사결정(decision making), 의사소통(communication)

7
chapter

인적자원관리

인적자원관리는 인사계획, 모집 · 선발, 교육 · 훈련, 직무성과 평가, 보상, 인력유지 등의 연속적인 과정을 가진다. 사회복지조직에서는 특히 전문 인력의 자질이 직접 서비스의 질에 영향을 미치기 때문에 인적자원관리는 소홀히 할 수 없는 영역이다. 본 장에서는 인적자원관리의 과정을 여섯 가지 영역으로 나누어 살펴보면서 인적자원관리로서의 직원개발에 관한 내용을 다룰 것이다.

제 1 절 인적자원관리의 개념 및 과정

학자에 따라서는 인적자원관리 대신 인사관리라는 용어를 사용하기도 한다. 인적자원관리는 인사관리에 비해 조직을 구성하고 있는 인간에 좀 더 관심을 갖는 개념이라 할 수 있다. 최성재 외(2005)는 인사관리란, 조직의 목표를 달성하는 데 가장 도움이 되는 방향으로 직원을 채용하고 능력을 개발하며, 근무의욕을 갖고 조직에 헌신할 수 있도록 동기부여하고 유지하는 관리활동을 말한다고 하였다. 또한 황성철

(2003)은 인사관리란, 피고용자, 혹은 종업원의 욕구와 관리자의 기대 및 사회욕구에 부합하여 조직구성원들이 조직의 목적 달성을 효과적이고 효율적으로 달성할 수 있도록 관리하는 것을 말한다고 하였다. 이러한 인사관리 또는 인적자원관리의 궁극적 목적은 조직의 설립이념을 실현시키는 데에 적합한 인력을 채용하고 지속적인 교육·훈련 과정을 통하여 조직구성원들의 창조성을 극대화함으로써 조직의 목표를 보다 효과적이고 효율적으로 달성할 수 있도록 하는 데에 있다고 하겠다. 인적자원관리는 조직의 구성원인 인력에 대한 모집, 채용, 유지 및 직원개발, 평가를 포함하는 연속적인 관리과정을 가진다.

1. 인사계획

인사계획이란 인사충원에 대한 전반적인 계획을 의미한다. 사회복지조직에서의 인사충원은 새로운 프로젝트의 수행, 프로그램 개발, 이직자 충원, 조직의 인사구조의 개편 등에 의해 이루어지게 된다. 구체적으로 언제, 어떤 경력과 학력을 소지한 사람을, 어느 정도 필요로 하는지에 대한 전반적 계획을 적절한 시점에 세울 수 있어야 한다. 이러한 인사계획을 위해서는 몇 가지 문서화된 직무와 관련된 규정이 필요하다. 구체적으로 기관의 모든 직무에 대한 책임과 업무내용을 종합적으로 분류한 직무분석표가 필요한데 이 직무분석표(job analysis)는 직무기술서를 작성하기 위한 기초 자료로 활용된다. 직무기술서(job description)는 특정한 직무 및 직위에 부가된 임무와 책임을 구체적으로 기록한 것으로, 전체 조직구성원의 직무상의 책임을 조직화한다. 인력의 모집, 선발, 배치과정 및 직무성과 평가, 인사고과(人事考課) 과정도 이 직무기술서를 기초로 수행된다. 직무기술서에는 첫째, 업무에 대한 일반적인 기술이 있어야 하고, 둘째, 누구에게 업무보고를 할지, 누구를 지도감독 할지, 즉 수퍼바이저와 수퍼바이지에 대한 설명이 포함되어야 하며, 셋째, 특정한 책임 및 기능에 대한 기술이 포함되어야 한다. 넷째, 기대되는 최소한의 업무수행의 기준이 명시되는 것이 바람직하다. 직무기술서 작성은 소규모 조직에서는 오히려 부담이 될 수도 있다. 그러나 직무기술서가 중요한 몇 가지 이유가 있다(Wolf, 1999). 첫 번째로, 직무기술서를 작성하게 되면, 어떤 한 사람에게 모든 일이 주어지는 일은 없어진다. 즉 책임소재를 분명하게 해 준다. 두 번째로, 직무기술서는 조직구성원들을 보호해 준다. 즉 직무기술서는 조직이 구성원들에게 무엇을 기대하고 있는지를 보여주고, 구성원들은 이를 통해 업무수행 평가의 기준을 알 수 있기 때문에 객관적인 직원평가가 가능하다. 조직구성원들은 직무기술서에 언급되어 있지 않은 일을 하지 않았다고 해서 해고되는 일은 없을 것이다. 또한 직무기술서에 명시되어 있지 않은 업무가 추가될 때에 상급자는 당사자에게 설명해 주어야 할 의무가 있다. 결과적으로 조직구성원들은 자신의 업무가 직무기술서에 의해 평가될 것이라고 생각하면 된다. 세 번째로, 직무기술서는 조직을 보호해 준다. 직무기술서는 조직구성원들에게 확실한 기대의 기준을 세워준다. 문서가 있으면 책임감에 대한 논쟁의 여지가 없어질 것이다. 마찬가지로 상급자가 업무수행을 평가함에 있어 그 평가 기준에 업무와 책임감의 기준이 명확히 있게 될 것이다. 결과적으로 이것은 상급자로 하여금 객관성을 가질 수 있게 한다. 그러나 이와 같은 직무기술서의 필요성과 중요성에도 불구하고, 직무기술서가 업무에 변화가 있을 때마다 변경되지 않는다면, 그것은 무용지물이 될 것이다. 그러므로 새로운 업무가 주어지거나 책임이 변화될 때 계속적인 업데이트가 필요하다. 이러한 업데이트는 사실 어렵기만 한 것은 아니며, 또 자주 이루어져야 하는 것도 아니다. 어떤 특정시기가 설정될 수 있으며, 최소한 1년에 한번 적정한 사람에 의해서 모든 직무기술서가 검토되고 필요한 경우, 상관의 승인을 받고 변경하면 되는 것이다. 직무명세서(job specification)는 특정 직무를 수행하는데 요구되는 최소한의 자격요건을 기술한 것이다. 예를 들어 정신건강사업을 담당할 사회복지사는 사회복지사 1급 자격증을 소지한 자로서 정신보건시설에서 1년 이상 근무한 자 등으로 명시한다. 직무명세서의 내용을 직무기술서에 포함시켜 작성하는 것이 일반적이나, 아직까지 우리나라 사회복지실천현장에서 직무기술서를 작성하고 있는 기관은 그리 많지 않다. 직무기술서의 예는 제2장 제2절에 제시되어 있고 〈부록 1〉에는 그 양식이 있다.

2. 모집 및 선발

모집은 선발을 전제로 신규 채용 희망자에게 채용에 관한 정보를 제공하여 좀더 유능한 인력이 지원하도록 유도하는 과정이다. 채용에 대한 정보 제공은, 해당 기관 및 관련 전문가 조직의 웹사이트(예: 사회복지사들의 대표 홈페이지 http://www.welfare.net), 사회복지신문, 학교에 공문 발송 등을 통해 이루어진다. 이 과정에서는 전술한 직무기술서의 활용이 중요한데, 직무기술서는 지원자에게 모집하고 있는 직무와 직위에 부과된 역할과 책임을 알려주고 그 직무를 수행하기 위해 필요한 자격요건을 설명해 주고 있기 때문이다.

선발이란 지원자 중에서 기관이 필요로 하는 자질과 능력을 갖춘, 즉 직무명세서에 가장 적합한 지원자를 선별하는 과정이다. 실제적인 선발과정은 기관에 따라 다를 수 있는데, 일반적으로 서류심사 후 면접을 거쳐 선발하는 경우와 서류심사, 전공·영어 필기시험 및 면접을 거쳐 선발하는 경우가 있겠다. 면접 후, 경력을 조회하거나 건강검진을 통해 선발을 최종결정 하게 된다. 최근에는 직원 채용을 위해 중간관리층 및 하위관리층이 시험문제 출제, 면접문제 출제 등, 채용의 전반적인 과정에 참여하고 있으며, 몇몇 기관에서는 함께 일할 동료들이 면접과정에 직접 참여하기도 한다.

3. 교육 · 훈련

신규인력에 대한 기관 오리엔테이션을 비롯하여 담당 업무와 관련된 지식 · 기술 · 실천윤리 · 기록 · 자원 활용 등에 관한 교육 및 훈련이 이루어진다. 기관 오리엔테이션에는 기관의 역사와 지역사회 및 주요서비스의 변천과정, 지역사회의 특성 및 지역사회문제, 지역사회 내 인간봉사조직에 관한 정보, 지역사회협의체, 기관정책 및 제 규정, 조직구조 등에 관한 내용이 포함된다. 특별히 빠르게 변화하는 사회복지환경의 변화에 능동적으로 대처할 수 있기 위해서 교육 및 훈련은 매우 중요하다. 사회사업(복지) 전문직에 있어 '도움'의 도구가 되는 사회복지사는 대학의 정규과정 외에 실무경험 속에서 본인의 업무와 관련된 교육 및 훈련을 통해 전문가로서 성장, 발전할 수 있다. 이러한 사회복지사 개인의 자질 향상을 통해 서비스의 질 보장 및 조직의 발전을 기대할 수 있는 것이다. 다시 강조하거니와, 대인 서비스의 질은 직접 서비스를 담당하는 사회복지사의 자질에 직접적 영향을 받기 때문에, 인력에 대한 교육영역의 투자가 기관의 중요한 정책이 되어야 함은 재론의 여지가 없다고 하겠다.

4. 직무성과 평가

직무성과 평가는 각 직원의 직무성과를 과학적인 틀에 의하여 측정, 평가하고 당사자인 직원에게 피드백(feedback)을 제공하는 일련의 과정이다. 직무성과 평가의 궁극적 목적은 직원의 업무능력 개발에 있으며, 그 외에 평가결과는 승진, 인사고과(人事考課), 해고, 포상, 또는 임금을 결정하는 데에 중요한 기초 자료로 활용된다. 더 나아가 직무평가를 통해서 직원에 대한 교육 및 훈련의 필요성을 분석하고 직원개발 프로그램을 기획하는 근거자료로 활용할 수 있다. Kadushin(1992)은 사회복지사의 직무성과를 평가하기 위해서 포함되어야 할 주요 내용 영역을 일곱 가지 차원으로 설명하고 있다. 즉 클라이언트체계와의 전문적 관계형성 및 유지능력, 사회사업(복지)의 전문적 지식과 기술, 기관행정에 대한 이해, 수퍼바이저와의 관계 · 수퍼비전 활용, 직원 · 지역사회와의 관계, 업무수행 요구·업무량 관리, 그리고 전문가들이 갖추어야 할 속성 및 태도 등이다. 이 직무성과 평가 내용을 척도화하여 실무자들의 직무성과를 평가할 수 있겠다.

5. 보상

보상(compensation)은 직무성과 평가를 통해 조직구성원의 기여도에 상응하는 봉급·임금·복리후생 등 적절한 금전적 혜택을 주는 것을 의미한다. 즉 개인이 조직체에서 수행한 일에 대한 경제적인 대가로서 인적 자원의 유지와 활용에 있어서 가장 중요한 요소라 하겠다. 보상은 개인에게 경제적 만족감과 동기부여 및 잠재능력의 개발을 가져올 수 있으며 그 과정에서 조직의 성과를 높일 수 있다. 보상에는 두 가지 요소가 있는데, 봉급(월 급여를 의미) 또는 임금(시간제 근로에 대한 대가)과 같은 직접적 요소와 고용인이 피고용인들을 위해 제공하는 물자나 서비스 등 복리후생과 같은 간접적 요소가 있다. 보상의 목표는 다음의 두 가지로 설명할 수 있다. 첫째, 조직구성원들에 대한 정당한 보상을 통하여 구성원들의 동기가 유발되고 잠재능력이 개발되므로 궁극적으로 조직의 성과에 기여하도록 하는 것이다. 둘째, 고용주의 욕구와 일치하는 방식으로 일을 수행하는 피고용인들을 끌어들이고 동기를 부여하며 계속 조직에 남아 있도록 하기 위한 것에 있다.

복리후생(employment benefits)이란 조직구성원들의 경제적 안정과 신체적 건강을 도모하고 사기를 진작시키는 여러 프로그램을 실시하는 것을 말한다. 즉 구성원들의 생활안정과 삶의 질을 높이기 위해서 봉급·임금·상여금·수당의 형태가 아닌 직접적 또는 간접적으로 구성원에게 부여되는 혜택을 의미한다. 복리후생에는 법정 복리후생과 법정 외 복리후생의 두 가지 형태가 있다. 법정 복리후생은 법에 의해 요구되는 복리후생으로, 예를 들면 건강보험, 산재보험, 고용보험, 국민연금 및 근로기준법에 따른 유급휴가·퇴직금 지급 등이다. 법정 외 복리후생은 선택적 복리후생 또는 경제적 복리후생이라고 표현하기도 하는데, 예를 들면 급식·통근수단 지원·주택보조·자녀학비보조·경조사비 지급·융자제도·자기개발비 지원 등이다. 장기적으로 볼 때, 복리후생 비용이 급여보다 더 높은 상승률로 증가하게 되고 복리후생을 관리하는 데에도 많은 비용이 소요되기 때문에 복리후생의 효과를 분석하여 조직구성원들의 복지를 향상시키는 동시에 조직체의 목적달성에 기여할 수 있는 효율적인 복리후생 프로그램을 설계하는 것이 필요하다. 조직구성원에게 공정하고 또한 조직체에게 타당한 보상체계를 확립하려면 주기적인 급여조사, 직무평가 등 지속적인 보상관리가 필요할 것이다. 부가급부(fringe benefits)는 봉급 외의 유급휴가·건강보험·국민연금 등의 혜택을 의미하는데, 근래에 와서는 전체 보상에서 차지하는 비율이 커짐에 따라서 부가급부의 개념으로부터 보다 포괄적인 복리후생의 개념으로 변해가고 있다. 미국은 복리후생에 들어가는 비용이 급여 총액의 40%에 육박하고 있으며 우리나라의 경우는 전체 급여의 20% 수준에 머물고 있으나 미국과 같이 상여금(이윤분배)과 근무시간에 근무하지 않는 불노동시간(예: 개인 방문객과의 면담시간, 친구 결혼식 참여 등)을 엄격히 계산해서 복리후생에 포함시킨다면 미국의 40% 이상 수준을 초과할 것이다.

봉급이나 복리후생에 대한 결정은 비영리조직에서 흔히 논쟁의 대상이 된다. 공공성을 특징으로 하는 비영리조직은 만성적인 재정적 어려움에 직면해 있다. 더구나 많은 사람들이 비영리조직에서 일하는 사람들은 경제적 희생을 감수해야 한다는 의견을 가지고 있기도 하다. 그러나 전문성이 강조됨에 따라 비영리조직에서 일하는 사람들의 보상 문제가 심각한 이슈가 되었다. 봉급이 낮으면 유능한 사람을 채용할 수 없다. 보상 수준은 어떤 사람을 고용할 수 있는가를 결정하는 매우 중요한 문제이기 때문에 조직은 얼마만큼이 이상적인 연봉이고 복리후생인지를 알아야 한다. 오늘날은 직원의 복리후생 체계가 봉급만큼이나 중요하게 여겨진다. 과거의 비영리조직들은 적정한 수준의 복리후생을 조직구성원들에게 소개하는 데 있어 속도가 느렸고, 새로운 조직들은 좀 더 관대하다는 것을 명심해야 한다. 복리후생은 조직에 큰 경제적 부담을 주기 때문에 무조건 확대하는 것은 바람직하지 않다. 따라서 큰 규모의 조직의 경우, 특히 복리후생과 관련된 사안들을 결정함에 있어서 이 방면에 정통한 전문가로부터 전문가적 의견을 참고하는 것이 바람직하다.

6. 인력유지

조직의 목표달성을 위한 효율적인 인력유지는 인적자원관리의 중요한 영역이 되며, 이는 승진 및 이직관리를 통해 이루어진다. 승진이란 수직적 인사이동의 한 형태로서 조직에서 구성원의 직무서열 또는 자격서열의 상승을 의미한다. 승진은 조직구성원의 입장에서는 자아실현의 욕구를 충족시키는 것이 되며 조직체의 입장에서는 효율적인 인적자원 개발의 토대가 되는 것이다. 승진을 결정하는 데에는 능력주의와 연공주의가 있다. 능력주의는 능력에 따라 합리적 기준에 의해 승진을 결정하는 것으로서 유능한 인재의 사기진작과 인재양성을 위해서는 바람직하나 그 서열에 끼지 못하게 되는 구성원들의 사기진작에 어려움이 생기므로 적용에 어려움이 있다. 특히 지금까지 연공주의에 의해 승진을 결정해 왔던 사회복지조직의 경우에는 더욱 그러하다. 반면 연공주의는 근무경력에 따라 승진을 결정하게 되므로 객관적이고 안정적이기는 하지만 구성원들로 하여금 무사안일주의에 빠지게 하는 단점을 가지고 있다. 따라서 혈연・지연・학연 및 연공서열 등에 의한 비합리적 승진이 아닌 능력위주의 합리적이고 공정하며 객관적인 승진관리가 무엇보다 중요하다. 이를 위해서는 구성원들의 직무성과를 공정하게 판단할 수 있는 근무성적평가 틀이 필요하다 하겠다.

조직구성원들은 여러 가지 이유로 조직을 떠나게 된다. 이직발생의 배경과 이유에 대한 이해를 바탕으로 이직하는 개인과 기관 양자의 손실을 최소화할 수 있는 관리기술이 필요하다. 이를 위해서는 정기적인 직원면담 제도 및 수퍼비전 체계를 확립하는 것이 중요할 것이다. 이직(turnover)과 소진(burnout)의 문제는 사회복지사의 정체성 확립과도 관련이 있는 이슈로 이에 영향을 미치는 변수들을 찾아내고 이직과 소진을 감소 내지 제거할 수 있는 방안을 강구하는 것이 필요하다. 한편, 조직구성원들이 갑작스런 해고통보를 받을 수 있는 범죄행위들이 있다. 문서위조, 외설적 행동, 절도, 불복종 행위, 정보왜곡 등이 이에 해당된다. 문제가 발생했을 때 상급자는 문제와 범법 또는 위반 날짜, 시간, 장소와 같은 것들을 상세히 기록해 두어야 한다. 그러한 기록 없이는 구성원들의 해고에 대한 정확한 판단을 내리기 어렵다. 이러한 범죄 또는 위반사실을 알게 되면, 징계위원회 또는 인사위원회를 열어 정확한 판단을 내리고 기관 규정에 따라 절차를 밟게 된다. 필요시 외부 전문가의 자문을 구할 수도 있다. 해고 혹은 권고 사직을 위한 기관의 문서화된 공식적 절차가 필요하다.

이상에서 인적자원관리의 구성요소라 할 수 있는 여섯 가지 관리과정을 설명하였다. 한국사회복지사협회가 최근 전국의 사회복지종사자들을 대상으로 실시한 다음의 조사연구 결과가 본 장을 이해하는 데에 도움을 줄 것이다. 한국사회복지사협회(2007)는 사회복지 근로자의 처우개선을 위한 예산확보 및 정책개발의 기초자료 수집을 위해 '전국 사회복지시설(기관) 근로자 기초실태 조사'를 지난 2006년 8월에 실시한 바 있다. 전국의 1,138개 시설(기관)의 사회복지종사자 6,483명을 대상으로 한 본 조사연구의 결과는 다음과 같았다. 응답자들의 평균 연봉은 1,717만원으로 나타났는데, 4.6년의 평균 경력기간을 감안할 때, 이는 매우 낮은 수준으로, 응답자 중 60.0%가 봉급이 적은 편이라고 응답하였으며, 본인에게 적절한 희망 임금은 평균 2,335만원으로 응답했는데, 실제 평균 연봉과 618만원의 차이가 나고 있었다. 이러한 차이는 결국 종사자들의 사기저하로 이어지고, 이는 서비스의 질 저하로 이어질 가능성이 있다고 하겠다. 복리후생과 관련하여, 연차휴가는 74.8%가 사용하고 있으나 월차휴가는 43.4%가 사용하는 것으로 나타났는데, 휴가를 사용하지 못했을 경우 수당을 지급받지 못하는 비율은 74.0%이었다. 휴가를 사용하지 못하는 가장 큰 이유가 업무의 과중임을 감안할 때, 적절한 휴식을 취할 수 있는 제도의 개선 및 미사용 휴가수당에 관한 기관의 정책수립이 필요하다고 하겠다. 복리후생 프로그램의 적절성에 대한 만족도가 평균 2.44점, 각종 휴가의 적절성 만족도가 평균 2.53점인 것으로 나타나 사회복지시설종사자의 과중한 업무에 시달리는 종사자들의 복리후생 프로그램의 확대 및 개선이 필요한 것으로 나타났다. 교육·훈련과 관련하여, 응답자의 78.1%가 교육·훈련에 참여한 경험이 있고, 지난 1년 동안 평균 3.4회의 교육훈련을 받은 것으로 나타났다. 교육·훈련 참여시, 근무기관이 교육비의 일부 또는 전부를 지원한 경우는 57.1%이었다. 한편 교육·훈련에 참여하지 않은 이유 중, '교육·훈련기회가 없어서'라는 응답이 55.7%로 나타나, 실무자 보수교육의 법적 제도화가 시급히 필요함을 보여주고 있었다.

전체적인 근로환경 만족도 질문에서는, 직장동료관계(3.40점)>서비스의 전문성(3.13점)>근무환경 및 시설운영의 민주성(각 3.10점)>인사(2.99점)>자기계발(2.97점)>임금·복리후생(2.51점)의 순으로 만족하고 있었다. 이들 각 영역의 하위영역 중 중요한 시사점을 주고 있는 영역을 살펴보면 다음과 같다. 직장 동료관계 영역에서는 상사와의 관계 및 의사소통 만족도(3.36점, 3.25점)보다 동료와의 관계 및 의사소통 만족도(3.63점, 3.54점)가 훨씬 높았고, 서비스의 전문성 영역은 제공 서비스의 전문성, 전문성 발휘를 할 수 있는 시설운영 체계 및 전문성 향상을 위한 교육기회 제공의 세 하위영역으로 구성되어 있는데, 이 중 전문성 향상을 위한 교육기회 제공에 대한 만족도(3.05점)가 상대적으로 낮았다. 근무환경 영역은 고용 안정성, 업무내용의 적절성, 근무시설의 쾌적성, 근로시간의 적절성 및 업무량의 적절성의 다섯 가지 하위영역으로 구성되어 있는데, 이 중 업무량의 적절성에 대한 만족도(2.92점)

가 가장 낮았고, 시설운영의 민주성 영역은, 재정 관리의 투명성, 정책결정의 합리성 및 인사관리의 세 가지 하위영역으로 구성되어 있는데, 이 중 인사관리 만족도(2.96점)가 다른 하위영역의 만족도보다 상대적으로 낮았다. 인사영역에서는 승진 및 업무평가의 적절성 만족도(2.91점, 2.95점)가 직원채용의 합리성 및 보직의 적절성 만족도보다 낮은 것으로 나타났다. 자기계발 영역은 업무수행의 성취도, 직장의 비전, 자기발전 · 교육기회의 제공, 그리고 수퍼비전의 적절성의 순으로 만족하고 있었다. 즉 자기개발을 위해 필요한 수퍼비전이 2.86점으로 가장 낮게 나타나, 필요한 수퍼비전이 적절하게 시행되고 있지 않은 것을 알 수 있다.

마지막으로 임금 · 복리후생 영역은 전체적인 만족도가 가장 낮은 것으로 나타나 주목되는데, 특히 하위영역에서 임금 및 수당의 적절성 만족도(2.38점, 2.35점)가 퇴직금 · 휴가 · 복리후생의 적절성 만족도에 비해 크게 낮은 것으로 나타났다(한국사회복지근로환경백서, 2007).

제 2 절 인적자원관리로서의 직원개발

1. 직원개발의 개념 및 목적

직원개발이란 조직구성원들의 직무와 관련된 것뿐만 아니라 전문가로서의 능력개발, 그리고 성장을 위한 기회를 제공하는 것을 포괄하는 개념이다. 직원 재교육, 교육 및 훈련을 포괄하는 이 직원개발은 전문가로서의 사회복지사의 성장, 이를 통한 자질 향상 및 전문성 증진을 위한 매우 중요한 영역이다. 즉 직원개발이란 직원의 지식증대와 전문적 태도의 함양, 그리고 다른 사람들과 함께 일하고 사람들을 돕는데 필요한 전문적 능력을 증대하기 위한 목적으로 행해지는 다양한 활동과 학습경험의 과정을 의미한다. 이러한 직원개발 프로그램은 사회복지 환경의 변화에 민감하게 반응하면서, 전문가 조직이 발행하는 정기간행물에 소개되는 새로운 지식과 기술에 발맞출 수 있도록 행정담당 직원에 의해서 기획되고 실행된다.

사회복지 분야에서의 새로운 조사와 연구는 학회의 학술대회 또는 세미나 등에서 발표되고 신간 전문서적 · 학회 정기간행물로 출간되고 있다. 사실 근래 사회복지 분야의 출판물들은 대단히 많아서 누구도 다 소화할 수 없을 정도가 되었다. 사회복지기관이 기관의 설립이념을 실현하고 비영리 인간봉사조직으로서의 본연의 임무를 다하기 위해서는 최근에 개발된 이론들과 기법들을 파악하고 있어야 한다. 따라서 사회복지기관들이 좀더 효과적 · 효율적으로 기관의 목표를 달성하기 위해서는 사회복지 분야의 새로운 발전상황을 파악, 수용하면서 변화에 대처하는 노력을 경주해야만 할 것이다.

직원개발은 인간행동과 사회적 관계에 대한 지식과 기술을 증대시킴으로써 직원들이 클라이언트들을 좀더 효과적으로 도울 수 있도록 하는 중요한 역할을 한다. 또한 직원개발은 전문적 태도 면에서도 발전을 가져오게 한다. 무엇보다 중요한 것은 직원개발이 실무경험이 많은 선임자에게 사회사업(복지)의 새로운 이론과 기법에 접할 수 있는 기회를 제공한다는 것이다. 즉 직원개발은 신입직원과 경력직원 모두에게 필요하다. 직원개발은 실무에 필요한 전문적 지식과 기술, 그리고 전문적 태도 측면뿐만 아니라 직원개발 프로그램을 통해 직원들이 상호작용함으로써 동료 전문가에 대한 이해가 증대되고 이러한 상호이해는 직원들의 서비스 제공 능률을 높이는 역할을 한다. 직원들이 직원개발 프로그램에 참여하면서 서로의 감정을 표현하고 함께 활동함으로써 기관 · 자원 · 서비스에 대한 이해의 폭이 넓어지고 따라서 서비스의 질적 향상을 기대할 수 있는 것이다.

사회복지조직 구성원들의 전문성 유지와 업무수행 능력을 향상시키기 위한 인력개발의 한 방법으로 직원 재교육이 있다. 이는 계속교육

(continuing education)으로 표현되기도 하는데, 대학과 같이 정형화된 교육을 마친 사회복지 실무자들을 대상으로 그들의 지식과 기술을 향상시키기 위해 소속 기관 또는 전문가 조직이 마련하는 교육을 의미한다. 직원 재교육은 워크숍(workshop)·세미나(seminar)·스터디 그룹(study group)·현임훈련(in-service training)·각 직무 또는 직급별 교육·학술대회 참여 등 여러 가지 형태로 사회복지기관·대학·전문가 조직 등에 의해서 실시된다. 최근에는 한국사회복지사협회·한국사회복지협의회·한국사회복지관협회·한국보건복지인력개발원 및 각 분야별 학회 등에서 비교적 활발하게 진행되고 있으나 새로운 이론을 임상화하기 원하는 실무자들의 욕구는 그다지 충족되는 것 같지 않다. 여러 이유가 있겠으나 업무량의 과다로 재교육을 위해 시간을 할애하기 어려운 경우, 소속기관의 직원 재교육에 관한 정책부재, 재교육 비용부담의 문제, 유용한 교육내용 미비 등, 직원 재교육에 걸림돌이 되는 장애요인들이 있다. 실무자들의 재교육을 위해 대학이 특수대학원인 사회복지대학원에 청강제도를 만드는 것도 하나의 대안이 될 수 있을 것이다. 직원 재교육은 '사람을 활용해서 사람을 돕는' 원조 전문직인 사회사업(복지) 전문직에서 아무리 강조해도 지나치지 않는 이슈이다.

2. 직원개발의 방법 및 내용

효과적인 직원개발을 위한 다양한 방법들이 있다. 즉 강의·사례회의(case conference)·임상 사회사업(복지) 워크숍·직원교환 프로그램·자기학습(self-study) 프로그램 등이 있다. 이러한 직원개발의 방법 중 기관의 자원과 구조의 특성에 따라 적절한 방법을 택할 수 있다.

강의는 일반적인 직원개발의 방법이다. 직원 중 적절한 사람이나 외부강사를 초청하여 사회사업(복지)의 이론·기법·전문적 태도 등과 관련된 특정한 주제를 가지고 연 1-2회 특강을 한다. 강의가 끝난 후에는 질문과 토의시간을 가지는 것이 바람직하며, 질문내용을 사전에 실무와 연관시켜 준비해 놓는 것이 좋겠다.

사례회의는 직원들이 교대로 돌아가면서 사례관리 하고 있는 담당 사례를 보고하고, 동료 및 상급자와 집단 토의하는 것이다. 즉 사례에 대한 계획과 개입방법, 윤리적 갈등 상황에서의 전문적 의사결정 등, 다양한 상황에 대한 이해를 상호 도모하고 학습과정을 풍부하게 하면서 간접경험을 가질 수 있다.

임상 사회사업(복지) 워크숍은 보통 외부 장소에서 숙박을 하는 것으로 계획할 수 있다. 1-2박의 시간을 가지고 자연 속에서 일상의 스트레스 상황을 떠나 기관의 직원들이 함께 특별한 몇 개의 프로그램을 가지고 워크숍을 하는 것도 바람직한 직원개발의 한 방법이 된다. 전문적 지식의 향상뿐만 아니라 직원간의 관계형성이 급진전되고 긍정적 관계형성을 증대시킬 수 있다. 워크숍에서 실무자들의 연구논문을 발표할 수 있는 기회를 가지는 것도 실무자들의 지적 자극과 욕구를 충족시킬 수 있다. 이러한 기회를 통해서 전문가로서의 정체감을 가질 수 있고, 실천가-조사자의 역할과 책임에 대한 인식증대 및 임상의 이론화 작업을 가능하게 한다.

상호교류 프로그램은 대학과 기관이 산학협동의 관계 속에서 교수가 일정기간 현장에서 직접 서비스를 제공하거나 실무자 수퍼비전을 할 수 있다. 실무자들에게는 새로운 지식과 기술이 제공되고, 교수는 학생들을 가르칠 때에 필요한 사례를 접할 수 있다. 일부 기관에서는 대학의 교수들을 자문위원으로 위촉하거나 실무자들이 수퍼비전을 받을 수 있도록 일시적 계약을 통해 직원개발을 도모하고 있기도 하다. 기관 실무자들의 대학 강사 경험도 직원개발에 크게 기여한다. 실무자들은 자신의 임상 또는 행정분야와 관련하여 특정과목을 담당할 수 있다. 이것은 학기 중 강의 또는 특강 형식으로 초청될 수 있다. 이러한 직원개발의 형태는 실천학문인 사회사업(복지)을 공부하고 있는 전공 학생들에게 매우 실질적인 도움을 줄 수 있다. 한편 외국의 저명한 교수를 초청하는 방법도 대학의 교수·학생 및 기관 실무자들의 자질향상에 도움이 된다. 상호교류 프로그램의 하나로, 교수-학습 협약에 의해 실무자들로 하여금 대학원 수업을 청강하게 하는 프로그램을 계획할 수도 있다. 업무 부담으로 주간에 시간을 낼 수 없는 실무자들은 특수대학원인 사회복지대학원 강의를 통해 전문적 지식과 기술을 개발할 수 있다. 우선적으로 기관의 실습 수퍼바이저들을 대상으로 자신의 임상과 관련된 과목을 1학기 1과목 청강할 수 있게 하는 것이다. 이는 학교를 졸업한 후, 거의 학교 강의를 들을 수 없는 실무자들에게 매우 바람직한 기회가 된다.

자기학습 프로그램은 직원들 스스로 자신의 임상과 관련된 영역을 학습하는 것인데, 이것은 기관의 정책이라기보다는 직원들의 자발적 의사에 의한 자발적 학습형태라 하겠다. 소수의 직원들이 모임을 구성, 자신들의 관심분야를 확인하고 주제를 정하거나 정기간행물을 탐독·토론함으로써 자기계발을 하는 것이다. 실무와 관련된 정기간행물, 최근의 석·박사 논문, 전문서적 등을 읽고 토론함으로써 전문적 능력을 향상시킬 수 있다.

그 외, 자료실을 두어 직원들의 자기계발을 도울 수 있다. 자료실은 그 기관의 서비스와 관련된 모든 자료를 총 망라하는 곳으로 전문서적, 정기간행물, 관련 시청각 자료, 석·박사 논문 등을 보유한다.

요약하면 직원개발이란 사회복지기관들이 직원들의 자질향상을 통해 서비스의 전문성 증진을 꾀하는, 기관 차원에서 기획된 프로그램으로 현임훈련(in-service training)을 포함하는 개념이다. 직원개발 프로그램은 몇 가지 단계에 의해서 실행되어지는데 특정목표 설정, 직원들의 욕구평가, 효과적인 계획수립, 적절한 학습기회 제공, 그리고 결과에 대한 평가의 다섯 단계로 구분할 수 있다.

제 7 장을 위한 토의

□ 인적자원관리의 중요성과 필요성에 대해 설명하시오.
□ 직원개발, 교육, 훈련의 개념을 요약 정리하시오.
□ 현재 우리나라 사회복지 기관에서 행하고 있는 직원개발 프로그램에 대해 아는 바를 설명하시오.

■ 핵심단어

직무성과(job performance), 이직(turnover), 소진(burnout), 보상(compensation), 복리후생(employment benefits), 직원개발(staff development)

8 chapter

수 퍼 비 전

수퍼비전체계를 정립하는 일은 매우 중요하다. 왜냐하면 수퍼비전은 사회복지사의 정체성 확립 및 서비스의 질과 중요한 관계를 가지고 있기 때문이다. 대다수 우리나라 사회복지기관의 수퍼비전 체계는 성문화되어 있지 않다. 이에 본 장에서는 수퍼비전의 개념을 정리하고 수퍼비전이 사회복지실천 현장에서 왜 필요하고 또 중요한지 설명하도록 하겠다. 다음에 수퍼비전 관계 및 기능을 설명하고, 마지막으로 수퍼비전의 주 대상이 되는 조직구성원인 직원과 사회사업(복지)학을 공부하는 실습생의 수퍼비전에 관하여 구체적으로 설명하고자 한다.

제 1 절 수퍼비전에 대한 이해

1. 수퍼비전의 개념

사회사업(복지)에서의 수퍼비전은 직원에 대한 수퍼비전과 실습생에 대한 수퍼비전으로 크게 분류할 수 있으나, 직원과 실습생 외에 자원봉사자 및 사회사업(복지) 전문직에 포함된 모든 사람들이 수퍼비전의 대상이 된다. 수퍼비전은 실무자로 하여금 그들의 지식과 기술을 이용하여 맡은 업무를 효과적이며 효율적으로 수행할 수 있도록 돕는 과정이다. 따라서 클라이언트에게 보다 질 높은 서비스를 제공하기 위한 목적을 가진다.

수퍼비전이란 행정적·교육적·지지적 기능을 수행함으로써, 클라이언트에게 효과적으로 서비스가 제공되도록 일선 사회복지사들을 돕는 간접 서비스이다. 김융일(1988)은 수퍼비전이란 "중간관리자인 수퍼바이저와 일선 사회복지사인 수퍼바이지 간의 위계적이지만 긍정적인 수퍼비전 관계 속에서 클라이언트에게 질적 및 양적으로 기관 정책과 절차에 따라 최선의 서비스를 제공할 목적으로 수퍼바이저가 행정적·교육적·지지적 기능을 수행함으로써 수퍼바이지의 업무수행을 지지하고, 조정하며, 향상시키고, 평가하는 의무적인 전문적 상호작용 과정으로서 클라이언트에 대한 간접적 서비스이다."라고 정의했다.

한편 김융일은 '책무성 수퍼비전'이란 용어를 사용하였는데(김융일, 2001), 책무성 수퍼비전이란 "조직의 중간관리자가 클라이언트에게 제공되는 서비스의 효과성을 극대화시키어 자금 조달원에의 책임과 의무를 다하기 위해, 직접 서비스를 제공하는 프로그램 기획자 및 관리자를 포함한 모든 사회복지사에게 행정적·교육적·지지적 기능을 수행하는 간접 서비스"라고 정의하였다.

요약하면 수퍼비전은 경험이 있고 훈련받은 전문가가 실습생·신규직원·일선 사회복지사·자원봉사자·그 외 사회사업(복지) 전문직에 포함된 모든 사람들에게 사회사업(복지)의 지식과 실천기술을 제공하기 위해 행정적·교육적·지지적 기능을 수행하는 전문적 과정이라고 말할 수 있다. 즉 실무자로 하여금 그들의 전문지식과 기술을 이용하여 맡은 업무를 효과적이며 효율적으로 수행할 수 있도록 돕는 전문적 사회화의 과정인 것이다.

2. 수퍼비전의 목표

수퍼비전의 목표는 장기목표와 단기목표로 구분할 수 있다. 장기목표는 클라이언트에게 보다 효과적이고 효율적인 서비스를 제공하는 데에 있다. 나아가 기관의 목표를 달성하는 것이 수퍼비전의 궁극적인 목표이다. 이러한 수퍼비전의 궁극적 목표를 달성하기 위한 수단으로서 행정적 · 교육적 · 지지적 측면에서 수퍼비전의 단기목표를 갖는다.

1) 행정적 수퍼비전

행정적 수퍼비전은 직무를 효과적으로 수행할 수 있도록 작업환경을 구조화하고 필요한 자원을 제공한다. 즉 클라이언트를 돕는 과정에서 조직의 구조와 자원을 사회복지사가 효율적으로 이용할 수 있도록 필요한 기관 및 지역사회 자원에의 접근법을 제공하는 것이다. 한편 행정적 수퍼비전은 기관의 정책 및 행정절차에 관한 올바르고 효과적인 이해 및 준수를 촉진한다. 예를 들어 기관의 내규 · 업무규정 · 세부 시행규칙 등의 제 규정, 수입 · 지출결의, 예산안 작성절차, 인력평가, 직원훈련 등 행정체계를 이해할 수 있도록 돕는다.

2) 교육적 수퍼비전

교육적 수퍼비전에서는 사회복지사의 효과적인 직무수행을 위해 필요한 지식과 기술을 제공하고 전문적 자아발달을 도모한다. 즉 전문적 능력향상을 통해 사회복지사의 업무능력을 개선하는 것이다. 또한 사회복지사가 목적적 · 의도적으로 전문적 자아를 활용하도록 돕고, 전문직업적 정체성을 확립하도록 돕는다.

3) 지지적 수퍼비전

사회복지사가 능률적으로 업무를 수행할 수 있도록 심리적 자원을 제공하는 것이다. 즉 실무수행을 방해하는 스트레스 감소, 사기진작을 통한 업무수행 동기를 증대시키고 따라서 사회복지사의 직무만족도를 높인다. 다시 말해 사회복지사가 자신의 업무수행에 대해 만족스럽게 느끼도록 돕는 것이다. 이러한 지지적 수퍼비전은 행정적·교육적 수퍼비전의 근간을 이룬다.

3. 수퍼비전의 필요성 및 중요성

수퍼비전은 사회복지사의 자질향상과 서비스의 질, 나아가 사회사업(복지)의 전문성 증진에 직접적 영향을 미친다. 따라서 서비스의 효과성과 효율성을 고려한 서비스의 질 개선을 위해 수퍼비전은 필수적이다. 사회복지실천에서의 수퍼비전의 필요성 및 중요성은 다음과 같이 설명될 수 있다.

첫째, 복잡 다양한 업무, 증가하는 스트레스 속에서 사회복지사로 하여금 최적의 수준에서 일할 수 있도록 지원하기 위해서 수퍼비전이 필요하다.

둘째, 사회복지조직의 책무성 이행, 사회복지사의 정체성 확립, 그리고 사회복지사로서의 윤리적 책임행동을 다하기 위해서 수퍼비전은 필수 불가결하다. 공공성을 특징으로 하는 비영리 인간봉사조직의 효율성과 생산성의 문제를 처리하고 사회사업 본연의 사명을 지키기 위해서 수퍼비전 인력은 필요하다.

셋째, 급변하는 사회복지환경, 그리고 정치·경제·문화·사회의 변화에 능동적으로 대처하기 위해서 수퍼비전은 필요하다.

넷째, 사회복지자원의 감소, 부족한 자원의 할당 가운데 일의 우선순위를 결정하기 위해서 수퍼비전은 필요하다.

다섯째, 사회복지사의 과도한 주도권과 자율성을 통제하기 위해 수퍼비전이 필요하다.

여섯째, 사회복지사의 자질 향상을 통한 서비스의 질 보장을 위해서 수퍼비전이 필요하다.

일곱째, 클라이언트와 지역사회 단체들이 사회복지기관에 대항하여 법적 조치를 취할 수 있는 가능성 증대에 대처하기 위하여 수퍼비전이 필요하다.

이렇듯 수퍼비전은 직원훈련의 근원이 되는데, 사회복지기관의 예산 삭감 또는 부족은 직원개발의 기회를 감소시키고 있어 사회복지사의 자질 향상, 전문성 증진, 나아가 사회복지사로서의 정체성 확립 등에 많은 우려를 갖게 한다.

제2절 수퍼비전 관계

사회사업은 사람을 활용해서 사람을 돕는 원조전문직이며, 수퍼바이저는 사회사업의 궁극적 목표인 클라이언트의 삶의 질 개선을 위해서 사회복지사의 자질향상을 도모하기 위한 다양한 역할을 하게 된다. 이를 통해 사회복지 서비스의 질이 개선되고 나아가 사회사업의 전문성 증진이 이루어지는 것이다. 수퍼바이저의 역할은 크게 세 가지로 대변할 수 있다. 첫째, 사회사업의 철학과 가치전제들이 실무에 반영될 수 있도록 하기 위한 역할을 수행한다. 둘째, 서비스의 효과성과 효율성을 창출하기 위해 사회복지사의 실천효과성 검증 능력을 배양한다. 셋째, 사회사업의 전문적 지식과 기술 그리고 가치를 내면화한 전문적 태도를 갖춘 사회복지사로서의 역할 모델을 할 수 있어야 한다. 이러한 수퍼바이저의 역할에 따라, 수퍼바이저는 사회복지사를 통해서 클라이언트와 간접적으로 접촉하면서 직접 서비스를 제공하는 사회복지사에 대한 지도감독 업무를 수행하기 때문에 직접 서비스의 성과에 대한 책임을 가진다. 또한 수퍼바이저는 프로그램 수행에 대한 책임을 지면서 업무환경 및 직접 서비스에 관련된 조직 내부와 관련된 노력을 한다. 기관의 최고책임자인 기관장이 정책과 기획 영역을 통제하고, 수퍼바이저는 관리 영역, 그리고 사회복지사는 서비스 영역을 책임지는 것이다. 조직의 규모가 작거나 기관장이 사회복지행정에 관한 지식과 경험이 없을 경우 이 세 영역이 명확하게 구분되지 않을 수 있다.

수퍼바이저와 수퍼바이지의 관계는 '소규모의 밀착된 사회체계'로 일컬어진다. 수퍼바이저는 조직의 중간관리자이며 직접 서비스를 제공하는 사회복지사와 매일 접촉하는 유일한 행정가이다. 수퍼비전 관계는 사회복지사와 클라이언트간의 관계와 유사하지만 같은 것은 아니다. 수퍼비전 관계는 학습에 기반을 둔 활동이고 학습에 방해가 되지 않는 한 개인적 문제는 다루지 않는 것이 바람직하다. 왜냐하면 수퍼비전 관계는 사회복지사와 클라이언트의 관계처럼 치료관계가 아니기 때문이다. 수퍼비전 관계의 3대 기본요소는 라포(rapport), 신뢰, 배려이다. 사회사업은 관계를 통해서 이루어진다. 역사적으로 보면 사회사업 지도감독은 초기에서부터 지도감독자와 지도감독을 받는 피지도감독자 간의 '상호 협력적인 관계'로 간주되었다. Pettes(1971)는 수퍼바이저와 수퍼바이지는 기관의 구조 속에서 특수한 목적을 달성하기 위해 관계를 맺게 되며, 그들은 동료이며 친구일 수도 있다고 했다. 그들은 서로 존경하고 또 서로에 대해 관심을 갖는 것이 필요하다. 즉 수퍼바이저는 수퍼바이지와 함께 자신의 지식과 기술, 경험, 그리고 정보와 자료를 공유한다는 의식이 필요하며, 이러한 의식이 바로 수평적 관계를 형성하게 한다. '가르치고 배운다'라는 입장에서는 수직적 관계일지 모르나 수퍼비전의 기능 중 특별히 교육적 기능에 있어서는 '함께 토론하고 모든 것을 공유하는' 수평적 관계를 유지함이 바람직하다. 이러한 수평적 관계 내에서 사회복지사의 전문적 지식과 실천기술이 발달하기 위해서 환류(feedback)는 중요하며 또 보편적인 방법이 된다. 환류는 즉시, 분명하게 이루어져야 하는데 한 인간으로서의 사회복지사에 초점을 두는 것이 아니라 그의 행동에 초점을 두는 것으로 판단적·평가적이기 보다는 설명적이어야 한다(Kadushin, 1992).

제3절 수퍼비전의 기능

1. 행정적 수퍼비전

1) 관료제와 행정적 수퍼비전

관료제는 전문화된 조직의 한 형태이다. 사회사업(복지)기관들은 조직으로서의 특성을 갖추었고 따라서 관료제의 정의와 관료제가 갖는 특징들에 부합된다. 여기에서 사용되는 '관료제(bureaucracy)'라는 용어는 한 특수한 조직형태를 지칭하기 위해 부정적 또는 비판적으로 사용된 것이 아니며, 서술적 · 중립적으로 사용된다. 관료제는 조직의 목적을 달성하기 위해 필요한 서로 다른 업무에 종사하는 일정 규모 집단들 간의 협동적 노력을 조정하기 위한, 이론상으로는 가장 합리적으로 효율적이며 효과적인 조직 형태라고 볼 수 있다. 관료제가 갖는 특징은 다음과 같이 설명될 수 있다.

첫째, 조직의 단위 사이에, 그리고 각 단위 내에서 서로 다른 피고용인 간에 기능과 업무의 세분화와 전문화 및 노동의 분업이 존재한다.

둘째, 서로 다른 사람들이 책임과 권한의 경중이 있는 자리에 임명을 받기 때문에 위계적이고 계급적인 권위구조가 존재한다.

셋째, 위계적 계급의 질서 속에서 사람들은 각자 부여받은 직위에 따라 권위를 행사한다.

넷째, 객관적인 사실에 기초해서 신규 직원이 모집 · 선발되며, 조직 내에서의 직위와 직책이 주어진다.

다섯째, 조직에서의 각 지위와 직책을 맡은 사람들의 권리 및 의무를 결정하기 위해 보편적이고 일반적으로 적용되는 규칙과 행정절차가 존재한다.

여섯째, 조직의 목적 달성에 기여하도록 모든 조직의 활동은 신중하고 합리적으로 계획된다.

2) 행정적 수퍼비전의 과제

모든 조직, 특별히 관료적 조직은 행정이 필요하다. 모든 조직에는 사회복지사를 책임지고 그들과 접촉하는 일선 지도감독자인 수퍼바이저가 있고, 이들 수퍼바이저들을 수퍼비전하는 제2선 수퍼바이저가 있다. 수퍼바이저는 사회복지사와 직접 접촉하는 유일한 행정가이다. 행정가로서의 수퍼바이저는 기관의 관리책임, 그리고 구체적이고 명확하게 정해진 행정적 책임을 맡게 된다. 바로 이 기능들이 행정적 수퍼비전의 핵심이다.

행정적 수퍼비전에서 수퍼비이저에게 요구되는 과업들은 다음과 같다.

(1) 직원모집과 선발

수퍼바이저는 기관의 목적·목표를 달성하는데 있어, 편안하고 수용적이라는 느낌을 갖게 하는 개인적 품성과 태도, 그리고 성숙함을 갖춘 지원자를 선발할 필요가 있다. 수퍼바이저는 선발된 직원이 담당하여야 할 업무에 대해서 파악하고 있으므로 필요한 태도, 기술, 지식에 대해 가장 잘 아는 위치에 있다. 따라서 수퍼바이저가 직원모집과 선발에 있어 가장 중요한 기여를 하게 된다. 따라서 수퍼바이저는 직원채용을 위한 기준을 설정하거나 지원자들을 실제로 면접하는 과정에 참여하고, 지원자들을 면접한 후 채용여부에 관한 의견을 제시한다. 항상 수퍼바이저들이 마지막 결정을 하는 것은 아니나, 수퍼바이저의 추천은 신중하게 고려되어야 한다.

(2) 직무배정 및 배치

일단 지원자가 선발·채용되면 수퍼바이저는 자신에게 배정된 신임 직원의 직무를 배정·배치하여야 한다. 기관의 신입 직원 오리엔테이션에서 부족했던 부분이 있다면 보충 설명을 해 주어야 하며, 다른 직원들과 인사를 시키는 등 수퍼비전을 받을 준비를 갖출 수 있도록 한다.

(3) 업무계획

기관의 요구에 따라 신입 직원에게 맡길 업무를 계획하여야 한다. 즉, 주어진 시간 내에 완수하여야 할 단위 업무들을 결정하고, 기관의 설립이념·목적·목표와 신입 직원이 담당할 업무와의 흐름을 알 수 있도록 한다. 업무계획에는 업무일정·업무수행의 우선순위 결정·다른 부서와의 협조관계 등의 구체적인 사항을 포함한다.

(4) 업무할당

사회복지사의 구체적인 강·약점을 고려하여 그가 가지고 있는 능력을 발휘할 수 있도록 업무를 할당할 수 있어야 한다. 사회복지사의 능력수준 이하의 과업부과는 능력수준 이상의 과제를 부과하는 것보다 바람직하지 못하다.

(5) 업무위임

사회복지사의 자율성이나 선택권이 최대한 반영되도록 업무가 부과되어야 한다. 즉 사회복지사의 자율성은 최대한 허용되어져야 하고, 구체적 제한사항 없이 과제를 수행할 수 있도록 자유가 보장되어야 한다. 한편 사회복지사는 업무를 수행함에 있어 수퍼바이저와 상호의논 및 협력을 통해서 계획을 세울 수 있어야 한다. 사회복지사에게 최대한의 자율성을 보장한다 하더라도 이는 기관의 목적·존재·전문성 내에서 이루어지는 것이기 때문에 업무수행에 있어서의 자율성은 규제와 통제를 받는다. 위임이란 수퍼바이저의 권위를 어느 정도까지 수퍼바이지와 공유하는 것을 말한다. 그러나 위임으로 인해 발생되는 실수가 확실히 판명되어지면 지속적인 관찰과 통제가 필요하다.

(6) 업무의 모니터링, 검토, 평가

모니터링은 사회복지사의 구두보고·기록·각종 보고서 등의 검토를 통해 이루어진다. 업무수행을 모니터링하고 검토하는 목적은 업무수행에 해로운 일이 일어나지 않도록 하기 위함이며, 아울러 구두로 필요한 피드백과 긍정적 반응을 상호 교류하기 위함이다.

(7) 업무의 조정

기관 내의 다른 부서 간, 같은 부서 내의 사회복지사들 간, 다른 기관과의 관계에 있어서 조정과 통합이 필요하다. 이러한 조정의 일환으로서 각 관계에 있어서의 갈등을 해결할 책임이 있다.

(8) 의사소통의 기능

대규모 조직은 사회복지사들 간의 직접적 접촉이 어렵기 때문에 조직의 행정가들에게는 업무수행에 필요한 메시지를 전달하기 위한 공식적인 의사소통 통로가 필요하다. 이를 통해 업무의 본질과 업무수행 조건들이 명확히 설명되고 이해되어질 수 있어야 한다. 지침서 또는 내규에 의존하기보다는 행정가가 직접 메시지의 명확화와 이해를 위해 사회복지사들과 접촉해야 하는데, 수퍼바이저가 이러한 의사소통 통로를 관리하는 파수꾼 역할을 하게 된다.

(9) 옹호자로서의 수퍼바이저

수퍼바이저는 수직 및 수평의 의사소통을 통해서 행정적으로 다른 기관 및 지역사회에 대해서 직원을 옹호할 수 있어야 한다.

좀 더 효과적으로 행정적인 책임을 수행하기 위해서 수퍼바이저는 메신저로 행동하는 것보다 훨씬 더 적극적으로 직원들을 옹호하는 태도를 가져야 한다. 한편 행정가들은 수퍼바이저를 통한 수퍼바이지들과의 의사소통에 대해 진지하게 반응하여야 한다. 수퍼바이저들은 위로 올라가는 의사소통의 효과에 대해 직원들이 비현실적인 기대를 하지 않도록 자신의 권한적 한계를 수퍼바이지에게 정직하게 말할 수 있어야 한다.

(10) 행정적 완충자로서의 수퍼바이저

수퍼바이저는 사회복지사와 클라이언트 사이에서, 그리고 사회복지사와 기관 사이에서 완충자의 역할을 한다. 수퍼바이저는 일탈적 행동(deviance)과 이단(heresy)에 맞서 기관을 보호할 수 있어야 한다. 수퍼바이저는 조직의 신념체계에 대한 보호자로서 행동하여야 한다. 사회복지사가 기관의 정책과 절차의 중요한 부분을 거부하는 것은 적대적인 행동으로서, 그리고 조직의 권위에 대한 도전으로서 간주된다. 수퍼바이저는 때때로 자신이 기관의 특정정책·규정 혹은 절차에 동의할 수 없는 경우를 발견한다. 그럼에도 불구하고 정책과 관련하여 의사소통을 하고 승인을 얻는 역할을 수행해야만 하는데, 수퍼바이저는 그들의 위치로 인해 이러한 기능을 강요당하면서 거북하고 위선적인 느낌을 갖게 된다.

(11) 변화매개자 및 지역사회 연계자의 기능

수퍼바이저는 일탈행동과 이단적 행동에 맞서 기관을 보호하면서도, 필요한 혁신을 요구하는 제안에 개방적이어야 한다. 수퍼바이저는 기관의 변화매개자로서 활동해야 하는 전략적 위치에 있다. 즉, 행정부서와 사회복지사 사이에서 수퍼바이저는 행정부서가 변화하도록 영향을 미치고 또한 사회복지사가 그것을 받아들일 수 있도록 영향을 미쳐야 한다.

3) 행정적 수퍼비전 적용에 있어서의 문제점

(1) 대리책임의 문제

수퍼바이지는 자신에게 배정되거나 위임된 업무들에 대해 궁극적인 책임을 져야 한다. 수퍼바이저는 법률적으로 수퍼바이지의 '연장(extension)'으로 간주되며, 두 사람은 '단일 인격'으로 고려된다. 즉 수퍼바이지가 어떤 행동을 취할 때 수퍼바이저는 사전에 그것에 대해 검토를 했고, 따라서 그 행동을 인정한 것으로 인식된다. 그러므로 수퍼바이지의 어떤 행동이 잘못 수행되었다면, 부적임자에게 어떤 일을 수행하도록 한 것에 대해 책임질 수 있어야 한다.

(2) 권위와 권한의 문제

수퍼바이저가 업무를 만족스럽게 수행할 수 있도록 권위와 권한이 부여되어야 한다. 기관에서 행정적 권위에 대한 필요성은 조직의 복잡성과 업무의 전문화에서 비롯된다. 조직은 반드시 통제를 필요로 하는데, 조직의 요구에 대한 순응과 조직의 궁극적인 목적 달성, 그리고 다양한 이해관계와 구성원들의 행동으로부터 비롯되는 여러 가지 상황은 통제를 필요로 한다. 권위는 권한의 사용을 정당화해 주는 권리이며, 권한은 권위를 수행하는 능력이다. 즉 권위는 복종을 요구하는 권리이며, 권위의 대상이 되는 사람들은 복종할 의무를 갖는다. 이러한 권위의 권리는 기관의 행정구조를 통해 수퍼바이저에게 부여된다. 수퍼비전 관계는 기관에 의해 수퍼바이저에게 위임된 권위를 통해서, 그리고 수퍼바이저에게 합법적으로 부여된 권위에 대한 수퍼바이지의 상호 인정과 수용을 통해 형성된다. 수퍼바이저의 권위의 근원은 기관의 행정이며, 지역사회의 의지를 대변하는 것이다.

2. 교육적 수퍼비전

교육적 수퍼비전에서의 수퍼바이저의 업무는 첫째, 사회사업의 기법을 수용하도록 수퍼바이지를 지도하는 것 둘째, 개별 및 집단수퍼비전을 통해 사회복지사의 실무능력을 개발하는 것 셋째, 직무성과를 높이기 위해서 사회복지사를 훈련하고 지도하는 것 넷째, 목적적·의도적으로 자신의 자아를 전문적 자아로 활용하는 것에 있다. 교육적 수퍼비전은 지식의 활용 면에서 대학원 훈련보다도 중요하다고 까지 할 수 있다. 교육적 수퍼비전을 통해서 수퍼바이지의 직무만족도를 높이고 수퍼바이지는 이를 통해 전문가로서 성장·발전하게 되며, 사회사업적 지식과 기술을 공유하게 되는 것이다. 이와 반대로 교육적 수퍼비전이 수퍼바이지의 불만을 야기시킬 수도 있는데 수퍼바이저의 불충분한 비평 또는 문제를 다룰 수 있는 실질적 도움을 제공하지 못할 때 수퍼바이지는 불만을 갖게 된다. 사회복지사의 도움의 도구는 바로 사회복지사 자신이기 때문에, 사회복지사가 자신의 자아를 전문적 자아로 활용할 수 있기 위해서는 높은 수준의 자아인식(self-awareness)이 필요하다.

훌륭한 수퍼바이저는 전문적 지식과 기술 보유, 학습에 대한 고도의 동기화, 효과적인 학습프로그램 계획, 열성, 학습자인 자신의 수퍼바이지를 존중하고 신뢰하는 자이다. 수퍼바이저는 행정적 수퍼비전 권위의 출처로서 실천지식과 능력을 갖출 수 있어야 한다. 교육적 수퍼비전에 있어서 수퍼바이저와 수퍼바이지의 관계는 교사-학습자 관계가 가장 중요하며 수퍼바이지의 수퍼바이저에 대한 동일시는 수퍼바이지의 학습 동기를 고조시킨다. 그러므로 수퍼바이지의 모델링이 될 수 있는 수퍼바이저 이어야 할 것이다. 한편 교육적 수퍼비전에 있어서 관계의 효과는 클라이언트-사회복지사와의 관계의 효과와 같다고 할 수 있다.

3. 지지적 수퍼비전

지지적 수퍼비전은 사회복지사가 효과적인 업무수행을 위해 필요한 정서적 에너지를 동원하는 것을 가능케 하는 심리적·대인관계적 맥락을 제공해 준다. 즉 지지적 수퍼비전은 효과적인 서비스에 대한 정서적인 장애와 관련이 있다. 다시 말해 지지적 수퍼비전은 업무수행을 방해하는 스트레스를 줄여주고 동기를 증대시키며, 업무수행 능력을 고양시키는 조직에의 헌신을 강화함으로써 사회복지사의 업무의 효과성을 높여준다. 지지적 수퍼비전은 독립적이고 명백히 구별되는 활동으로서가 아니라 교육적·행정적 수퍼비전의 한 부분으로 실행된다. 즉 지지적 수퍼비전을 기반으로 행정적·교육적 수퍼비전이 이루어지는 것이다.

지지적인 수퍼비전은 자기방어를 강화시키고 업무 스트레스와 긴장을 다루는 자아의 능력을 강하게 만든다. 지지적 수퍼바이저의 책임을 수행함에 있어, 수퍼바이저는 사회복지사들이 업무수행에 있어서 보다 편안한 마음을 갖도록 돕고자 한다. 이러한 의미에서 지지적 수퍼비전의 책임을 수행하는 수퍼바이저는 완화 · 회복 · 위안 · 보충뿐 아니라 적극적으로 영감을 주고 생기를 주며 기운을 북돋아 줄 수 있어야 한다.

수퍼비전의 3가지 기능을 요약해 보면 아래의 〈표 8-1〉과 같다.

〈표 8-1〉 수퍼비전의 3가지 기능

목표	행정적 수퍼비전	교육적 수퍼비전	지지적 수퍼비전
	작업 환경 제공	업무 능력 개선	업무 만족감 지원
내용	-실무를 효과적으로 수행할 수 있도록 업무환경을 구조화하고 필요한 자원을 제공 -기관의 정책·행정절차에 관한 올바르고 효과적인 이해 및 준수	-업무에 필요한 지식과 기술을 제공 -목적적 · 의도적으로 전문적 자아를 활용하도록 도움	-효과적으로 업무를 수행할 수 있도록 심리적, 대인관계적 자원을 제공
장애물	조직	무지	정서
관심 영역	-조직에 사회복지사를 효과적으로 연결시켜 사회복지사가 조직의 구조와 자원을 효율적으로 이용할 수 있도록 하는데 관심	-지식과 기술의 향상을 통해 사회복지사의 효율성을 증대시키는데 관심	-업무수행을 방해하는 스트레스를 감소시키고 사기를 증진시켜 사회복지사의 효율성을 증대시키는데 관심
필요 도구	-조직의 미션·핵심가치·비전, 정관, 내규, 업무규정표, 직무기술서, 업무표준지침서, 업무지침, 지역사회 서비스 전달체계, 지역사회 자원목록, 기관의 역사책 등	-자기지식 개발 틀, 직원교육일정표, 학습유형목록, 윤리강령, 참고도서, 사례기록, 주중업무계획표, 월업무보고서, 3개월사업계획서, 연사업계획서, 연사업평가서, 프로그램 평가서 및 기타자료	-스트레스 사정도구, 사회복지사의 임파워먼트 척도 등
사회 복지사 모델	-효율적으로 과제를 수행하는 사회복지사	-자질 있고 능력 있는 사회복지사	-감정이입적이고 이해심 많은 사회복지사

역할	1. 직원의 채용과 선발 2. 임명과 배치 3. 업무계획 4. 업무할당 5. 업무위임 6. 업무검토, 평가 7. 업무조정 8. 의사소통 촉진 9. 행정적 완충자 10. 변화 대행자 11. 옹호자 12. 지역사회연계자	1. 교수 2. 학습을 촉진 3. 훈련 4. 경험과 지식의 공유 5. 정보제공 6. 명확화 7. 안내 8. 문제해결법을 찾도록 원조 9. 전문적 성장을 제공 10. 조언, 제안	1. 스트레스 유발상황의 방지 2. 스트레스 해소 3. 스트레스 대처 원조 4. 신뢰관계형성 5. 관점의 공유 6. 결정에 대한 책임의 공유 7. 성공을 위한 기회제공 8. 동료를 통한 지지제공 9. 업무관련 긴장 완화

자료: Kadushin(1992), Supervision in Social Work, 재구성

제 4 절 직원 수퍼비전

1. 수퍼비전의 원리 및 방법

직원 수퍼비전의 목적은 사회복지사의 자질 향상을 통한 사회복지서비스의 전문성 증진에 있다. 즉 클라이언트에게 보다 효과적이며 효율적인 서비스를 제공함으로써 클라이언트의 삶의 질을 향상시켜 궁극적으로 클라이언트의 행복을 추구하는 것이다.

수퍼바이저는 자신의 부하직원을 수퍼비전 함에 있어 다음과 같은 기본 원리를 지킬 수 있어야 한다. 첫째, 수퍼바이저는 자신의 지식·기술·경험·정보를 공유하고, 직원들로 하여금 자율적으로 일을 처리할 수 있도록 도와야 한다. 둘째, 직원들은 적절한 목적과 목표를 세우고 자율적으로 일할 수 있어야 한다. 셋째, 수퍼바이저는 직원의 필요에 항상 응할 수 있어야 한다. 넷째, 직원은 자신의 수퍼바이저에게 필요시 도움을 요청할 수 있어야 한다.

다섯째, 직원들은 자신의 수퍼바이저에게 업무에 관하여 수시로 보고하여야 한다. 이러한 수퍼비전의 기본 원리를 지키는 것은 지극히 당

연한 것처럼 여겨지기도 하나, 수퍼바이저와 수퍼바이지의 관계성 정도에 따라 매우 다른 양상을 보이기도 하기 때문에 수퍼비전 관계에 있어서 지켜져야 할 기본 원리로 강조되고 있다.

다음은 사회복지실천현장에서 주로 사용되고 있는 수퍼비전 유형을 살펴보고자 한다. 수퍼비전의 유형에는 수퍼비전에 참여하는 사람들의 크기에 따라 개별수퍼비전과 집단수퍼비전으로 구분한다.

1) 개별수퍼비전

수퍼바이지의 학력, 실무경력, 현 기관에서의 경험 등을 고려하여 수퍼비전의 횟수를 정한다. 개별 수퍼비전에서는 수퍼바이지의 성격적 강·약점과 전문적 지식과 기술의 강·약점이 자신의 전문직에 미치는 긍정적·부정적 영향에 대해 지도하게 되며, 수퍼바이지의 약점을 변화시키거나 보완하기 위한 양자 간의 노력과 의도적 개입이 요구된다. 또한 클라이언트에게 부정적 영향을 미칠 수퍼바이지의 개인적 문제에 대해서도 관여하게 된다. 직원평가의 일종인 직원업무분석표와 근무성적평가표에 의한 평가결과를 토대로 개별수퍼비전 할 수 있다.

2) 집단수퍼비전

효율적 업무수행을 위해서는 개별수퍼비전을 지양하고 집단수퍼비전을 지향하는 것이 바람직하다. 사례발표나 사례회의(case conference), 여러 직급의 사회복지사들이 함께 프로그램의 계획·실행·평가에 관해 토론을 하게 되는 프로그램 회의를 적극 활용하여 동료 간, 또는 수퍼바이저와 수퍼바이지 간에 서로의 경험을 공유하면서 원활한 의사소통을 꾀한다.

집단수퍼비전의 장점은 다음과 같이 설명될 수 있다. 시간과 노력의 경제성, 다양한 학습경험의 제공, 정서적 지지체계로의 기능, 다양한 경험을 나눌 수 있는 기회 제공, 수퍼바이지가 수퍼바이저에게 도전할 수 있는 안전함 제공, 동료들과 업무를 비교할 수 있는 기회 제공, 기관의 소속감, 집단의식, 사회사업(복지) 전문직에 대한 정체성 증대, 수퍼바이저와 수퍼바이지 양자가 서로를 객관적으로 관찰할 수 있는 기회 제공, 수퍼바이지의 행동수정의 용이성, 폭넓은 평가 가능 등의 장점을 들 수 있다.

2. 수퍼비전 내용

일반주의 실천가 양성을 위해 수퍼비전에서 다루어야 할 수퍼비전 내용을 Fortune(1994)의 사회복지실천에서 필요한 핵심적인 내용과 기술 모델, Kadushin(1992)의 사회복지사의 직무성과 평가영역 및 수퍼비전의 기능 모델을 기반으로 정리해 보면 다음과 같다.

1) 기본정신

(1) 사회사업의 가치·실천윤리에 대한 사명감 및 준수
(2) 사회복지사로서의 정체성 확립
(3) 자신의 전문적 성장에 대한 책임감
(4) 사회복지사의 전문적 지식 기반 형성에의 기여
(5) 법인 및 소속 기관의 사명·핵심가치·비전에 대한 이해
(6) 일에 대한 열정과 신념 발현

2) 행정적 영역: 행정지도

(1) 기관의 공식적·비공식적 구조 파악
(2) 기관운영에 영향을 주는 국가·지방 단위의 복지정책에 대한 이해
(3) 지역사회에 대한 이해
(4) 지역사회 복지서비스 전달체계에 관한 지식·활용기술
(5) 기록관리
(6) 업무의 우선순위
(7) 효율적 시간관리

(8) 각 팀 또는 단위사업 간 조정 · 협력
(9) 업무규정에 따른 직무수행 및 책임
(10) 제반 행정절차와 규정 준수

3) 교육적 영역: 전문적 지식과 기술의 활용

(1) 클라이언트체계 개입을 위한 지식 · 기술
  가. 인간의 다양성 존중 및 인간행동의 다양성에 대한 지식 · 적용기술
  나. 자료수집 · 면접 · 사정 · 개입 · 평가 · 의뢰 · 종결 및 사례관리 기술
  다. 집단사회사업 실천기술
  라. 지역사회주민의 욕구에 대한 대처 능력
(2) 클라이언트를 위한 옹호활동
(3) 사회 · 경제정의 증진에 대한 사명감
(4) 새로운 프로그램의 개발
(5) 실천에 대한 효과성·효율성 평가
(6) 자원개발 및 활용
(7) 기록기술 및 분석
(8) 자아인식 · 자기지식 개발
(9) 대인관계에 필요한 의사소통 기술
(10) 동료와의 관계형성 기술
(11) 갈등 및 위기상황 처리 능력
(12) 자기평가 능력
(13) 정보제공

4) 지지적 영역

(1) 신뢰
(2) 관점의 공유

(3) 능력의 극대화
(4) 창의성 자극
(5) 업무수행의 과정 · 결과에 대한 인정
(6) 업무관련 긴장 완화
(7) 스트레스 유발상황 방지 · 해소 · 대처 원조
(8) 결정에 대한 책임 공유
(9) 성공을 위한 기회 제공
(10) 동료를 통한지지 제공

이상의 내용들을 5점 척도화하여 수퍼바이지의 자기기입 방식의 수퍼비전 만족도 검사를 수행한다면, 수퍼바이저의 수퍼바이저로서의 강점과 약점을 명료화할 수 있고, 이를 통해 수퍼바이저의 자질 향상을 위한 직원개발 근거자료로 활용할 수 있다. 이러한 작업을 통해 수퍼바이저가 전문가로서 성장할 수 있는 기회를 갖게 되는 것이다. 유능한 수퍼바이저가 되기 위해서는 수퍼바이저 자신에 대한 이해는 필수적이라 할 수 있다. 자신의 성격적 강 · 약점, 전문적 지식과 실천기술에서의 강 · 약점을 객관적으로 파악하고 자신의 자아를 전문적 자아로 활용할 수 있기 위한 부단한 노력을 경주해야 한다. 이를 위해 Johnson(1995)은 자기지식을 개발할 수 있어야 한다고 주장한다. 이에 관해서는 제18장에서 상세히 다루고자 한다.

구체적으로, 바람직한 수퍼바이저는 스트레스 관리, 지지체계(support system)로서의 수퍼바이저 자신에 대한 이해, 자신의 성격적 강 · 약점, 전문적 지식과 기술의 강 · 약점, 방어기제 · 편견 · 선입견의 문제, 자신의 수퍼비전에 대한 이해, 업무 중심적인 수퍼바이저와 인간 중심적인 수퍼바이저에 대한 이해 등에 대한 통찰을 필요로 한다.

지금까지 사회복지기관에서의 직원 수퍼비전에 관해 비교적 상세히 다루었다. 전술한 바와 같이 아직 우리나라 사회복지기관은 수퍼비전체계를 성문화하지 못하고 있는 기관이 많다. 수퍼비전체계를 확립하는 데에 도움이 되도록 '사회복지기관의 직원 수퍼비전 체계'의 예를 〈부록 13〉으로 제시하였다.

제 5 절 실습생 수퍼비전

사회사업은 인간의 사회적 기능(social functioning)을 회복・유지・강화시키기 위하여 인접 사회과학으로부터 여러 사회과학 이론들을 활용하는 응용사회과학이며 실천학문이다. 따라서 사회사업(복지) 전문교육은 이론적 지식과 실천적 현장경험의 통합을 통해 이루어져야 한다. 즉 사회사업의 지식・기술・가치를 실습을 통해 발전시키고 내면화할 수 있어야 한다.

미국사회사업교육협의회(The Council on Social Work Education)는 학부 실습생들이 의무적으로 이수해야 하는 실습시간을 최소한 400시간으로, 대학원의 경우는 900시간의 실습교육 경험을 해야 하는 것으로 규정하고 있다. 우리나라의 경우는 학부제로 인해 실습교육의 기회가 감소될 수밖에 없는 구조적 문제점을 안고 있는 한편, 보통 1학기 실습이 필수로 되어 있기 때문에 1일 8시간 씩 15주의 실습을 할 경우, 대략 120시간의 실습을 하는 것으로 되어 있다. 사회사업(복지) 실습교육의 궁극적 목적은 전문가로서의 사회복지사 양성으로, 120시간의 실습으로 유능한 사회복지사를 길러낼 수 있을지 의문시된다.

사회사업은 실습을 떠나서는 존재할 수 없다. 그간 사회사업(복지) 학과가 증설되고 교수와 학생 수가 증가하면서 많은 관련 전문서적들이 쏟아져 나왔으나, 실습교육에 대한 연구와 자료는 아직까지도 충분치 않은 상황이다. 한편 실습현장의 상황도 기관의 실습정책 부재 및 전문인력의 부족으로 인해 자격 있는 실습지도자 확보에 어려움을 가지고 있다. 또한 실습생들을 보다 효과적으로 지도할 수 있는 체계적이고 상세한 실습지도지침서를 마련하지 못하고 있다. 실습지도에 필요한 자료들을 준비해서 실습 매뉴얼을 만들고 일련의 실습지도계획을 가지고 체계적인 실습지도를 하고 있는 사회복지기관은 소수에 불과하다.

실습교육이 중요하다고 주장하면서도 필수 실습시간, 실천현장에서 활용 가능한 이론 습득, 체계적인 실습지도, 학교와 기관간의 의사소통 등 관련된 노력이 부단히 경주되지 못한 것이 사실이다. 지난 삼십 여 년 동안 간헐적으로 실습지도자 교육, 실습목표의 확립, 학교와 기관간의 협조, 실습교육 방법 등의 문제들이 실습기관장 및 실습지도자 간담회 또는 사회사업 실습교육 세미나 등을 통해 거론되어 왔으나 아직도 개선・보완되어야 할 부분이 많은 상태로 남아 있다.

실습교육은 사회사업(복지) 실천현장에서 이루어지는 계획된 의도적인 일련의 경험들로서, 학생들로 하여금 사회사업(복지) 실천에 관한 초보수준의 이해・기술 및 태도의 학습으로부터 자율적인 수준의 사회사업 실천 능력・기술 및 태도의 학습으로 발전할 수 있도록 고안된 일련의 교육과정이다. 이러한 실습교육과정은 학생들로 하여금 학교에서 배운 지식과 기술, 그리고 가치를 실천을 통해 검증하고 이론과 실제를 통합할 수 있는 기회를 제공한다. 실습교육의 의의는 사회사업 이론과 실제적 경험을 통합하고, 실습생의 자신에 대한 이해(self-awareness)를 도모하며, 다양한 직・간접 경험을 습득하므로 궁극적으로 유능한 전문가로 성장・발전할 수 있도록 훈련받는 것에 있다(문인숙, 1980). 이러한 실습교육의 중요성 및 의의에도 불구하고 아직 우리나라 학생 실습지도는 많은 문제점을 가지고 있다.

현재 우리나라 학부수준의 사회사업 교육의 목적은 일반주의 실천가 양성에 있고 따라서 실습교육의 궁극적 목표도 유능한 일반주의 실천 사회복지사를 길러냄에 있다. 그러므로 실습교육은 일반주의 실천에 근거한 핵심적인 실습지도 내용 및 기술을 가르칠 수 있어야 한다. 이에 실습지도의 핵심적인 내용 및 기술모델을 제시한 Fortune(1994)의 모델과 한국사회복지교육협의회에서 개발하여 현재 대부분의 실습기관에서 활용되고 있는 실습평가서를 검토하고, 실습교육의 당사자들인 학교 · 기관 · 학생의 역할과 책임을 강조하면서 당면과제를 처리하기 위한 방안을 제시하고자 한다.

1. 실습지도의 핵심적 내용 및 기술

Fortune은 사회사업실천에 필요한 능력을 나타내줄 수 있는 지식 내용과 기술 모델을 제시하고 있다. 즉 사회사업 실천에 대한 실무능력 중심으로 학생들이 기본적으로 습득해야 할 핵심적인 내용 및 기술들을 전문적인 발달을 위한 교육내용, 행정적 측면의 지식과 기술, 정책적 측면의 교육내용, 기본적인 대인관계 기술, 클라이언트체계 개입을 위한 일반적 기술 등 다음의 다섯 가지로 분류하여 설명하고 있다(Fortune, 1994).

1) 전문적 발달을 위한 교육내용

실습교육의 핵심적 내용의 첫째 요소인 전문적 발달은 사회복지사와 전문직업적 사명감을 특징짓는 내용이 포함된다. 이는 사회복지사의 사회사업의 기본 가치전제(value premises)에 대한 완전한 헌신을 의미한다. 이 영역에는 사회사업의 가치 및 윤리에 대한 사명감, 인간의 다양성을 존중하면서 다양한 배경의 사람들과 일할 수 있는 능력, 사회적 억압 · 차별 그리고 경제적 정의를 실현하려는 책임감과 사명감, 자아인식 발달, 자기지식(knowledge of self)의 확립, 자신의 전문적 성장에 대한 책임감, 그리고 자신의 실천에 대한 효과성 검증 능력 등이 포함된다.

2) 행정적 측면의 지식과 기술

두 번째의 핵심적 영역은 조직적 상황에 대한 이해와 사회복지사가 조직 내에서 생존하며 효과적 서비스를 제공하는데 도움이 되는 지식과 기술이 포함된다. 즉 기관의 사명과 철학을 이해하고 기관의 행정체계를 파악하며, 조직 내에서 효과적으로 기능하는 능력, 기관이 요구하는 기록을 유지하는 능력 등이 포함된다. 즉 기관의 공식적·비공식적 구조, 의사소통 및 의사결정 체계, 클라이언트에게 필요한 자원의 동원 및 활용방법, 그리고 관료제 내에서 효과적으로 기능하여 조직이 보다 효과적이고 인간적인 서비스를 제공할 수 있도록 영향력을 행사하는 것, 문서화된 의사소통을 명확하고 정확, 간결하게 전문적으로 표현하는 것 등이다.

3) 정책적 측면의 교육내용

정책적 측면의 교육내용에는 기관의 서비스에 직접적인 영향을 미치는 중앙정부와 지방정부의 사회복지정책 및 시책에 대한 이해, 클라이언트에 대한 기관의 정책 이해, 지역사회의 문화·정치·경제, 그리고 사회적 상황에 대한 이해, 지역사회내의 사회복지 서비스 전달체계에 대한 지식, 클라이언트를 위한 의뢰절차 및 접수과정에 대한 이해 등이 포함된다.

4) 기본적 대인관계의 기술

이 영역은 다른 사람들과 협력적으로 일하기 위해 필요한 대인관계 기술들을 의미하는데, 기본적인 대인관계적 의사소통 기술 및 동료와의 관계형성 기술 등이 포함된다. 다시 말해 다른 사람의 말을 경청하고 공감적 이해를 더 하며, 명확한 의사소통을 할 수 있고 필요한 정보를 이끌어내면서 언어적·비언어적 단서들을 이해할 수 있는 능력을 포함한다.

5) 클라이언트 체계 개입을 위한 일반적 기술

이 영역은 개인·가족·조직 및 지역사회를 포함한 미시·거시 클라이언트 체계 개입에 필요한 기술의 내용이 포함된다. 즉 문제해결과정을 포괄적으로 다루는 기술들이 포함되는데, 문제해결의 구조는 일반체계 이론적 시각, 환경 속의 개인에의 초점, 경험적 실천 지향성 등의 개념을 강조한다. 이 영역은 인간행동과 다양성에 대한 지식의 적용, 클라이언트와의 면접기술, 클라이언트 체계에 대한 사정・개입・치료계획 기술, 개입・치료계획의 적용기술, 평가기술, 종결기술, 집단에의 개입기술, 의뢰・사례관리 기술, 옹호활동 등이 포함된다.

이상과 같은 실습지도의 내용과 기술은 학교 및 기관이 실습교육과 관련하여 학생들에게 가르칠 내용의 핵심이 되며, 따라서 실습생의 실습평가와 밀접히 연관된다. 현재 우리나라의 사회사업(복지)대학과 실천현장에서는 대부분 한국사회복지교육협의회에서 개발한 실습평가서를 활용하고 있다. 이 평가서는 기본평가서와 전문평가서로 구성되어 있는데, 기본평가서는 실습생의 전문적인 자질과 태도, 실무수행 능력과 책임감, 실습지도자와의 관계, 기관에 대한 이해 및 기관 내 직원들과의 인간관계를 평가하도록 되어 있다. 전문평가서는 학습, 개별 클라이언트와의 업무수행, 집단과의 업무수행, 지역사회와의 업무수행, 기관에 대한 이해, 전문성 개발 등의 항목으로 되어 있다. 이러한 측면들은 Fortune이 제시한 실습지도의 핵심적인 내용 및 기술과 일치하는 것으로 나타나고 있다.

Fortune이 제시한 실습지도의 핵심적인 내용과 기술 모델은 다음의 〈그림 8-1〉과 같다.

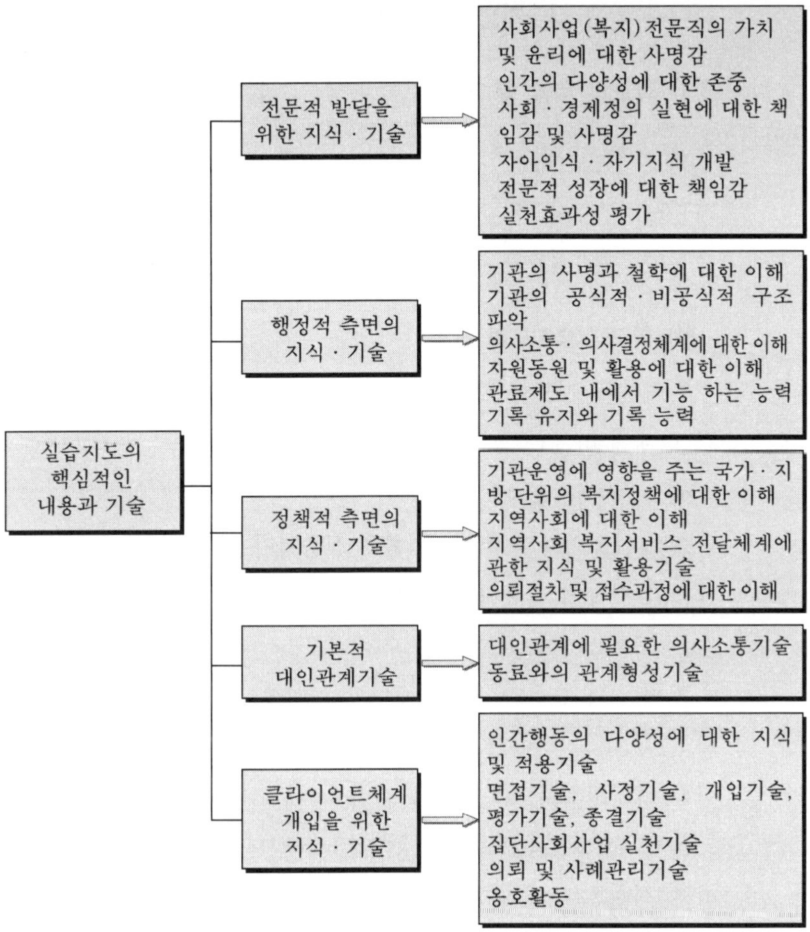

자료: Fortune(1994), Field Education, In Reamer ed., *The Foundation of Social Work Knowledge*, NY: Columbia Univ. Press

〈그림 8-1〉 Fortune(1994)의 실습지도의 핵심적인 내용과 기술모델

2. 실습교육에 있어서의 학교 · 기관 · 학생의 역할 및 과제

실습교육은 학교 · 기관 · 학생 삼자가 같은 목표를 향하여 공동의 책임의식을 가지고 함께 노력하지 않으면 안 된다. 여기에서는 실습교육

의 당사자인 학교·기관·학생의 역할과 당면과제를 살펴봄으로써 우리나라 학생 실습지도의 개선방향을 살펴보고자 한다.

1) 학교의 역할 및 과제

학교 실습지도는 다음의 3단계로 구분할 수 있으며, 학교가 이에 따라 학교 실습지도의 기능과 역할을 수행한다면 기관과 학생이 큰 어려움 없이 효과적으로 실습목표를 성취할 수 있을 것이라고 본다.

(1) 학교 실습지도의 단계

학교 실습지도는 다음의 초기단계·중간단계·종결단계로 구분되며 각 단계에 따른 활동 내용은 다음과 같다.

① 초기단계의 활동

가) '실습오리엔테이션' 과목을 실습학기 전 학기에 개설함으로써 학생들이 실습에 필요한 이론적 토대를 쌓을 수 있다. 이를 통해 다음과 같은 도움을 얻을 수 있다.

첫째, 실습교육의 목적·중요성을 인식시키고 사회사업의 실습분야와 그에 따른 실습기관의 종류를 제시하므로 학생들이 자신의 관심분야를 명백히 하는 데 도움을 준다.

둘째, 실습교육계약을 맺음으로 학생으로 하여금 개별화된 목표에 따른 실습목표 성취가 가능하도록 한다. 즉 기관·학교·학생 삼자가 동의한 실습목표, 실습내용, 수퍼비전의 방법·횟수·시간, 실습지도자의 역할, 학교 실습지도교수의 역할 및 학생의 역할을 명시하고 동의, 서명한다(조휘일, 1999).

셋째, 사회복지실천에서의 가치전제에 대한 교육, 그리고 사회복지사 윤리강령에 대한 구체적인 검토가 필요하다.

넷째, 실습에 임하는 학생의 자세를 선배들의 경험 또는 실천가들의 조언을 통해 배운다.

다섯째, 사회복지기관의 행정체계에 관한 이해를 도모함으로써 실습기관의 행정적 구조를 보다 쉽게 체득할 수 있게 한다.

여섯째, 사정도구 및 기록에 관한 지식을 갖춘다.

일곱째, 사회복지실천에 있어서의 자아인식 발달의 중요성을 인식시키고, 실습을 통해 전문직에 영향을 미칠 자신의 강·약점을 점검함으로써 자신에 대한 이해를 높인다.

여덟째, 자원동원 기술 및 인간관계에 대한 지식과 이해를 도모한다.

나) 실습학기 시작 2-3개월 전, 실습기관 오리엔테이션을 실시함으로써 학생들로 하여금 실습기관에 대한 구체적인 정보를 가질 수 있도록 한다. 각 기관별 실습분야와 실습내용, 그리고 실습지도체계에 대한 이해를 할 수 있도록 한다.

다) 실습지도교수 배정 및 학교의 실습지도체계에 관한 오리엔테이션이 실시될 수 있어야 한다. 즉 학교·실습기관의 수퍼비전 활용 방법, 학교 실습지도의 방법·일정·내용 등의 실습지도 계획, 그리고 학교의 실습지도체계에 대해 학생들이 알 수 있어야 한다. 덧붙여 실습성적 평가 방법에 관해서도 학생들이 알 수 있어야 하는데 구체적으로 학교의 실습 세미나와 기관의 실습평가서의 반영 비율도 알 수 있도록 한다.

라) 실습기관 선정 및 배정을 위해서는 우수한 실습기관이 선정되어 있어야 하는데, 기관의 실습지도체계, 실습지도자의 자질, 실습비 징수 여부 등을 고려하여 우수 실습기관을 선정할 수 있어야 한다. 이어 학생이 원하는 실습기관을 신청 받고, 학생별로 실습기관을 배정하게 된다. 혹은 학생들이 직접기관을 접촉하여 실습기관을 확보하기도 한다.

마) 실습기관이 배정되면, 실습기관별로 학생이 기관에 연락을 취하여 사전에 실습기관을 방문할 수 있도록 독려한다. 학생은 이때 기관의 홈페이지를 방문하여 기본적인 정보를 수집한 다음, 직접 기관을 방문하여 기관에 대한 구체적 자료를 수집하면서 실습지도자를 접촉한다. 처음 기관을 방문하는 것이므로 방문시의 학생의 복장에 관한 주의가 필요하다.

바) 실습기관에 실습공문·실습신청서·실습생의 자기소개서·한국

사회복지교육협의회의 평가서를 발송함으로써 학생에 대한 기초 자료를 기관에 제공한다. 한편 실습허락에 대한 감사 및 앞으로의 학교의 협력에 대해 반드시 언급하고, 학교의 실습지도계획과 관련된 구체적인 내용을 전달한다.

② 중간단계의 활동

가) 효과적인 실습지도를 위한 협력방안을 모색하고 학생의 기관, 실습지도자 및 실습전반에 관한 적응 상태를 파악하기 위해 실습기간 중 반드시 학교 실습지도교수가 기관을 방문하여 기관장과 실습지도자를 면담한다. 실습지도교수는 기관방문 후 기관방문보고서를 작성, 차기 실습교육에 반영한다.

나) 실습기간 중 실습 세미나를 통하여 실습과 관련된 이론을 실제에 적용, 통합할 수 있도록 사례발표・실습보고・개별 또는 집단 수퍼비전의 방식을 활용할 수 있어야 한다. 방학 중 실습은 온라인 수퍼비전 양식을 활용, 집중식 실습에서 미흡할 수 있는 학교 실습지도교수의 수퍼비전을 보완한다.

③ 종결단계의 활동

가) 실습기관의 학생 평가서를 접수하고 이를 성적에 반영한다. 한편 실습종결에 대한 감사를 공문 또는 전화, 그 외 학교 기념품, 실습지도교수의 저서 선물 등의 방법으로 표한다.

나) 실습지도자 간담회를 개최하여 실습지도상의 어려움, 학교에의 제언을 청취하면서 실습교육에 관련된 중요 이슈들에 대해 토의하고 해결방안을 모색한다. 실습지도자들이 원하는 주제의 특강을 실시하는 것도 바람직하다. 간담회 결과 및 실습 세미나 수업을 통한 '학생의 실습기관 및 실습지도자 평가'를 차기 실습교육에 반영한다.

상술한 학교 실습지도의 3단계의 흐름도를 제시해 보면 다음의 〈그림 8-2〉와 같다.

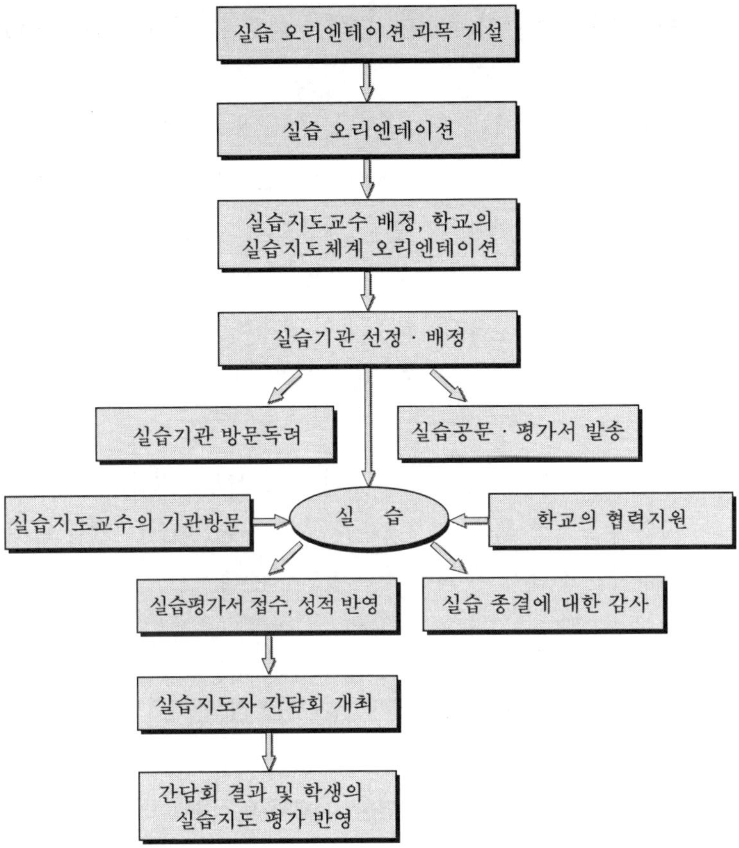

〈그림 8-2〉 학교 실습지도의 기능과 역할의 흐름도

(2) 학교 실습지도 교수의 책임

학교 실습지도 과정과 관련된 학교 실습지도 교수의 책임은 다음과 같다.

첫째, 실습 오리엔테이션 과목 개설 등 실습준비 교육을 실습학기 전 학기에 개설함으로써 실습에 대해 철저히 대비한다.

둘째, 1명의 실습지도교수가 소규모 집단의 학생을 담당할 수 있도록 학교 차원의 정책적 배려를 적극 요망한다.

셋째, 실습기관에 대한 충분한 정보수집과 그에 따른 사전지도를 구체적으로 실시하여야 하며, 가급적 학생의 요구와 기대에 따른 실습지를 배정한다.

넷째, 학교에서 배운 이론이 실습을 통해 통합될 수 있도록 실습 세미나를 통해 개별 또는 집단 수퍼비전, 실습보고회, 사례발표 등의 방식으로 실습과 관련된 이론을 재검토하고 필요한 기술을 연마할 수 있어야 한다. 한편 실습 초기에 학생, 기관의 실습지도자, 학교실습 지도교수가 합의한 실습계약의 내용이 계약대로 이루어지고 있는지를 점검한다. 따라서 철저한 학교 실습지도가 실습기간 중에 반드시 병행되어야 한다.

다섯째, 실습지도 교수의 역할을 강화하여 기관방문 또는 실습지도자와의 규칙적 회의, 정보교환을 통해 긴밀한 협력관계를 유지함으로써 효과적인 실습이 이루어질 수 있도록 한다.

(3) 당면과제

학교는 앞에서 상술한 학교 실습지도의 단계에 따른 여러 가지 기능과 역할 외에 실습지도 교수로서 실습교육과 관련된 중요한 책임을 가지고 있다. 현실적으로 당면한 과제를 인식하고 개선하고자 하는 의지가 없이는 학생 실습지도 개선방안이 나오기 어렵다. 예로 사회복지개론, 인간행동과 사회환경, 사회복지실천론, 사회복지실천기술론, 사회복지정책론, 사회복지행정론을 이수해야만 실습을 할 수 있는 것으로 규정되어 있다.

첫째, 사회사업 실습교육을 위한 선수과목으로서의 교과목이 불충분하다는 것이다. 즉 실천학문으로서 실습교육의 중요성에 비추어볼 때, 실습이수 학점이 충분치 않다.

둘째, 실무경험을 가진 교수진이 부족하여 현장경험, 실무경험이 학교교육에 적절히 연결되지 못하고 있다.

셋째, 실습지도 교수의 실습지 또는 실습지도자와의 공식적인 관계 미약으로 양자 간의 상호작용이 적절히 이루어지고 있지 않다.

넷째, 실습기관의 실습평가가 학생 성적에 낮은 비중으로 반영되고 있어 기관 실습지도자의 사기를 저하시킬 뿐만 아니라 실습교육의 중요성이 상대적으로 약해져 가고 있는 분위기를 조성한다.

다섯째, 학생 수의 증가에 비하여 분야별 또는 영역별로 실습기관이 개발되지 않아 실습생들의 관심사에 따른 실습기관 및 실습분야 선택에 많은 어려움이 있다.

2) 기관의 역할 및 과제

기관이 실습교육의 당사자로서의 역할과 책임을 다하기 위하여는 실습지도를 위한 사전준비가 중요시된다.

실습지도 계획을 위한 구성요소는 실습기간, 실습분야, 실습내용, 실습생 자격, 실습대상 학교, 실습비 등으로 실습지도를 계획하기 위해 사전에 검토해야 할 필요한 요소들이다. 실습지도를 위해서 실습지도자는 다음과 같은 사전준비가 필요하다. 즉 실습의 구체적인 내용을 결정하고 실습내용과 관련된 이론을 검토하여야 하며, 실습에 도움이 될 참고자료와 문헌목록을 작성한다. 한편 실습에 필요한 각종 양식을 검토, 수정·보완하고 실습일정표 및 실습예산을 책정한다. 이후, 실습생이 사용할 방을 결정하고 실습지노 계획을 기관 내 나른 직원에세 공지하므로 실습을 위한 준비를 완료하게 되는 것이다.

(1) 기관 실습지도의 단계

기관 실습지도의 단계는 초기단계·중간단계·종결단계의 3단계로 구분할 수 있으며 그 활동내용은 다음과 같다(김선희 외, 2000).

① 초기단계의 활동

가) 실습지도자와 실습생이 첫 접촉을 하는 시기로 실습지도자와 실습생의 역할을 분명히 하는 것이 바람직하다. 사회사업 실습교육에 있

어서 실습지도자와 학생간의 관계는 가장 중요한 요소로서, 다른 상황에서는 경험될 수 없는 밀접한 관계가 형성된다. 그러나 각자의 역할에 대한 분명한 구별은 자연적으로 일어나는 것이 아니기 때문에 각자의 책임에 대한 지적인 논의가 필요하다. 양자 간의 관계의 과정은 시간을 요하고 모든 생산적 관계에서와 마찬가지로 각자의 노력이 요구된다. 한편 실습지도자와 실습생은 '가르치고 배우는' 관계에서는 수직적 관계이나 '함께 토론하고 모든 것을 공유하는' 수평적 관계이기도 하다.

나) 학생의 실습지도자에 대한 기대와 실습지도 방법에 대한 요구가 있는 시기이며, 실습지도자는 실습 수퍼비전의 목적을 실습생에게 설명할 수 있어야 한다.

다) 한편, 실습생과 클라이언트가 첫 접촉을 하는 시기로 실습지도자는 이전 사례를 분석해 보도록 함으로써 처음 만나는 클라이언트에 대한 실습생의 긴장과 불안을 감소시킬 수 있다.

라) 한국사회복지사협회의 제반 실습관련 양식을 기반으로, 기관에서 사용하고 있는 양식에 의해 실습기록을 지도한다.

② 중간단계의 활동

가) 정기적 수퍼비전을 통하여 개별 또는 집단 수퍼비전의 방식으로 교육적 · 행정적 · 지지적 수퍼비전이 행해지는 시기이다.

나) 대화체 기록, 과정기록, 진단적인 요약체 기록 등 여러 기록유형을 통해 사례를 분석해 본다.

다) 사회복지실천과정에서의 제 단계를 거치면서, 전문적 실천의 다양성을 이해하고, 실습생의 개입활동을 자아인식 발달과 연관시켜 분석한다. 더 나아가 실습생의 자기 지식을 개발시키는 기회를 갖는 것이 바람직하다.

라) 기관 내 여러 직원들, 수퍼바이저, 동료 실습생들과의 원만한 인간관계를 유지하면서 이를 실습에 효과적으로 연결시킨다.

마) 중간평가를 통하여 실습목표의 성취 정도를 파악, 필요시 실습목표를 수정한다.

바) 실습에 필요한 자원동원 및 활용이 활발히 이루어지는 시기이다.

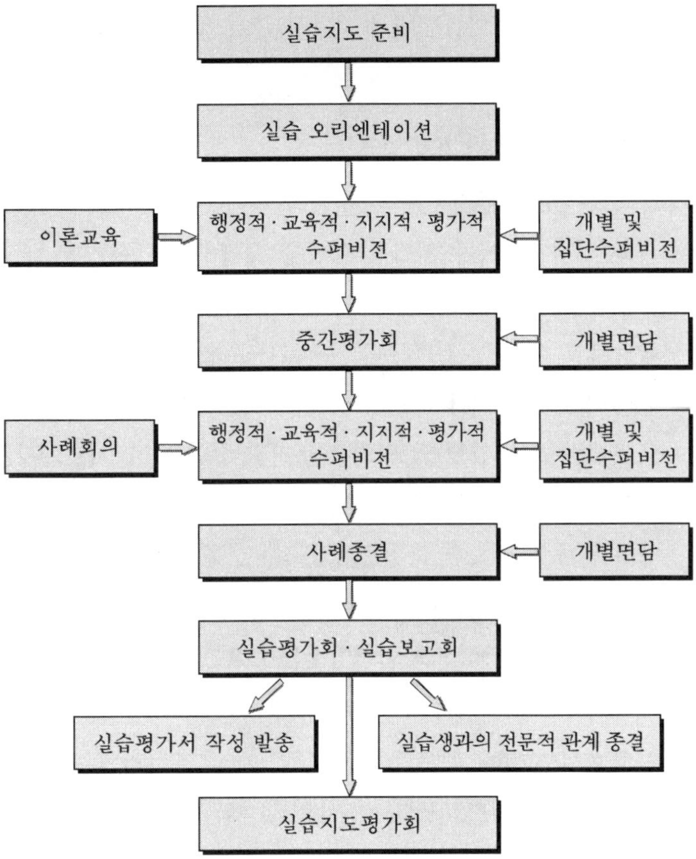

〈그림 8-3〉 기관 실습지도의 기능과 역할의 흐름도

③ 종결단계의 활동

가) 사례종결을 위한 제반 준비와 종결기록이 이루어진다.

나) 실습평가 기준을 분명히 하고 실습지도자와 함께 실습평가서를 작성, 필요시 논의를 통해 실습생의 자기이해를 돕는다.

다) 실습평가의 의의를 재확인하고 실습평가회를 통해 실습과정 전반을 평가하고 마무리한다.

라) 실습생과의 관계를 종결하면서 학생들의 장래를 위한 준비와 관

련된 수퍼비전을 주어야 한다. 실습지도자와 실습생의 관계도 목적이 있는 전문적 관계이므로 실습종결과 함께 관계가 종결된다.

상술한 기관 실습지도의 3단계 흐름도를 제시해 보면 앞의 〈그림 8-3〉과 같다.

(2) 실습지도의 4가지 영역

실습지도의 행정·교육·평가의 영역은 상호 연관되어 있다. 즉 기관의 실습지도자가 평가적 역할을 수행하려면 평가할 대상이 있어야 하는데 그것이 바로 실습지도의 교육내용이다. 또한 교육적 역할을 수행하려면 실습생으로 하여금 부여된 구체적인 임무를 수행하도록 하기 위한 기초가 있어야 하는데 행정영역이 이 기초를 마련해 준다. 그러므로 행정·교육·평가의 영역은 분리될 수 없으며, 서로 유기적 관계 속에서 기능한다. 이러한 3가지 영역 이외에 실습지도에 있어서 지지적 영역은 매우 중요한 측면으로 행정·교육·평가 영역 모두에 있어 그 기반이 된다. 즉 지지적 수퍼비전이 없이는 행정·교육·평가적 영역의 수퍼비전이 효과적으로 이루어질 수 없다. 다음에서 실천현장에서의 실습지도의 4가지 영역을 보다 구체적으로 살펴보고자 한다.

① 행정적인 면

기관의 행정적인 면에 대한 이해, 즉 기관의 설립이념, 철학, 역사, 정관, 제 규정, 정책, 행정절차, 행정체계, 기관 및 지역사회 자원 동원에 대한 이해를 할 수 있어야 한다.

또한 효과적인 실습교육을 위하여 기관의 실습지도체계에 대한 이해가 필요한데, 즉 실습지도 방법, 실습지도자의 자격, 제2선 실습지도자 여부, 실습비 징수 여부, 실습예산 등등에 관한 기관의 제반 실습규정에 대해 이해한다. 그리고 실습과 관련된 각종 회의- 중간·종합평가회, 실습지도자 회의, 실습보고회, 실습지도평가회 등-에 대해서도 충분한 지식을 가질 수 있어야 한다.

② 교육적인 면

학생의 실습내용과 관련된 이론적 지식을 보충하기 위한 이론 보충 교육 실시, 실습내용과 관련된 기술습득, 그리고 전문가로 성장·발전하기 위한 자아인식 발달에 관한 토의가 실습지도의 중요한 교육적 측면이 된다. 이 교육적 측면에 관한 수퍼비전을 통해 전문가로서의 지식과 기술을 습득하게 되고, 사회복지사로서의 정체성을 확립하게 된다.

③ 평가적인 면

기관의 학생에 대한 기대, 지식습득, 기술의 발전과 관련된 실습생의 업무수행 평가, 기관의 제 규정, 정책, 행정절차와 관련된 실습생의 업무수행 평가, 편견·선입견·가치관·갈등·방어·불안 등에 관한 논의를 통한 학생의 자아인식 발달을 평가하는 것 등이 중요한 평가적 측면이 된다.

평가시기는 초기, 중기, 말기의 3단계로 나눌 수 있는데 초기에는 개별면담을 통하여 실습생의 강·약점, 실습경험, 자원봉사경험, 특기, 취미, 실습과 관련된 이수과목, 사회사업을 택한 동기, 관심 있는 분야 등에 관한 의견 교환 및 실습교육 계약을 수립하게 된다. 중기에는 중간평가서를 작성, 중간평가회를 가짐으로써 실습목표 성취 정도를 점검하고 실습목표를 재확인하며, 실습에 필요한 기관의 지원을 파악한다. 한편 개인면담을 통하여 실습적응 상태, 인간관계의 어려움, 그리고 실습량을 점검한다. 말기에는 종합평가서를 작성하고 평가회를 통하여 실습전반에 관해 의견교환을 한다. 이 종합평가회를 통하여 학습단계에 따른 발전도를 검토하고, 실습목표 성취 정도를 파악하게 된다. 종합평가회 후 실습보고회를 통해 기관 내 직원들에게 실습보고를 함으로써 실습현황을 직원들에게 알린다. 직원들은 이를 통해 실습생의 기관에 대한 기대, 실습의 질, 기관이 고려해야 할 새로운 사안들에 대한 정보를 갖게 된다. 마지막으로 학교에 보낼 실습평가서를 실습생과 함께 작성함으로써, 학생은 자기평가 기회를 통해 전문가로서의 자신에 대한 이해를 높이고 자신감과 성취감을 가지게 되어 사회복지사로서의 자긍심을 키워나가게 된다.

④ 지지적인 면

지지적인 면은 실습지도자가 학생들에게 그들의 실습업무와 관련된 다양한 스트레스를 감소하거나 제거시키기 위해 필요하다. 왜냐하면 실습지도자는 학생의 업무수행과 관련된 스트레스에 적응하는 것을 원조할 책임이 있기 때문이다. 즉 지지적 수퍼비전은 학생이 효과적인 업무수행에 필요한 정서적 에너지를 동원하는 것을 가능하게 하는 심리적·대인관계적인 맥락을 제공해 주는 것이다. 구체적으로 지지적 수퍼비전은 자아방어를 강화시키는 요소들, 그리고 스트레스와 긴장을 처리하는 자아의 능력을 강화시키는 요소들에 대한 개입을 포함한다. 재 보증(reassurance), 격려, 노력과 성취에 대한 인정, 신뢰, 칭찬, 정화, 관심, 배려, 주의 깊은 경청 등의 표현과 기술은 지지적 수퍼비전에 있어 핵심이 된다(조휘일, 2000).

(3) 실습지도자의 책임

실습지도자는 체계적인 실습지도를 통해 실습을 처음 시작하는 학생들이 가질 수 있는 초기 불안을 경감시키고, 정해진 실습기간 및 제한된 기관의 자원 내에서 보다 효과적인 실습교육이 이루어질 수 있도록 최선의 노력을 경주하여야 한다. 실습지도자가 학생을 전문가로 훈련시키기 위해 가져야 할 책임은 다음과 같다.

첫째, 실습지도 경험이 많지 않은 실습지도자들은 특별히 실습지도에 앞서 두려움과 불안을 갖는다. 이는 기관의 실습지도자 교육, 경험이 많은 선임 실습지도자와의 토론, 구체적인 실습지도 계획서 작성을 통해 감소되거나 해소될 수 있다.

둘째, 실습지도자는 실습생에게 적절한 사례를 배당하기 위한 자원을 개발할 수 있어야 한다. 자신이 다루고 있던 사례가 적절한지, 동료의 사례가 적절한지, 아니면 새로운 사례가 적절한지를 실습생과 클라이언트의 입장에서 비교 검토하면서 사례를 배정하여야 한다. 이는 실습생에 대한 교육적 배려와 클라이언트가 불이익을 당하지 않도록 양자의 입장을 배려하는 것이다.

셋째, 실습지도자는 실습생이 전문직업적 서비스를 제공할 수 있도록 다양한 방법으로 기술을 가르치면서 자신의 지식과 경험, 그리고 정보를 공유하여야 한다.

넷째, 실습생을 위한 공간적인 여유를 확보하여야 하는데, 이는 학생의 학습과 관련하여 개인적인 문제도 토의할 수 있어야 하므로 반드시 비밀보장이 이루어져야 하고 따라서 실습생이 사례기록과 수퍼비전을 할 수 있는 공간이 확보되어야 하는 것이다.

다섯째, 사회복지사로서의 역할모델과 사회사업에 대한 비전을 제시받을 수 있어야 한다.

여섯째, 전문가로서의 태도, 즉 클라이언트 중심의 사고, 클라이언트와의 약속 이행, 긍정적 사고, 적극적 태도, 전문적 관계, 사회사업에 대한 정체감, 사회사업(복지) 전문직에 대한 책무성(accountability), 사회사업 실천의 가치전제, 사회사업 실천에서의 윤리적 결정 등등을 가르칠 수 있어야 한다.

일곱째, 실습생들이 가지는 편견, 선입견, 가치관, 실습에 대한 두려움, 불안 등을 수퍼비전에서 다룰 수 있어야 한다. 이를 통해 사회사업 실천에서 도구가 되는 실습생 자신에 대한 이해를 노모하고, 나아가 조직화된 자아학습을 통한 자기지식(knowledge of self)을 개발할 수 있도록 원조할 수 있어야 한다.

(4) 당면과제

기관의 중간관리자이면서 실습지도자의 역할과 책임을 감당하고 있는 실습지도자들은 중간관리자로서의 위치, 업무량 그리고 불충분한 재교육으로 인해 많은 어려움을 가지고 있다. 다음은 실습지도자들이 당면하고 있는 과제들이다.

첫째, 실무를 담당하고 있는 사회복지사들을 위한 기관 내 재교육 프로그램이 충분치 않아 현재 다양하게 발전되는 이론과 지식이 실무분야에 효과적으로 전달, 적용되지 못함으로써 이론과 실천 사이에 괴리감이 있을 수 있다.

둘째, 실습지도자로서의 체계적 훈련과 교육을 이수한 실습지도자가 부족하여 효과적인 실습지도가 이루어지지 못하고 있다.

셋째, 기관장들의 실습교육에 대한 무관심 또는 이해 부족은 실습에 대한 기관의 배려가 결여될 수밖에 없고, 실습지도자의 사기진작에 부정적 영향을 미치어 효과적인 실습을 이끌어내는 데에 커다란 제한이 된다.

넷째, 실습지도가 제도화되지 않은 기관의 실습지도자의 경우, 권한의 한계 및 혼돈으로 인한 실습생과의 관계성 미약, 실습지도에 대한 열의 결여로 실습지도의 질 저하를 초래할 수 있다.

다섯째, 실습지도자의 과도한 업무량으로 인해 실습지도 시간을 충분히 할애하지 못하고 있으며, 실습을 위해 필요한 시간, 공간 등 물리적·환경적 여건이 미비하다.

여섯째, 한 명의 실습지도사가 수퍼비전할 수 있는 적절한 실습생의 수는 3-4명인 것으로 보고되고 있다(안정선, 2007)

3) 학생의 역할 및 과제

앞서 지적한 학교와 기관이 당면하고 있는 어려움들이 학생으로 하여금 실습생의 입장에서 여러 가지 문제점을 갖게 한다. 다음은 실습에 임하는 학생의 자세·역할과 학생이 당면하고 있는 과제들을 살펴보고자 한다.

(1) 실습에 임하는 학생의 자세 및 역할

첫째, 학생은 실습기관 또는 분야를 선택하기 전에 본인의 자원봉사 활동 경험, 선배들의 경험 및 실습에 대한 학교에서의 사전지도를 통해 자신의 관심 분야를 명확히 하고, 그에 따라 실습에 임할 제반 준비를 하여야 하겠다.

둘째, 배치된 실습기관에 사전정보를 사전에 수집하여 실습기관에 대한 이해를 높이고, 기관의 실습지도 방침 및 계획에 따라 행정적·교육적·평가적 면에서 학생이 배워야 할 점을 인식하고 성실히 실습에 임한다.

셋째, 한국사회복지교육협의회 또는 기관의 실습 평가서의 평가항목에 대해 충분히 이해를 한 후, 실습에 임한다.

넷째, 학교에서 배운 이론을 실제에 적용함으로써 이론과 기술의 통합을 위해 의도적으로 노력한다. 한편 실습기회를 적극 활용함으로써 전문가로서 또 한 인간으로서 성장한다.

다섯째, 실습지도에 적극 참여, 활발한 의사소통 및 자유로운 토론을 통하여 실제 실무상황에서 나타날 수 있는 자신의 약점을 수정·보완함으로써 전문가로서의 자질을 갖추기 위해 노력한다.

여섯째, 수퍼비전 내용을 실습에 적용한다.

일곱째, 실습교육계약에 따른 내용을 스스로 점검하면서 실습목표 성취에 힘쓴다.

여덟째, 모든 과제와 보고서는 제 시간에 제출하고 출퇴근 시간을 엄수한다.

아홉째, 기관 실습지도자와 상의하기 어려운 문제점이 발생하였을 때에는 신속히 학교 실습지도 교수와 상담한다.

열번째, 타 실습생 및 기관 내 다른 직원들과 협력적 관계를 유지하며, 실습에 도움이 될 기관의 여러 다양한 프로그램에 적극 참여한다.

마지막으로, 사회복지사 윤리강령에 따라 전문가답게 행동하며, 클라이언트의 이익을 최우선으로 고려하며 실습에 임한다.

(2) 당면과제

학생들은 대부분 실습에 대한 충분한 사전준비가 없는 상태에서 실습지를 배정 받고 있다. 즉 실습기관, 실습분야, 실습내용에 대한 정보

부족으로 실습동기가 약화될 수 있다. 한편 학생들은 실습교육의 중요성 또는 필요성에 대한 인식이 낮으며 실습과 관련된 이론적 기반이 약하다. 이를 위해서는 앞서 기술했듯이 실습오리엔테이션 과목을 개설하여 실습에 대해 철저한 준비를 할 수 있어야 한다. 마지막으로 실습기관 및 실습분야의 제한으로 학생이 자신의 관심분야를 확실히 규명한다 해도 적절한 실습지를 배정받기 어렵다는 것이다. 이는 미래의 유능한 전문가를 양성하는 것이 기관의 사명이라는 인식을 하는 가운데 각 기관 내 실습분야를 개발하는 것이 기관의 책임이라는 것을 명심할 필요가 있겠다.

3. 실습지도 개선을 위한 환경의 역할

지금까지 실습교육의 당사자들인 학교와 기관의 실습지도의 단계를 살펴보고 각자의 책임을 검토해 보았으며, 실습지도를 개선하기 위한 방안을 모색하기 위해 삼자의 당면과제들을 살펴보았다. 이러한 당면과제들은 삼자가 공동의 합의된 목표를 성취하기 위해 상호협력, 보완함으로써 하나씩 해결해 나갈 수 있을 것이다. 한편, 삼자의 입장에서 각각 수행하여야 할 역할과 책임도 있으나 당면과제들의 많은 부분이 서로 복합되어 있는 양상이므로 어느 한편의 노력만으로 해결되기 어려운 문제들도 있다. 다시 말하면, 학교나 기관 또는 학생들이 이러한 문제들에 대해서 책임성을 가지고 노력해야 할 부분이 있기도 하지만 교수들이나 기관 실무자들의 생각과 입장을 대변해 주는 전문가 조직이 조직의 통합된 힘으로 해결하기에 용이한 과제들도 있다. 다음은 실습지도 개선을 촉구하기 위한 환경을 조성하기 위하여 전문가 조직 · 학교 · 기관이 감당해야 할 역할과 책임을 기술함으로써 우리나라 학생 실습지도의 개선방향을 살펴보고자 한다.

1) 한국사회복지교육협의회의 우리나라 사회사업 실습교육의 문제에 대한 전반적인 조사연구의 선행

한국사회복지교육협의회는 실습교육의 중요성을 인식하고 각 실습기관의 실습지도의 제도화 유무, 그에 따른 실습규정, 실습지도의 방향, 자격 있는 실습지도자의 유무, 실습지도자의 수, 실습지도자 준비교육 및 재교육의 기회, 실습분야 및 내용, 실습지도 지침, 제반 실습 여건 등에 관한 현황을 파악함으로써 실습교육이 체계적으로 이루어질 수 있는 기본 틀 구성을 위한 조사를 실시하면서,

첫째, 실습교육이 효과적으로 이루어질 수 있도록 교과목을 정비하고

둘째, 각 대학의 실습지도 교수들이 15명 이내의 학생을 지도할 수 있도록, 각 대학의 학과장, 실습지도 교수와 함께 대학 당국 설득 또는 영향력 행사를 통해 근본적인 문제가 해결될 수 있도록 끊임없는 노력을 경주해야만 하며,

셋째, 실습기관에 정당하게 실습비를 내면서 책임 있는 실습지도를 기대하여야 할 것이다.

넷째, 기관의 실습평가를 학생 성적에 어떠한 방법으로 어느 정도 반영할 것인가에 대해서는 대학마다 차이가 있을 수 있겠으나, 일정한 기준을 설정하는 것이 필요하고,

다섯째, 협의회에서 작성하여 현재 활용되고 있는 실습 평가서의 평가항목이 실습현실에 적절한지 재검토가 요망되며,

마지막으로, 사회사업(복지)학과에서 임상 분야를 가르치는 교수들의 한국에서의 실무경험 결여로 인한 이론의 실제 적용에서의 어려움 또는 외국사례의 한국 현실과의 괴리 등, 비효과적인 사회사업 교육의 문제를 해결하기 위한 제도적 장치가 필요하다. 교수들이 가급적 사회사업 실천현장에서 실무경험을 가질 수 있도록 방법을 강구해야 할 것이다. 우선은 새로운 이론을 임상에 적용시키는 이론의 임상화 작업에

대한 실무자 수퍼비전으로 시작할 수 있으며, 단기적인 직접 서비스 시행도 고려해 볼 수 있겠다.

이상과 같은 협의회의 역할과 책임을 감당하기 위하여는 과거 활약한 바 있었던 협의회 내의 실습교육특별위원회의 활동이 요청된다. 위원회는 먼저 실습기관의 현황을 구체적으로 파악한 후, 실습기관과 협력하여 해결방안을 모색할 수 있을 것이다.

2) 실습교육에 관한 한국사회복지사협회의 적극적 관심과 실천활동

한국사회복지사협회에서는 과거 임상 사회복지사 자격취득 준비교육 및 수퍼바이저 보수교육 등 기관 실무자 교육에 많은 노력을 경주한 바 있다. 그러나 단기성 또는 외부 지원이 있을 때만 시행하는 것이 아닌, 좀더 체계적이고 지속적인 교육이 필요함은 새삼 강조할 필요가 없겠다. 그간 실습과 관련된 회의나 세미나가 있을 때마다 수퍼바이저 자격증 제도가 거론되어 왔다. 한국의 사회사업 실습교육에 대한 재평가가 시작된 지 삼십여 년이 흐른 지금 이제는 더 이상 지체할 수 없는 시점에 왔다.

첫째, 실습지도자 자격 취득의 제도화

둘째, 계속교육으로서의 실습지도자 재교육

셋째, 분야별 또는 직급별 실무자 재교육 등, 사회복지사의 자질 향상과 전문성 증진을 위한 교육·훈련을 실시하여야 할 것이며, 이를 위해서는 협회 내 교육훈련분과위원회의 적극적인 활동이 요청된다.

3) 실습기관장의 실습교육 중요성에 대한 인식 및 실습지도의 제도화

많은 실습기관들이 아직까지 실습지도를 제도화하지 않은 상황에 있다. 실습기관의 기관장과 실무자들은 실습교육의 중요성을 인식하고, 유능한 사회복지사를 양성하는 것이 현장에 있는 사회복지사들의 책임이며 사명이라는 점을 인식할 수 있어야 할 것이다.

첫째, 기관정책으로서 실습지도를 제도화하여 실무자들이 실습지도를 통해 전문적 발달을 꾀하고 후배 양성에 기여함으로써 사기진작과 더불어 사회복지사로서의 보람과 긍지를 가질 수 있도록 한다. 특별히 최근에 이르러 사회복지(사업)를 전공하지 않은 기관장이 증가함에 이 점은 강조되어야 한다.

둘째, 수퍼비전의 3가지 기능 즉 행정적 · 교육적 · 지지적 기능과 함께 평가적 기능을 포함함이 필요하다. 사회복지실천에서 평가가 갖는 의미는 크고 중요하다. 평가를 통해서 프로그램의 계속 시행 여부, 프로그램의 수정 · 보완, 책임성에 대한 인식, 그리고 이론 형성에 기여한다. 평가는 효과적인 교수 및 학습을 위해 가장 필수적인 도구라 할 수 있다. 이는 사회복지실천을 위한 훈련단계인 실습교육에서도 역시 중요한 의미를 갖는다. 평가는 실습생이 자신의 업무를 성공적으로 수행했느냐 또는 실패했느냐를 판단하는 비판적인 것이 아니라 실습목표를 효과적으로 달성하기 위함이고, 실습생 자신의 자아인식 발달을 돕고자 함이다. 다시 말하면 실습생으로 하여금 자신의 성격적 강 · 약점과 사회사업 전문적 지식과 기술에 있어서의 강 · 약점을 발견하여 사회사업 전문직에 미칠 부정적 영향을 감소하고자 함인 것이다. 사회사업이 좀 더 과학적 · 전문적으로 되기 위해서 평가적 기능을 강조하지 않을 수 없다.

셋째, 기관정책에 의거하여 실습규정을 만들고 지침서를 작성하여 보다 효과적으로 실습지도를 이끌어 나가야 할 것이다. 이를 위해서는 분야별 또는 지역별로 실습기관간의 정보교환 및 연구모임이 필요할 수도 있겠다. 즉, 한국사회복지교육협의회나 한국사회복지사협회에서 실습교육을 위해서 무엇을 해주기를 기다리기보다 우선 각 기관의 기능과 자원의 제한 속에서 학생 실습지도를 중요한 논제로 삼고 실습지도자 자격기준을 정하고, 그에 해당하는 실무자들의 회의를 통해 실습의 목적과 목표를 설정하며, 실습규정을 만들고 실습지도계획서를 작성하며, 실습분야를 확보하고 기록양식을 검토하는 등, 실습지도를 위해

만반의 준비를 갖추어 놓고 실습생을 맞을 수 있어야 할 것이다.

4) 실습지, 실습분야, 실습내용의 개발 및 확대

사회복지(사업)학과의 증설, 학생의 수 증가에 다른 실습분야의 개발이 시급하다. 실습기관이 증가하는 실습생들을 미처 수용하지 못한다면, 학교에서의 실습교육의 중요성은 상대적으로 낮아질 가능성이 있다. 이를 위해서는 개별사회사업과 집단사회사업이 통합된 실습, 사회복지행정 · 정책과 관련된 실습, 지역사회 운동, 지역사회 프로그램 욕구조사 연구, 지역사회 문제 예방 및 치료적 접근을 위한 프로그램 개발·조직, 프로그램 평가, 서비스 만족도 조사 등등의 실습분야 및 내용을 개발, 확대해야 할 것이다.

5) 학교의 실습지도 교육의 내용 및 역할 확대

앞서 고찰한 Fortune의 핵심적인 실습지도의 내용 및 기술과 한국사회복지교육협의회의 실습과목의 목표를 검토하면서 그 내용이 일치하고 있음을 검토한 바 있다. 이에 근거하여,

첫째, 학교는 실습지도의 핵심이 되는 내용과 기술인 Fortune의 모델을 근거로 학교 실습 세미나 수업이 이루어질 수 있도록 할 필요가 있다.

둘째, 특수대학원인 사회복지대학원에 기관의 실습지도자를 대상으로 하는 실습지도자 특별교육 과정을 설치할 필요가 있겠다. 기관 또는 실습지도자가 과목당 비용을 지불하고 욕구에 따라 필요한 과목을 수강함으로써 실습지도자들의 재교육 욕구를 충족시키면서 그들의 자질을 향상할 수 있는 기회를 제공한다.

6) 학교와 기관간의 상호기대에 따른 협력방안 강구

기관은 기관대로 학교 측에서 실습교육을 통하여 새로운 이론이 사

회복지실천에 도입, 적용될 수 있기를 기대하고 있고, 학교는 학교대로 실습교육에 관련된 이론적 지침을 제시함이 없이 기관 측이 실습지도를 잘 해 주기만을 기대하고 있다. 이로 인해 실습생과 실습지도자간에 또한 학교와 기관 간에 긴장이 발생하고 서로의 영역을 존중하지 않게 되는 경향이 생기기도 한다. 이를 위해서는,

첫째, '만남'을 통해서 양자의 기대와 요구사항들을 논의하므로 상호협력 할 수 있는 방안이 제시될 수 있고, 실습교육의 질적 발전을 위해 양자의 책임과 사명을 보다 강화할 수 있을 것이다. 여기에서 '만남'을 강조하는 것은, 실습교육에 있어 가장 중요한 기본적인 기관방문 조차 이루어지고 있지 않은 것이 현실인 바, 학교 실습지도 교수와 기관 실습지도자가 접촉하지 않고서는 서로가 기대하는 것이 무엇인지, 각 실습생들이 처한 실습상황이 어떠한지, 또 무엇이 실습교육의 질적 향상에 걸림돌이 되고 있는지 파악할 수가 없다. 그러므로 만남을 통한 설명과 설득, 이해와 수용 속에서 개선방안들이 나올 수 있다고 본다. 학교는 현재의 제한된 교육인력만 탓할 것이 아니다. 실습교육과목을 처음으로 맡게 되는 첫째, 둘째 학기에는 그런 대로 학교 측의 실습기관 방문이 있는 편이나 그 후에는 학교와 거의 의사소통이 되지 않고 있다. 실습학기마다 학생도 바뀌고 실습지도자도 바뀐다. 실습교육은 실습지도 교수가 한두 번의 기관방문으로 기관의 현황정도를 파악하는 것으로는 충분치 않으며, 능력이 각기 다른 학생을 개별화시켜 실습지도를 해 나갈 수 있어야 하기 때문에 매 실습마다 실습지도자를 만나 의사소통을 하고 정보를 교환하며 자료를 공유하는 일은 대단히 중요하다. 기관의 입장에서 실습생을 받는 것은 현장에 있는 사람들의 책임이며 사명이라는 의식을 가지고 있기 때문에 고유 업무 외에 기꺼운 마음으로 실습지도를 하고 있는 것임을 이해하여야 할 것이다.

둘째, 기관과 학교, 학생이 서로 합의하고 동의한 실습교육계약서를 작성하므로 학생의 능력을 고려한 개별화된 실습목표를 가지고 실습할

수 있어야 한다. 이는 기관과 학교, 학생 모두의 책임감을 높인다. 실습교육 계획이 구체적이고 체계적이며 상호보완적으로 이루어질 수 있을 때 실습교육의 질적 개선이 가능하며 나아가 사회복지사의 자질향상, 전문성 증진이 도모되리라 기대한다. 물론 실습교육계약제 도입을 위해서는 실습지도자의 자격, 실습지도자 재교육의 기회, 실습규정, 실습지도와 관련된 물리적·환경적 여건, 실습분야·내용, 구체적인 실습지도 계획서·실습지도 지침 등이 마련되어져야 할 것이다.

셋째, 실무경험이 많은 기관의 실습지도자를 해당 임상 관련 과목 강사로 위촉하거나 특강의 기회를 갖게 하는 방법을 생각해 볼 수 있다. 사회복지사의 체험적 강의는 학생과 학교를 위해 기여하는 바가 클 것이다. 한편, 실무자의 입장에서는 지적 도전을 받고 새로운 이론을 접할 수 있는 기회를 가질 수 있다. 또한 실습담당 외래교수제의 도입도 생각해 볼 수 있겠다.

무엇보다도 실천학문으로서 사회사업의 지식·기술·가치가 학교와 현장에서 분리될 수 없다는 사실, 유능한 사회복지사를 길러 내는 것이 기관과 학교 양자의 책임이며 사명이라는 것에 인식을 같이하고 당면한 여러 난제들에 대해 공동의 책임의식을 갖는 것이 중요하다. 한편 학교와 기관의 긴밀한 협력관계, 상호존중과 신뢰의 관계가 확립되어 상호작용이 활발히 이루어질 때 사회사업 실습교육의 질, 나아가 사회복지 서비스의 질이 높아지고 궁극적으로 사람들의 삶의 질 향상이 가능할 것이다

유능한 사회복지사를 양성하기 위하여 삼자가 맡은 바 사명과 의무를 다하지 않으면 실습교육의 궁극적 목적이 달성될 수 없다. 따라서 학교·기관·학생은 유능한 사회복지사로 실천현장에서 기능하기 위하여 필요한 핵심적 내용과 기술들을 학습·체득할 수 있도록 각자의 본분을 다하여야 할 것이다. 한편으로 앞서 지적한 바와 같이 사회복지사들을 보호하고, 권력을 신장시키며, 전문성을 증진시키기 위한 전문가

조직의 활동이 필요하다.

제 8 장을 위한 토의

□ 중간관리자 역할의 중요성에 대한 자신의 견해를 피력하시오.
□ 어떠한 수퍼바이저가 되기를 원하는가?
□ 전문적 사회화란 무엇인가?

■ 핵심단어

일탈(deviance), 이단(heresy), 수퍼비전(supervision)

9
chapter

재 무 관 리

안정적인 재정확보와 이에 대한 체계적이고 전문적인 재무관리는 비영리조직에서 중요한 이슈가 된다. 본 장에서는 재무관리란 무엇이며, 그 과정은 어떻게 이루어지는지를 설명하고, 이어 예산수립의 모델을 소개하고자 한다. 마지막으로 사회복지기관의 예산편성을 위한 지침의 예를 제시하였다.

제 1 절 재무관리의 개념 및 과정

재무관리란 수입에 대한 지출을 합리적으로 관리하는 것, 즉 할당받은 자원을 어떻게 유효적절하게 사용할 것인가를 계획해서 합리적으로 관리하는 것을 말한다. 즉 재무관리란 조직이 목표달성을 위해 필요한 재정자원을 합리적이고 계획적으로 동원, 배분하고 이를 효율적으로 사용, 관리하는 과정이다. 행정가의 역할과 책임 중에 재무관리는 중요한 부분이다. 서비스를 수행하기 위해 예산을 확보하는 것과 함께 그 예산을 효과적이며 효율적으로 집행하는 것이 중요하다. 행정가뿐만 아니라 직원들도 기관의 예산에 대해서 알아야만 하고 예산을 확보하기 위한 자원개발에도 참여할 수 있어야 한다. 예를 들어 담당 프로그램을 지원할 후원자 개발, 외부 프로젝트 획득, 기관전체 기금확보를 위한 특별 프로그램, 그리고 특정 클라이언트를 위한 후원금 등의 자원 확보에 동참할 수 있어야 한다. 사회복지조직에서는 수입원 즉 자원획득의 근원이 다양하므로 재정계획, 자금조달, 예산수립, 지출통제 등 재무관리에 있어서 몇 가지 특성을 갖는다.

재무관리의 과정은 다음의 7단계로 구분할 수 있다. 첫 번째 단계는, 재정을 계획하는 단계로 법인 지원금, 프로그램 이용자 부담금, 후원금, 외부 프로젝트 지원금, 타 법인 지원금, 정부 보조금, 이월금 등 수입원을 확보하면서 재정계획을 세우는 단계이다. 두 번째 단계는 예산수립의 단계인데, 수입과 지출의 균형을 맞추어 놓는 단계로, 먼저 프로그램 담당자가 담당 프로그램 실행에 필요한 비용을 산출근거를 가지고 계획, 각 프로그램 예산안을 작성한다. 각 부서(또는 팀) 책임자는 각 프로그램 예산을 종합하고 이를 총무과에서 수합, 직접 사업비 예산을 수립하면서 인건비를 포함한 사무비와 재산유지비 등의 간접 사업비 예산을 합하여 총 예산을 편성한다. 그 후, 기관장이 전체 예산을 검토한 후 최종 확정한다. 예비비는 이사회의 승인을 다시 득해야 사용할 수 있다. 세 번째 단계는 예산집행의 단계이다. 필요시 기관장이 권한을 위임하여 부·과장 전결로 예산을 집행하기도 한다. 예산집행이란 지출을 관리하는 것인데, 예산에 반영된 금액에 대하여 예산 집행 내역의 적절성 여부를 판단하여 기관장 또는 위임된 전결자가 결재한다. 한편 총무과에서는 예산통제 즉 지출통제를 위해 다시 한번 검토하는 절차를 가진다. 예산에 반영되어 있지 않은 비용은 신중한 검토가 필요하다. 네 번째 단계는 회계처리의 단계로 지출결의서와 영수증을 확인한 후, 금전출납부와 각 항목별 총계정 원장에 기록한다. 예산을 집행할 때에는 사회복지법인 재무·회계규칙에 의해서 세입과 세출에 대한 사항을 기록, 정리한다. 월 단위로 보고서를 작성하고 기관장의 승인을 받아 놓아야 한다. 필요시 추가경정 예산안을 세울 수 있는데, 추가경정 예산안은 반드시 이사회의 승인을 받아야 한다. 다섯 번째 단계는 결산서를 작성하는 단계인데, 회계연도 말까지의 세입과 세출을 재무·회계 규칙에 의거, 정리한다. 여섯 번째 단계는 회계감사를 받는 단계로, 회계사와 사회복지사업의 경험이 있는 행정가 출신의 행정 전문가에 의해 예산이 규정대로 집행되었는지를 감사하게 된다. 회계감사는 법인에서 연 1회 이상 실시하는 내부감사와 정부 감독기관에 의해 3년에 1회 실시하는 외부감사가 있다. 감사 후, 감사는 감사보고서를 작성하여 법인 이사회에 보고하며, 재산상황 또는 업무집행에 관하여 부정 또는 불비한 점이 발견된 때에는 시군구청장에게 서면으로 보고하여야 한다. 마지막 단계는, 결산보고와 회계감사 보고를 하면서 이에 대한 승인을 득하는 단계이다. 이사회에서 결산과 회계감사 결과를 보고하고 승인을 득한 후에, 관련 정부 감독기관(해당 구)에 세입·세출 결산보고서를 이사회 회의록과 함께 익년 3월 31일까지 제출하여야 한다. 결산보고서에 첨부하여야 할 서류는 다음과 같은 것들이다.

먼저 단식부기의 경우 세입·세출 결산서, 과목전용조서(과목전용을 했을 경우), 예비비사용조서(예비비를 사용했을 경우), 기본재산 수입명세서, 사업수입명세서, 정부보조금 명세서, 후원금 수입명세 및 사용결과 보고서, 인건비 명세서, 사업비 명세서. 기타 비용 명세서(인건비 및 사업비를 제외한 비용), 감사보고서, 법인세 신고서(수익사업이 있는 경우) 등이다. 복식부기를 하고 있는 경우, 이외에 대차대조표, 수지계산서 등을 포함하여 대략 10가지 정도의 서류를 더 첨부하게 된다.

사회복지사업법 제23조 제4항 및 제45조 제2항의 규정에 의하여 보건복지부령으로 정한 사회복지법인 재무·회계 규칙은 법이 정하는 바에 따라 세입·세출의 예산 집행 등을 적법하게 회계처리 함으로써 사회복지시설의 합리적인 운영과 재무·회계의 공정성·투명성·능률성을 확보함을 목적으로 한다. 법인의 회계연도는 정부의 회계연도에 의해 매년 1월 1일부터 12월 31일까지의 기간으로 한다. 사회복지법인 및 법인운영시설의 회계는, 법인의 업무전반에 관한 회계(법인회계)와 별도로 당해 사회복지법인이 설치·운영하는 사회복지시설에 관한 회계(시설회계) 및 법인이 수행하는 수익사업에 관한 회계(수익사업회계)로 구분하여 처리하게 된다. 각 회계(법인회계, 시설회계, 수익사업회계)에 따라 별도의 현금출납부, 총계정 원장, 총계정 원장 보조부, 재산대장, 비품관리대장, 소모품대장 등의 회계장부를 비치하여야 한다. 그 외, 세입·세출 예산서, 세입·세출 결산서, 월별 정산서, 분기별 정산서, 감사보고서 및 현금출납일계표 등을 작성, 비치할 수 있다.

사회복지조직의 재무관리에 있어서의 과제는 제한된 자원으로 조직이 조직의 목표를 효과적이고 효율적으로 달성할 수 있도록 예산상의 뒷받침을 하는 일이다. 서비스의 단위당 비용분석, 서비스의 효과성 검증을 통해 최소의 비용으로 최대의 효과를 가져올 수 있도록 조직의 구조를 시스템화할 수 있어야 한다. 세출이 예산대로 집행되었다 할지라도 사업의 목표가 달성되지 못하였을 때에는 그 세출은 부적절하다고 할 수 있다. 따라서 다음 회계연도에 세출내역이 조정된 예산수립을 하기 위해서 감사를 통한 예산평가가 필요한 것이다.

제 2 절 예산수립의 모델

1. 항목별 예산편성(Line-Item Budgeting)

1) Line-Item or Object Accounting

항목별로 예산을 세우는 방식인데, 전년도 예산을 보고 작성하되 당해연도의 물가상승을 더한다. 이 방식은 매우 통제 지향적인 예산수립 방식이다.

2) 영 기준 예산편성(Zero Base Budgeting)

전년도 예산을 감안하거나 참고하지 않고 해마다 예산을 따내기 위해 투쟁을 해야 한다. 한 항목은 다른 항목의 예산과 서로 경쟁을 하게 되며, 예산을 얻기 위한 많은 노력이 있어야 한다. 이러한 예산 수립 방식은 사회복지조직에서는 합당하지 않다. 이 예산수립 모델은 항목별 예산편성에 속하나 예산의 역사성은 인정되지 않고 있다. 이 영 기준 예산편성 방식의 특징은 해마다 무에서 시작한다는 의미에서 예산을 작성하는 것이기 때문에 프로그램 예산을 항목별로 작성하기 위해서 충분한 산출근거가 제시되어야 한다.

2. 기능적 예산편성(Functional Budgeting)

기능적 예산수립 방식은 1964년에 전국적으로 민간 사회복지조직 분야에 도입되기 시작하였다. 정부가 민간복지 및 보건조직을 위한 회계 및 재정보고서 지침을 발간하면서 비롯되었다. 이 방식의 특징은 각 기관이 프로그램별로 재정활동을 보고하는 것이며, 따라서 항목별 예산편성 회계방식과는 반대되는 형식이다. 이 기능적인 예산수립 방식은 모든 수입과 지출이 기능적으로 분류된다. 예를 들어 일반행정 및 관리, 모금, 각 프로그램별로 각기 별도로 분배되는 것인데, 한 프로그램을 운영하는데 따르는 비용이 얼마나 드는가를 인건비, 관리비 등을 포함해서 예산을 작성한다. 이러한 기능적인 예산수립 방식을 프로그램 예산편성(program budgeting), 또는 성과 예산편성(performance budgeting)이라고도 한다.

3. P.P.B.S.(Planning-Programming-Budgeting System)

1960년대에 도입된 혁신적인 예산수립체계로서 본래 정부조직에서 자원분배 과정의 합리성을 높이고 정부조직의 행정의 효율성과 효과성을 높이기 위해서 만들어진 것이다. 계획, 프로그램, 그리고 예산이라는 중요한 3가지 기능을 하나의 통합된 체계로 만든 경영기능을 의미한다. 구체적으로 설명하면, 조직의 사명과 목표가 무엇인지를 다시 한번 재규명하고 발전시키며 구체화한다. 모든 가능한 사실을 수집하고 '누가 무엇이 얼마만큼 필요한가?'에 초점을 두고 우선순위를 결정한다. 기존의 프로그램의 효과성에 대해 분석하고 필요하지 않은 프로그램을 기각, 수정하거나 새로운 프로그램을 만든 후, 프로그램의 개발과 수정, 대안을 놓고 분석하여 최상의 대안을 선택한다. 프로그램을 설치하고 정기적인 분석을 통해 프로그램이 계획대로 진행되고 있는지를 확인한다. 최종적으로 체계적 평가를 한 후, 새로운 정보를 입수하고 자료를 입력하면서 다시 새로운 P.P.B.S.의 순환을 시작한다. 이 방식의 단점은 정책형성이나 자원의 분배에는 반드시 정치적인 과정이 따르기 마련인데, 이것을 과소평가하고 대신에 경제적인 합리성에 치중하는 경향이 있으며 과학적인 방법에만 의존하려는 경향이 있다. 사회복지조직에 이러한 P.P.B.S.방식을 도입하는 것은 근본적으로 합당치 않은 것으로 평가되고 있다.

4. P.P.B.S.의 축소판 예산편성(Planning Budgeting)

계획된 프로그램을 기본으로 하여 예산을 수립하는 방법이다. 이 방식은 항목별 예산편성, 기능적 예산편성, 그리고 P.P.B.S.에서 필요한 것만 선택해서 예산을 편성하는 방식이기 때문에 실용적인 면에 치중한다는 평가를 받고 있는 적절한 예산편성 방식이다. 꼬마 P.P.B.S.라고도 한다.

제 3 절 예산편성

법인의 대표이사는 사회복지법인 재무·회계 규칙 제6조의 규정에 의한 회계별 예산을 편성하여 이사회의 의결을 거쳐 확정하고, 이를 매 회계연도 개시 5일 전까지 관할 시장·군수·구청장에게 제출하여야 한다. 예산에 첨부하여야 할 서류는, 단식회계의 경우 예산총칙, 세입·세출명세서, 임·직원 보수일람표, 당해 예산을 의결한 이사회 회의록 사본 각 1부 등이다. 복식회계를 하고 있는 법인은 추정대차대조표 및 추정수지계산서를 추가, 첨부한다. 예산 성립 후에 발생한 사유로 인해 기 성립된 예산에 변경을 가할 필요가 있을 경우, 예산편성 절차에 준하여 추가경정예산을 편성, 이사회 의결을 거쳐 확정한다. 이사회의 승인을 득한 날로부터 7일 이내에 이를 해당 시군구청장에게 이사회 회의록과 함께 제출한다. 한편, 법인의 대표이사는 예측할 수 없는 예산 외의 지출 또는 예산의 초과 지출에 충당하기 위하여 예비비를 세출예산에 계상할 수 있다. 다만, 예비비에서의 지출은 이사회의 승인을 득하여야 한다. 이와 같은 절차에 의해 승인된 예산을 집행하면서, 때때로 예산을 전용해야 할 경우가 발생하기도 한다. 관간 전용은 법인 이사회의 의결을 거쳐 관할 시군구청장의 승인이 필요하다. 동일 관내 항간 전용은, 법인 이사회의 의결이 필요하며, 동일 항내 목간 전용은 법인 대표이사의 임의로 전용할 수 있다. 그러나 예산총칙에서 전용을 제한하고 있거나, 예산 성립과정에서 이사회에서 삭감한 관·항·목으로는 전용하지 못한다.

다음에 예산편성의 기본방향을 문서로 제시하고 있는 병원조직 및 지역사회복지관을 예시로 제시하였다.

〈예시 1〉

**병원의 2007 회계년도 예산편성의 기본 방향

본 조직의 설립이념에 따라 실행 가능한 뚜렷한 목표설정과 긴축예산을 바탕으로 한 적재적소의 예산배정의 운영을 토대로 경영합리화를 지속적으로 추진한다. 조직의 비전에 합당한 운영으로 병원경영 여건의 어려움에 적극적으로 대처하고 체계적인 진료계획을 수립, 시행하여 수입기반을 충실하게 한다. 그럼으로써 전향적으로 병원의 발전을 도모하고 의료서비스의 차별화를 추구, 양질의 진료를 제공함으로써 지명도를 높이고 대학병원으로서의 기능을 충실히 수행한다. 장기적으로는 환자만족의 극대화를 꾀하는 조직의 비전을 실현하도록 하는 방향에서 예산을 편성한다.

1. 조직의 설립이념과 비전에 부합하도록 예산편성의 우선순위 조정
2. 의료환경의 적극적 예측(의약분업, 선택적 지정 진료 실시 등) 및 정밀 반영
3. 적재적소 인원배치를 통한 합당한 인력운용의 시도
4. 예산배분 효과의 최대화를 향한 예산편성
5. 기관의 보유 장비와 시설의 이용을 극대화하며 신규 투자 시는 투자의 효율성을 분석한 후 계획적으로 시행
6. 창의적이고 일신된 근무환경 조성을 위한 예산의 배분 편성
7. 세입 범위내의 세출에 따른 효율적인 재무운용으로 건실 재무구조 정착
8. 불투명한 의료환경 대응을 위한 긴축 예산편성

〈예시 2〉

** 사회복지관의 2007 회계년도 예산편성의 기본 방향

현재 우리 기관이 사용하고 있는 예산편성 방법은 프로그램식 예산편성 방법(Program Budgeting)입니다. 프로그램별로 지출을 분류한 후, 다시 지출 대상 항목별 분류를 통한 계열 항목별 예산편성 방법(Line-Item Budgeting)을 병행하고 있습니다. 작년도에 이어 제3단계로 다음과 같이 2007년도 예산수립 방침을 알립니다. 주지하시는 바와 같이, 회계연도의 모든 수입은 세입으로 하고 모든 지출은 세출로 하되, 세입과 세출은 모두 예산에 계정되어야 하는 예산총계주의 원칙에 따릅니다.

1. 인력

실습생과 자원봉사자 활용을 증대시키고 현 인력의 효율적인 업무분담을 통하여 인력활용을 극대화하시기 바랍니다. 특별히 사회교육 실습생을 방학 프로그램에 적극 활용하여 부족한 인력을 보충하면서 서비스의 질을 높이도록 합니다.

2. 사업비

1) 사업비 예산편성 시 작년도 집행예산(결산)을 참조할 수 있으나 영 기준(zero base)에서 시작함으로써 기존 예산에 대한 의존 내지 선입견 없이 프로그램 예산을 세우도록 합니다.

2) 프로그램 이용자의 경제적 상황을 고려하나 인근 지역 유사 프로그램의 50% 이상 선에서 이용자가 비용을 부담하도록 하여 복지사업비는 프로그램 이용자 부담금으로 충당하도록 함으로써 이용자 부담을 현실화합니다.

3) 모든 프로그램에 있어, 담당 사회복지사가 이용자의 경제적 상황을 사정하여 이용자 부담을 무료로 하거나 감면할 수 있음을 숙지하시

기 바랍니다.

4) 각 프로그램 담당자가 작성한 사업비 예산은 예산안이 확정된 후, 각 사회복지사의 지출결의 시 구체적 자료로 활용하시기 바랍니다.

3. 기부금

1) 기부금은 작년도와 마찬가지로 후원금, 자선모금, 기타 기부금으로 분류하고 구체적으로 수입의 산출근거를 제시하시기 바랍니다.

4. 수입편성 비율

후원금은 총 예산의 20-25%, 이용자 부담금은 25-30%, 정부 보조금은 약 35%, 법인 보조금은 약 20% 선에서 편성해 보시고 부득이 어려움이 발생할 때에는 총무부와 의논해 주시기 바랍니다.

5. 기타

1) 추가경정예산을 편성하지 않도록 예산편성에 주의를 기울여주시기 바랍니다. 부득이 추경을 해야 할 경우에도 11월 이후에나 가능합니다.

2) 강사료, 원고료, 실습비 등은 관련 규정을 참고하시기 바랍니다.

3) 자원봉사자 식대는 1회(끼) 5,000원입니다.

4) 공무상 직원 개인 차량을 사용할 때 유류대는 1km당 300원입니다.

제 9 장을 위한 토의

□ 문서화된 예산편성의 기본방향을 가지고 있는 기관을 예로 들어보시오.

□ 우리나라 사회복지기관은 어떠한 방식으로 예산을 수립하고 있는가? 아는 대로 설명하시오.

■ 핵심단어

재무관리(financial management), 예산편성(budgeting)

10
chapter

기 금 조 성

과거에는 비영리조직에 투자한 것에 대해서 보상을 기대하는 투자자들이 없었다. 그러나 새로운 기부자들은 투자자로서 지역사회문제를 해결하는 것에 가치를 두고 있으며, 그 해결과정을 모니터링하고 또 관여할 수 있기를 원한다. 이러한 새로운 기부자-투자자들의 등장은 비영리조직을 당혹스럽게 하기까지 한다. 비영리조직이 생존하기 위해서 모금은 필수적인 과제이며, 모금을 위한 발상을 과거와는 다르게 전환하지 않으면 안 되는 시기에 이르렀다. 이에 본 장에서는 모금활동의 중요성, 현황, 그리고 비영리조직 모금의 비전에 대해 설명하고, 비영리조직 모금활동의 단계 및 방향을 비교적 상세히 설명하고자 한다. 이어서 우리나라 기부문화의 문제점과 활성화를 위한 과제에 대해 기술하겠다.

제1절 사회복지조직에서의 모금

1. 비영리조직 모금활동의 중요성

비영리조직의 모금과 관련한 연구나 실증적 자료가 거의 없는 우리나라 상황에서 비영리조직의 모금 활성화는 매우 어려운 과제임에 틀림이 없다. 비영리조직의 모금과 관련한 전문서적은 소수에 불과하다. 그러나 최근 비영리조직의 체계적인 모금을 위해 몇몇 모금 컨설팅 기관들이 모금전문가 양성을 위한 입문과정 및 전문과정 프로그램을 내놓았다.

21세기 정보화 사회에서 인류의 희망은 비영리조직에 있다고 할 만큼 사회복지시설을 비롯한 시민사회단체, 환경단체, 교육기관 등의 기능과 역할이 강조되고 있다. 비영리조직 특히 사회복지조직에서 일하는 사회복지사들의 사명은 지역사회주민의 삶의 질 향상에 있다. 사회복지조직이 제공하는 서비스와 사회복지사의 의도적 개입을 통해 지역사회주민의 삶의 질을 '과거와는 다르게' 변화시키는 것이 비영리조직의 존재 의의이다. 지역사회로부터 위임받은 지역사회주민의 복리 증진이라는 조직의 목표를 보다 효과적으로 달성하기 위해서는 안정적인 재원이 필요하다. 이러한 재원을 확보하기 위해서 모금활동은 사회복지조직의 중요한 당면 과제로 부상하고 있는 것이다.

2. 우리나라 비영리조직의 모금활동 현황

모금활동은 사회복지기관의 설립이념을 실현하고 서비스의 질을 향상시키는 데에 핵심적인 역할을 한다. 몇몇 사회복지기관들은 공익성의 차원에서 개인이나 단체, 기업들로부터 기부를 받아 질 높은 서비스를 제공하면서 지역사회주민들의 복지욕구를 충족시키고 있다. 우리나라의 사회복지기관들은 그 동안 정부보조금과 프로그램 이용료에 의존하면서 양적 팽창을 도모하여 왔다. 그러나 최근의 사회복지사업법의 개정, 사회복지 공급주체의 변화 등 사회복지환경의 급격한 변화로 사회복지기관 간의 경쟁이 불가피해졌다. 이에 따라 각 기관들은 경쟁력을 제고시키기 위하여 장기 발전계획을 수립하고 이를 지원할 재원을 확보하지 않으면 안 되는 시점에 와 있다. 이와 같이 장기발전을 위한 재원확보가 기관행정의 중요한 과제로 등장하면서 몇몇 사업의 규모가 크고 역사가 있는 기관들은 모금활동을 위한 체제를 갖추기 시작하였다. 현재 우리나라 사회복지기관들의 모금활동은 편차가 심하지만 몇 개 기관을 제외하고는 전반적으로 그 규모가 극히 미약한 수준이다. 이제는 기관의 모금능력이 기관운영의 질을 평가하는 객관적인 지표가 되고 있다. 모금활동 과정을 원활하게 수행하기 위해서는 조직을 보다 효과적으로 구축하고 관리할 필요가 있는 것이다. 동시에 조직구성원들 간에 조직의 목표를 효과적으로 달성하기 위한 모금활동의 필요성과 당위성에 대한 공감대가 형성되어야 할 것이다. 조직의 모금활동은 조직의 설립이념, 조직의 중·장기 발전 방향에 따른 비전 및 구체적인 발전목표에 따라 전문적이고 체계적으로 실행되어져야 한다. 아직까지 우리나라의 대부분의 비영리조직들은 바자회, 그림전시회, 일일찻집 등의 각종 행사와 지로발송 등의 방법으로 모금을 하고 있다. 그러나 이러한 방법은 기부를 요청받는 입장에서는 너무 천편일률적인 방법으로 거부감을 느끼게 한다. 좀 더 공격적인 기부방법을 통해 기부를 이끌어내야 할 것인데, 외국에서는 유산기증, 생명보험 기부, 자선신탁, 공동출자 수입기금 등의 방법이 새로운 형태의 기부자 발굴 방법으로 적극 활용되고 있다.

현재 우리나라 사회복지기관의 모금활동에 장애가 되는 주요한 요인들로는 풍부한 경험을 가진 전문가의 부재, 이사들의 모금활동에 대한 인식 미약, 사회 전반의 복지에 대한 소극적 인식, 민간 모근활동에 대한 법률적·제도적 제약, 모금전략 부재 등을 들 수 있다. 사회복지기관들이 서비스의 질을 보장하고 경쟁력을 갖추기 위해서는 기관의 운영이 민주적이고 합리적이어야 함은 물론이고 기관의 재정이 안정적이어야 함은 재론할 여지가 없다. 소수이기는 하지만 모금활동이 활발한 사회복지기관들은 연 50억 원에서 200억 원까지 모금을 하고 있기도 하다. 전국적인 네트워크를 가지고 있는 조직이기는 하나 단일 조직으로서는 상당한 모금실적이라고 할 수 있다. 외국의 경우 통상 기부자들이 가지는 주요 기부 동기는 조직이 가지고 있는 강점에 대한 확신, 조직의 설립이념과 발전계획·목표의 우수성, 목표달성을 위해 조직이 가지는 효율성 또는 역량, 타 조직에 비해 견지되는 우수성, 그리고 세금감면 혜택이라는 연구결과가 있다. 모금활동은 특정단체나 특정 프로그램을 운영하는데 필요한 자금을 기부를 통하여 확보하는 행위이다. 즉 모금활동이란 '비영리단체에 의해 개인·기업·재단으로부터 재정상의 기증을 간청해서 받아들이는 의도성 있는 과정'으로서 캠페인, 조직적인 호소, 물품지원, 위탁, 물물교환 및 개인·기업체·정부로부터의 기부 등을 포함한 모든 자원을 획득하는 것이라고 할 수 있다. 기부는 기부자와 비영리기관이 지속적으로 가치를 주고받는 개념으로 이해되고 있기 때문에 기관은 마케팅 차원에서 기부자를 고객으로 인식하여야 한다.

최근 모금활동에 참여하는 사람들을 훈련·교육하는 기관들이 생겨나고 있다. 우리나라에서는 비영리조직의 하나인 대학을 중심으로 대학의 발전기금을 담당하고 있는 실무자들이 1998년 한국대학기금조성 실무자협의회를 발족시켰으며 현재 월 정기모임과 워크숍을 개최하는 등 활발하게 모임을 갖고 지식·경험·정보를 공유하고 있다. 이들 대학 관계자들을 대상으로 하는 기금조성 교육 및 훈련이 지난 3년 간 이루어졌으며, 최근에는 이러한 교육·훈련 프로그램에 사회복지조직의 실무자들이 대거 참여하고 있는 추세이다. 비영리조직의 모금 전문가를 위한 양성과정이 개설되기 시작한 것이다. 기부금 관련 행정 비용은 초기 제정 시에 2%였던 것이 2006년 3월 개정된 기부금품모집규제법에 의하면, 기부금품의 15%를 운영자의 재량으로 사용할 수 있는 것으로 되어 있다.

3. 사회복지조직 모금의 비전

인간과 사회의 욕구는 증가일로에 있고 이러한 문제들에 대한 지역사회의 책임의식이 절실히 필요한 시기이다. 지난 10년간 세계 역사상 그 어느 때보다도 막대한 부(富)가 조성되었고 과거에 부를 누려보지 못했던 사람들도 가치 있는 일이 있다는 것과 지역사회에 투자할 수 있는 시간과 자원을 스스로 가지고 있다는 것을 알게 되었다. 많은 사람들은 가치 있는 일에 깊이 관여하기를 원하고 있다. 비영리기관들은 기관운영 및 리더십 측면에서 기업체의 좋은 관행들을 도입하면서 더욱 성숙해졌다. 그러나 여전히 비영리기관들은 비영리조직으로서의 책무성과 변화하는 사회환경에 적절히 반응할 수 있는 대응 방법을 강화할 필요가 있다. 그래도 과거 수십 년 동안 기부자들이나 자원봉사자들로부터 큰 존경심을 얻어 내는 데 상당한 진전이 있었다. 비영리부문에 대한 지역사회의 인식도 높아졌다. 비영리기관들은 그들이 관심을 가지고 있는 문제들, 또 해결해야 할 문제들을 둘러싼 마케팅 전략에 관심을 기울여야 한다. 지역사회에 투자하고자 하는 사람들은 먼저 지역사회의 문제에 관심을 가지며, 그 다음에 그 문제를 다루는 기관이나 조직에 관심을 갖는다. 지역사회를 변화시키는 가치 있는 일에 투자하고 싶어 한다. 이것이 바로 비영리기관의 마케팅이 필요한 이유이다(김경희, 2004).

지역사회에서의 비영리기관의 역할과 중요성에 대한 지역사회의 비전이 결여되면, 비영리기관은 존재의의를 잃게 된다. 비영리기관은 문제 중심의 비전을 가지고 지역사회의 변화를 이끌어내는 선도적인 역할을 할 필요가 있다. 비영리기관들은 지역사회를 대상으로 이웃을 돕는 일, 이웃과 함께 더불어 사는 일, 이웃을 돕는데서 오는 기쁨과 보람, 이를 통한 자아실현에 관한 교육을 실시할 필요가 있다. 기회가 주어질 때마다 그들의 마케팅이라고 할 수 있는 기부자 개발 및 기금 조성 프로그램을 통해서 가장 적극적인 방법으로 그들의 영향력을 부각시킬 필요가 있는 것이다. 그 간에 비영리기관들에 대한 지역사회의 불신이 있었다면, 기관이 해 낸 일들을 적극 홍보함으로써 오해와 왜곡, 불신을 최소화할 수 있다. 사회복지기관들은 자신이 어떻게 지역사회에 영향을 미치는지, 왜 우리 기관이 변화를 가져오고 결과를 이루어내는데 가장 적절한 기관인지, 그리고 기부자들이 이것에 대해 확신을 가지는 투자자가 될 수 있도록 설득할 필요가 있다(Grace, 2000).

최근의 새로운 기부자들은 돈뿐만 아니라 시간과 전문지식을 기부함으로써 세상과 자신들의 지역사회를 바꾸기를 원한다. 오늘날의 기부자들은 과거의 기부자들이 가지고 있던 논리, 즉 돈을 벌었으니 사회에 환원한다는 단순한 논리에 의해 기부하지 않는다. 그들은 지역사회의 문제가 자신들의 관심 분야와 일치하는 것인지, 또 문제해결을 하고자 하는 기관의 접근방식이 자신들의 가치와 일치하는지 등을 면밀히 검토한 후, 추진과정 및 성과에 대한 지대한 관심을 가지며 경우에 따라서는 직접 관여하기를 원하기도 한다. 이러한 상황 하에서 기관들은 기부를 유도하기 위해 각종 마케팅 기법을 동원하며 철저한 사전 계획 및 대책을 강구하지 않을 수 없다. 기금조성에 대한 전문적인 지식과 기술을 겸비한 전문 인력의 배양과 과학적인 접근 방법을 통한 새로운 기부문화에의 도전은 비영리조직으로 하여금 무한한 가능성을 갖게 한다. 그러나 아직까지 비영리기관의 기금조성에 대한 과거의 관점은 크게 변화하고 있지 않는 듯하다. 비영리조직의 발전을 위해서 가장 실질적인 모금 프로그램은 '다수, 소액, 지속가능한, 비지정 기부'에 집중하는 것이다. 고액 기부자를 많이 확보하는 것이 모금에 있어 가장 효과적인 방법이라고 오해할 수 있으나 100만원을 한 명이 기부하는 것보다 10만원씩 열 명이 기부하는 것이 조직을 건강하게 유지시킨다는 것이다. 고액 기부자 한 명이 기부를 포기하게 될 경우 따르게 되는 위험부담을 다수의 소액 기부자가 막아줄 수 있기 때문이다. 소액의 개인 기부자를 확보하기 위한 방법으로 DM 발송, 이벤트 개최, 전화 이용, 지역사업체의 기부 유도 등이 있을 수 있겠다. 이러한 다양한 방법을 통해 기부자를 개발하는 것도 중요하지만, 그에 못지않게 개발한 기부자를 효과적으로 관리하여 그들의 기부금액을 점점 늘려나가는 것이 중요하다.

제 2 절 모금활동의 단계 및 방향

모금활동은 전문적이고 체계적으로 실행되어져야 하는데 기부의 단계는 조사(Research), 배양(Romance; Cultivation), 간청(Request; Solicitation), 예우(Recognition)의 4단계로 보통 구분하고 있다. 각 단계마다 'R'이 들어가기 때문에 4R로 나타내기도 한다. 이러한 단계들은 각각의 전략(Strategy)으로서 취급되어져야 한다.

한편 조직을 둘러싸고 있는 모금환경체계를 분석해 볼 필요가 있다. 조직의 설립이념을 잘 이해하고 있는 지역사회, 종교단체, 기업 및 일반인들을 중심으로 한 외부환경 체계를 보다 상세하게 파악할 필요가 있는 것이다. 이상과 같은 전략들과 환경체계 분석은 모금활동을 위한 제 단계 속에서 실행된다. 모금활동의 단계는 준비단계, 기획단계, 실행단계, 종료단계, 그리고 사후관리단계로 나눌 수 있다.

사회복지조직의 서비스의 질, 나아가 조직의 질 보장(quality assurance)이 그 조직의 모금 능력 여하에 달려 있다고 할 만큼 조직의 모금 능력이 조직의 운영을 평가하는 객관적인 지표가 되고 있다. 따라서 사회복지기관들은 조직의 목표를 효과적으로 달성하기 위해서 모금활동을 좀

더 전략적으로 할 필요가 있다. 이러한 노력이 경주될 때 사회복지기관이 21세기 경쟁사회 속에서 생존 이상의 의미와 가치를 지닌 조직으로 성장·발전할 수 있을 것이다. 생존과 발전을 위해서 사회복지조직은 전문적인 모금 시스템을 도입하지 않으면 안 되는 상황에 처해 있다고 볼 수 있다.

좀더 구체적으로 모금활동 단계를 설명하기로 한다.

1) 준비단계(Preparation Stage)

조직이 지속적으로 성장·발전하기 위해서는 모금이 영속적인 과정이 되어야 할 필요가 있으며, 다음의 여섯 가지 측면을 중시하면서 지속 가능한 자원/개발 체계를 구축하여야 한다. 첫째, 모금에 동원될 수 있는 자원(resource)을 효과적으로 발굴하고 분석, 활용한다. 둘째, 잠재적 기부자의 욕구(needs)를 정확하게 분석하여 매력적인 모금 상품을 제시한다. 셋째, 모금 인프라(infra)를 확충한다. 넷째, 모금 방법론 및 업무과정을 효과적, 효율적으로 조직화한다. 다섯째, 조직 구성원들의 기관 모금에 관한 조직문화 조성에 힘쓴다. 여섯째, 목표달성을 위한 현실적이고 전략적인 계획을 수립한다.

이와 같은 방향성을 가지고 준비단계에서는 기관 자체 내 인력으로 기관발전을 위한 모금을 실행할 것인지, 아니면 기금조성 전문가의 컨설팅을 받을 것인지를 기관의 변화목표, 모금 목표액, 목표액 달성의 근거, 담당 인력이 기금조성과 관련된 전문적 능력, 자금력 등을 고려하여 결정한다. 이를 위해서는 기관장을 비롯, 중간관리자들의 사회복지환경의 변화와 이에 따른 기관의 생존 및 발전에 대한 확고한 인식이 우선되어야 할 것이다. 즉 체계적인 모금 시스템의 도입에 대한 필요성을 절감하고 전략적 논의를 시작하는 것이 준비단계의 중요한 내용이 된다.

2) 기획단계(Planning Stage)

모금을 위한 전략 기획과정으로 기관 내부와 기관을 둘러싸고 있는 외부환경을 분석하고 모금의 사명(mission)·목적(goal)·목표(objectives)를 설정, 이에 따른 주요 모금 전략 방향을 수립한다. 이를 위해서 모금 시스템을 설계하고 모금에 필요한 위원회를 조직하게 되는데, 기금조성의 5단계 중 기획단계는 매우 핵심적인 단계로 이 단계에서의 제 과정이 원활하게 이루어지지 않으면 소기의 목표를 효과적으로 달성하기 어렵다. 따라서 기획단계에 중점을 두고 이를 구체적으로 살펴보고자 한다. 기획단계는 기관의 규모 등 여러 배경변수에 의해 차이가 있겠으나 최소 3-6개월 정도의 시간이 소요된다.

(1) 조직의 내·외부환경 분석

기관의 설립이념과 역사성에 대한 조직 구성원들의 자부심 정도를 파악하고 기관의 중·장기발전계획과 이에 따른 비전이 제시되어 있는지를 분석한다. 한편 모금 측면에서 조직이 가지고 있는 강점과 약점을 분석한다. 예를 들어 지역사회주민이 선호하는 서비스, 지역사회의 인구사회학적 배경, 지역사회의 정치·경제·사회·문화적 특성, 의사소통 및 의사결정체계, 기관의 과거 모금 실적 및 경험, 설립이념과 관련된 지원체계 여부 등 기관의 내부 환경을 분석하는 것이다.

또한 사회복지환경의 변화, 지역사회 내 다른 인간봉사조직의 모금 관련 정책, 전략적 사회공헌을 하고자 하는 지역사회 내 기업 등 외부 환경체계를 분석하는 것이 필요하다.

(2) 모금 실적 및 현황 분석

현재의 재정 수입원 즉 정부 보조금, 법인 지원금, 서비스 이용료, 외부 재단 지원금, 과거의 후원금 수입 등과 그 비율을 분석한다. 한편 모금에 대한 전략적 목표 및 세부 목표를 수립하여야 하는데 연간 모금 총액, 연간 총 수입 중 모금이 차지하는 비율, 모금실적을 평가할 척도 등을 준비한다.

(3) 주요 모금 전략 수립의 방향성

효과적인 모금을 위한 주요 전략적 방향의 영역은 모금상품화 전략, 모금조직 및 시스템 역량 강화 전략, 잠재 기부자 발굴 및 평가 전략, 모금방법론 전략 등이 있다. 모금 상품별로 우선순위 등급 결정기준을 설정하고 유망 프로젝트별로 신속하고 합리적으로 공식 프로젝트화하는 의사결정 과정이 확립되어야 한다.

여기에서 중요한 것은 기관의 발전 방향과 이에 근거한 중·장기발전 전략에 대한 충분한 합의가 조직 구성원들 간에 존재하여야 한다는 점이다.

(4) 모금 시스템 설계: 집중 총력 모금 캠페인

기관의 모금 역량을 강화하기 위해서는 집중 총력 모금 캠페인이 실행되어야 하는데, 이를 위해서는 다음과 같은 전제조건이 필요하겠다. 첫째, 모든 조직 구성원들의 동기부여 및 헌신 둘째, 조직의 발전을 위한 전략적 계획과 분명한 조직의 발전상 정립, 셋째, 근거 있는 모금 목표액 넷째, 효과적인 문서작업, 다섯째, 조직 내부의 모금 프로그램과 내·외부 자원에 대한 평가, 여섯째, 자원 리더십의 모집과 교육, 일곱째, 잠재적 거액 기부자의 능력과 준비도, 여덟째, 능력 있는 모금 담당자, 아홉째, 모금활동을 뒷받침할 충분한 예산, 마지막으로 다양한 모금 프로그램 등이다. 이러한 전제 조건들을 고려하면서 기관의 집중 총력 모금 캠페인의 필요성 여부를 심각하게 논의하여야 할 것이다.

(5) 발전기금조성을 위한 소위원회 구성

기관의 발전기금 조성에 참여할 수 있는 대상 영역은 지역사회, 기업, 일반, 종교단체 등의 영역이 될 것이다. 각 대상 영역별로 발전기금을 조성하기 위한 모금상품 개발, 기부자 참여 프로그램 등 전략을 수립한다. 이러한 소위원회 구성은 기금조성을 위한 리더십 내에 각 영역별 잠재 기부자를 끌어들임으로써 기금조성 공감대를 조성할 수 있다. 각 위원들은 법인, 지역사회 인사, 기관의 중간관리자, 과거 기관의 직원들로 구성될 수 있으며 기관발전에 관심을 가지고 있는 외부 인사들을 포함할 수 있다. 이들의 기관에 대한 적극적인 관심과 헌신적인 활동이 있을 때 조직 내에 기금조성 공감대가 있게 되고 따라서 기부문화가 확산될 것이다.

3) 실행단계(Action Stage)

조직된 발전기금 영역별 위원회의 활동과 기금조성 전담 부서의 잠재적 기부자에 대한 접촉이 시작되는 단계이다. 물론 이 과정에서 기관장의 역할이 매우 중요하다. 기관장은 기관을 대표하는 사람으로 대외적 기부자들과의 만남에서 잠재적 기부자를 실제 기부자로 전환시키는 중요한 역할을 하게 되기 때문이다. 잠재 기부자에게 기부금을 요청하는 모든 간청은 이사장 또는 기관장 명의의 공문으로 전달되는 것이 바람직하다. 또한 구체적인 요청을 명문화하고, 대상에 따라 기부금액을 자유롭게 선택하게 하는 것도 한 방법이 된다. 필요시 기관의 발전상을 담은 영상비디오를 활용하거나 기관의 변화 모습을 자료로 제시하는 것이 효과적이다. 기업을 대상으로 하는 경우는 구체적인 규모의 기부를 요청하는 제안서를 작성하여 제출하는 것이 예의가 된다. 잠재 기부자로 하여금 기부를 할 수 있도록 동기를 부여하는 것이 중요한데, 이 실행단계는 일반 대중에게 기금조성을 홍보하면서 기부자들과 관련된 개인이나 조직을 관리하는 것, 특별행사를 개최하는 것 등을 포함하는 단계이다.

4) 종료단계(Closing Stage)

실행 후의 단계를 일반적으로 종료단계라고 말할 수 있지만, 엄밀한 의미에서 기금조성에서의 종료란 없다고까지 이야기할 수 있다. 왜냐하면 한 명의 잠재 기부자로부터 단 한번의 기부를 받아내는 것으로 그에 대한 기부 접근이 끝나는 것은 아니기 때문이다. 기 기부한 기부자들은 이미 기부에 대한 동기가 조성되어 있는 것이고 그러한 동기 상태를 지속 또는 강화시키는 것이 기부의 기본 전략이 되어야 하기 때문이다. 기금조성에 있어서 한 번의 기부가 종료된다는 것은 다음 기부를 위한 준비단계가 다시 시작된다는 것을 의미한다.

5) 사후관리단계(Follow-up Stage)

C. Hampton은 사후관리는 감사의 표현, 기금사용 내역 공개, 미래의 간청에 대한 전략 개발의 3단계로 다시 구분하는 것이 바람직하다고 하였다. 또한 이 사후관리 단계를 기금조성 현황 및 집행내역을 공개하는 과정이므로 예우단계로 볼 수 있다고 주장한다.

사후관리단계의 첫 과정인 감사의 표현은, 기관이 가지고 있는 기부자 예우규정에 따라 신속하게 처리하는 것이 바람직하다. 정중한 감사의 인사와 함께 기부금액에 따라 설정되어 있는 예우규정에 의해 선물을 보내게 된다. 기 기부자는 미래의 확실한 기부자이므로 기부자 관리는 기금모금에 있어 가장 기본적인 업무이면서 가장 중요한 업무이기도 하다. 두 번째 과정인 기금사용 내역 공개에서 각 프로젝트별로 기부금을 어떤 용도에 어떻게 사용했는지를 소상히 밝히는 것이 기부자와의 신뢰관계를 형성하는 길이 된다. 각 프로젝트를 실행하는 과정 중에 또는 프로젝드가 완료된 후에 프로젝드별로 기부금 사용 내역을 공개하는 것이 바람직하며, 정기적으로 발간되고 있는 모금 소식지, 기관 소식지 등에 사용 내역을 공개하는 것이 일반적인 방법이다. 이와 같이 감사의 표현과 기부금 사용 내역을 공개함으로써 기부자들과의 신뢰관계를 형성하면서 향후 어떻게 재 기부를 요청할 것인지에 대한 전략을 세울 수 있어야 한다. 전략을 위해서는 기부자의 신상자료 즉 언제 어떠한 동기로 기부를 했는지, 기부자의 자산정도, 기부에 대한 소신, 기부 감사에 대한 기부자의 반응 등의 변수들을 고려하여 재 전략을 수립하여야 할 것이다.

제 3 절 기부문화의 활성화

지금의 정치·경제·사회·문화의 모든 영역은 우리가 미처 적응할 수 있는 정신적·시간적 여유를 주지 않은 채 아주 빠르게 변화하고 있다. 인간과 사회의 욕구는 증가일로에 있고 이러한 문제들에 대한 지역사회의 책임은 날로 커지고 있다. 한편 정부의 지원은 감소하고 있고 인간의 복지문제에 대한 일반인의 관심은 대체로 저조하다.

비영리기관들은 경영 및 리더십 측면에서 기업체의 좋은 관행들을 도입하면서 보다 성숙해지고 있다. 물론 아직도 비영리기관들은 비영리조직으로서의 책무성과 변화하는 사회 환경에 적절히 반응할 수 있는 대응 방법들을 강화해야 할 필요가 있다. 그래도 과거와 비교해 본다면 자원봉사자들이나 기부자들로부터 커다란 존경심을 얻어내는 데에 상당한 진전이 있었다. 지난 10여 년을 돌이켜볼 때, 어려움에 처해 고통당하는 사람들을 도우려는 도움의 손길이 단순 노력 자원봉사활동에서 현금 또는 현물 기부에 이르기까지 그 양과 질이 많아지고 또 높아진 것을 알 수 있다. 최근 경기가 말할 수 없이 침체되고 실업대란으로 젊은이에서 중년에 이르기까지 많은 청년들과 가장들이 일거리를 찾아 거리를 헤매고 있는 상황임에도 불우한 이웃을 돕고자 하는 작은 손길들이 끊이지 않는 것을 TV를 통해서 종종 볼 수 있다.

기부자들의 인식이 바뀌어 가고 있다고 이야기한다. 기부자들은 자신들이 살고 있는 지역사회의 문제에 지대한 관심을 가지고 있고 그 문제들을 해결하는 데에 일조를 하기 원한다. 지역사회에 투자하고자 하는 기부자들은 먼저 지역사회의 문제에 관심을 가지며, 그 다음에 그 문제를 다루는 기관이나 조직에 관심을 갖는다. 대부분의 사람들은 자선사업에 생소하기 때문에 기관의 이름에 익숙하지 않다. 그들이 생각하는 것은 단지 교육이나 건강, 사회정의, 해결되어야 할 지역사회의 문제, 지역사회의 문화적 발전과 같이 자신들의 가치와 관련된 문제들에 투자하고 싶다는 것이다. 이는 비영리기관의 마케팅의 변화를 요구한다.

한편 지역사회의 교육·건강·복지들에 대한 비영리기관의 역할과 중요성에 대해 지역사회가 비전을 가지고 있지 않다면 그 기관은 지역사회 내에 존재할 의의를 잃게 된다. 비영리기관들이 지역사회 내에 존재하면서 지역사회의 복지 기능과 지역사회주민들의 삶의 질 향상에 영향을 미치고 있다는, 그래서 지역사회가 변화하고 발전하고 있다는 확신을 지역사회가 가질 때, 비로소 비영리기관으로서의 존재 의의를 찾을 수 있다.

잠재적 기부자-투자자들이 우리 기관에 관심을 갖게 하기 위해서는 지역사회에 미치는 기관의 영향력을 보여줄 수 있어야 한다. 그 동안 비영리기관들은 조직 운영 면에서 일반인들로부터 큰 신뢰를 얻지 못한 부분도 있으며, 한편으로 일하는 방법에 대해 회의를 불러일으키기도 했고 또 오해를 받기도 하였다. 우리가 해낸 일들을 적극 홍보함으로써 불신과 회의와 오해를 최소화할 수 있다. 비영리기관들이 어떻게 지역사회에 영향을 미쳤으며, 그 결과로 지역사회가 어떻게 변화했는지를 알릴 수 있어야 한다. 단지 '더불어 사는 삶, 사랑의 실천'만을 외쳐서는 기부자들의 관심을 모을 수 없다. 단순한 자선이 아니라 사회에 대한 투자라는 인식을 잠재 기부자들에게 심어주기 위해서 기관이 가지고 있는 가치와 철학을 기부자와 공유할 수 있어야 할 것이다.

기부문화를 활성화하기 위해서는 민간부문 모금에 대한 정부의 규제, 기업들이 기업의 이윤을 사회에 환원하기 위해 재단을 만들어 사회복지사업을 하고 있는 방식, 비영리기관의 기부금 사용처의 불투명성 등이 완화되거나 개선·확보되어야 한다고 이야기한다. 기부문화를 진정으로 활성화하기 위해서는 앞서 강조한 바와 같이, 기부가 단순한 자선이 아니라 사회에 대한 투자라는 인식을 잠재 기부자들에게 심어주기 위해서 기관이 가지고 있는 가치와 철학을 기부자와 공유할 수 있어야 한다. 기부자들이 사회복지 프로그램에 참여하고 실무자들과 접촉할 수 있는 기회를 갖는 것은 기부자로 하여금 기부의 가치를 더욱 느낄 수 있도록 한다. 민간부문의 자원개발은 복지사회를 이끄는 근간이 된다. 잠재 기부자로 하여금 지역사회의 문제에 관심을 갖게 하고 그 문제해결에 동참할 수 있는 기회를 허락하며 기관의 가치와 철학을 공유할 때, 기부문화가 활성화될 것이다. 이를 위해서는 최고행정가의 기부에 대한 패러다임의 변화와 함께 강력한 리더십이 요청된다. 모금전문가를 양성하고 모금활동에 참여할 자원봉사자를 비롯한 모금 관련 담당자들을 위한 교육 · 훈련도 필요할 것이다.

비영리조직에 있어서의 모금활동은 기관의 설립이념을 달성하고 서비스의 질을 향상시키는 데에 핵심적인 역할을 한다. 사회복지환경의 변화에 따라 사회복지기관의 재원확보가 기관행정의 중요한 과제로 등장하면서 우리나라의 사회복지기관들은 이미 어느 정도의 경쟁력을 가지고 있는 기관들을 중심으로 모금활동을 위한 체제를 서서히 갖추어 나가고 있다. 이제는 기관의 모금 능력이 기관 운영의 질을 평가하는 객관적 지표가 되고 있는 것이다.

1998년 7월 사회복지공동모금법이 발효된 우리나라는 현재 사회복지공동모금회와 16개의 지역모금회가 발족되었고 이들 조직에 의해 공동모금이 이루어지고 있다. 우리나라의 민간차원에서의 모금은 기부에 관한 소극적 인식과 민간모금활동에 대한 법률적 · 제도적 제약으로 인해 양적, 질적으로 낙후되어 왔다. 많은 기업들이 기업의 이윤을 사회에 환원하는 방식의 하나로 재단을 만들어 사회복지사업을 하고 있다. 이러한 방식은 일면 기업기부의 투명성을 저해하고 있고 기업 소유주들의 재산상속의 수단으로 기부문화 활성화에 걸림돌이 되고 있다. 한편 일부 비영리조직들의 기부금 사용처의 불투명성도 기부문화의 정착에 부정적 영향을 미치고 있다. 이러한 상황에서 정부의 민간부문 모금에 대한 규제는 기부문화 활성화에 심각한 걸림돌이 되고 있는 것이다. 예를 들어 현행 기부금품모집규제법은 민간부문으로 하여금 모금을 위한 자발적인 노력을 허용하지 않는 격일 뿐만 아니라 1천만원 이상의 기부금품을 모집하고자 할 때는 모집·사용계획서를 작성하여 관할 등록청에 등록하여야 하는 것으로 되어 있다.

한편 기부금품모집규제법에 의하면 모금에 사용되는 경비(모집비용 충당비율)를 전체 모금액의 15%로 제한하고 있다. 외국의 경우 모금액의 20% 수준이 적정 모금경비로 인정되고 있다. 이러한 상황에서 현행법에 따르면 모금을 하고 있는 단체의 대부분이 범법자가 될 수밖에 없다. 특히 비영리조직 재정의 안정화를 위해서는 기부금에 대한 세금공제 제도의 개선 및 기부금품 모집을 장려할 수 있는 법안이 마련되어야 할 것이다.[7]

한편 최근 모금활동을 활발히 벌이고 있는 개별 모금기관들은 ARS 등의 모금 기술을 활용하여 민간자원을 개발, 시민들의 기부참여를 이끌어내었다는 점에서 기여하는 바가 크다. ARS 모금은 전화 한통화로 나보다 불우한 이웃을 손쉽게 도울 수 있다는 강점, 그리고 익명으로 다른 사람을 도울 수 있다는 작은 보람도 시민들의 기부참여를 독려하고 있다. 그러나 ARS 모금은 수혜자 낙인의 문제와 수혜자 선정의 형평성이 문제가 될 수도 있다(정무성, 2001).

1990년대 구미 여러 나라에서는 영리 부분은 물론, 비영리 부문도 무한 경쟁체제의 분위기가 형성되면서 대학·병원·문화예술단체·시민운동단체, 그리고 사회복지기관에서 효과적인 재정관리를 위한 마케팅 개념을 도입하게 되었다. 따라서 모금의 필요성과 당위성을 분명히 하고 잠재 기부자에 대한 전략적인 접근을 통해 재원을 확보하고자 하는 체계적이고 전문적인 모금전략이 요구된다. 이를 위해서는 모금전문가를 양성하는 것이 필요한데, 모금활동에 참여할 자원봉사자를 비롯한

7) 기부금품의 모집 및 사용에 관한 법률은 2006. 3. 24 일부 개정되었다. 기부금품모집규제법시행령도 2006. 6. 12 일부 개정되었다.

모금관련 담당자들이 교육·훈련에 참여하는 것이 바람직하다.

제 10 장을 위한 토의

□ 사회복지조직 모금의 방향성에 관한 자신의 견해를 피력하시오.
□ 우리나라 사회복지조직의 기금조성 현황에 대해 아는 바를 피력하시오.

■ 핵심단어

기금조성(Fund Raising), 기부자-투자자(donor-investor)

제3부

리 더 십

제11장 사회복지행정가
제12장 리더십 이론

11
chapter

사회복지행정가

사회변화에 따라 발생되는 여러 사회문제들에 대처하기 위해 각종 비영리조직들이 존재한다. 특별히 사회문제를 예방하고 치료적 접근을 시도하는 사회복지기관은 빠르게, 또 큰 폭으로 변화하는 사회환경 내지 사회복지환경에 민감성을 가지고 능동적으로 대응할 수 있어야 한다. 이는 기관의 최고관리자의 리더십에 관심을 집중시킨다. 사회복지기관의 최고관리자는 기관으로 하여금 변화하는 환경에서 생존하기 위한 자생력과 적응력을 가질 수 있도록 리더십을 발휘할 수 있어야 한다. 본 장에서는 먼저 사회복지행정가의 자세가 기본적으로 어떠해야 하는가를 살펴보고, 이어 이 시대의 바람직한 행정가 상을 고찰해 보고자 한다.

제 1 절 사회복지행정가의 자세

21세기의 사회변화는 비영리기관에 의해 좌우될 것이라고 미래학자들이 예견하고 있다. 영리를 목적으로 그간 기업들이 추구해 온 물질적 생산은 환경파괴와 비인간화를 야기시켜 왔다. 정부는 부정부패와 정치적 분쟁을 계속 일으키면서 변화하는 세계의 정세에 민감하게 대응하지 못해 온 것으로 보인다. 이 시대 비영리조직의 존재 의의가 여기에 있다 하겠다. 이러한 시대적 상황에도 불구하고 비영리조직을 운영하고 있는 최고책임자들은 빠르게 변화하고 있는 사회변화와 그에 따른 사회복지환경의 변화에 그리 민감하게 반응하고 있지 않는 듯하다. 비인간화, 사회정의 및 경제정의를 실현하기 위한 이 시대 비영리조직의 지도력 발휘를 위해서 필요한 변화는 다음과 같이 요약될 수 있다.

첫째, 비영리조직이 지역사회와 지역사회주민들의 삶의 질 변화를 추구하기 위해서는 조직의 사명헌장을 재검토할 필요가 있다. 즉 지역사회가 그 지역사회 내에 비영리조직을 왜, 어떻게 인정하고 있는가? 지역사회주민들의 사회적 욕구는 무엇인가? 그들의 고통과 불편함은 무엇이고 어디에 기인하는가? 조직의 설립이념은 무엇인가? 조직이 가지고 있는 철학과 가치관은 무엇인가? 등, 지역사회 내에 존재하고 있는 조직의 정당성과 위상, 사명에 대한 검토가 필요하다. 조직의 사명(mision)과 조직의 운영상의 목적 및 사업상의 목적, 목적 달성을 위한 목표, 목표달성을 위한 사업, 사업의 시기와 대상, 수행한 서비스의 효과성을 측정할 수 있는 측정도구 및 평가지표 선정 등이 일관된 맥락 속에서 실행될 수 있어야 한다.

둘째, 비영리조직의 최고책임자는 사회복지행정과 관련된 전문적인 지식과 기술을 보유·발휘할 수 있어야 한다. 일반행정과 사회복지행정은 사회복지행정이 갖는 특수성으로 인하여 크게 차별화된다. 사회복지 실무경험만을 가지고 사회복지조직을 운영할 수는 없다.

셋째, 사회복지조직도 일반기업과 마찬가지로 경영이론을 적용해서 운영해야 할 것이다. 사회복지조직의 지도자는 사회복지 전문가로서 경영마인드를 가지고 최소의 비용으로 최대의 효과를 낼 수 있는 경영전략을 수립해야 하며, 한편 선의의 경쟁을 통한 능력승진의 인사정책,

조직구성원들의 복리후생 프로그램, 공정한 임금구조 및 동기 부여적 보상제도 등을 통한 인적자원관리에 적극적 관심을 기울여 조직구성원들로 하여금 '만족'을 느끼게 하면서 조직의 목표달성을 위한 '성과'에 지도자의 리더십을 발휘할 수 있어야 할 것이다.

넷째, 급변하는 사회복지환경의 변화에 능동적으로 대처할 수 있는 리더십이 요구된다. 한편 사회복지행정가의 리더십은 사회복지사의 윤리적 책임행동에 지대한 영향을 미친다. 왜냐하면 조직의 최고책임자의 리더십은 그의 사회사업에 대한 가치와 철학, 그리고 윤리의식을 기반으로 형성되기 때문이다.

제 2 절 바람직한 사회복지행정가 상

21세기 정보화 시대에 사회복지계에서도 많은 강도 높은 변화가 요구되고 있다. 정보화 · 국제화 시대, 그리고 지식과 정보력을 필요로 하는 미래사회에서의 사회복지행정가는 어떠한 지도자이어야 하는가?

1. 민주적 의사결정과 의사소통에서 자유로운 지도자

조직구성원들의 진실한 감정의 표현을 허락할 뿐만 아니라 그러한 표현을 장려하는 지도자이어야 할 것이다. 인간성의 회복이 주요한 논제 중의 하나가 되는 미래사회에서 지도자는 조직구성원들과 충분하고도 자유로운 의사소통을 해 나가는 모습을 보여줄 수 있어야 하겠다. 업무에 있어서는 권력 중심적인 기술보다 민주적인 참여에서 비롯되는 의견수렴과 협조를 바탕으로 문제를 해결해 나가도록 지도하는 사람이어야 한다.

2. 권위를 사용하지 않는 지도자

조직의 목표달성을 위한 기능을 수행하기 위해 지도자는 조직으로부터 권위를 부여받아 권한을 행사하게 된다. 어떻게 해야 이 권위를 가장 효과적으로 사용할 수 있을까? 일반적으로 지도자가 권위를 가장 바람직하게 사용한다고 하는 것은 '부작용과 갈등을 최소화하면서 권한을 행사하는 것'이며 조직의 기능 수행을 위해서 요구되는 권한의 행사는 가능한 한 제한하되 권한을 행사하지 않고서도 역할 수행이 최대로 이루어지는 방향으로 나가게 하는 것이다. 권위를 행사하는 태도, 곧 정신이 중요한데 이 권위의 행사는 조직구성원들로 하여금 목표달성을 위한 합법적인 절차로서 이해되어져야 한다. 또한 권위는 조직구성원들이 권위를 수용하는 데에 있어 필연적으로 따르는 구성원 개인의 자치권의 상실을 불쾌하게 여기는 감정의 경향이 있음을 인정하면서 행해져야 한다. 그러나 무엇보다도 권위를 가장 효과적으로 사용하는 방법은 가급적 권위를 사용하지 않는 것이다. 사회복지조직에 있어서의 통제구조는 위계질서보다는 민주적인 지도력에 기초하고 있다. 통제는 성원들의 의견을 수렴하고 설득하는 등의 방법을 충분히 활용해야 하지만 조직 내의 지도자의 권위는 여전히 필수 불가결한 요소임에 틀림이 없다.

3. 인간에 대한 깊은 관심을 갖는 지도자

고도의 기계문명의 발달 속에서 모든 것이 기호화되면서 인간적인 요소가 점차 박탈되어지고 있는 미래사회에 있어서, 특별히 인간의 복지를 추구하는 사회복지조직에서의 지도자는 인간에 대한 진정한 관심을 필요로 한다. 사회복지전문가로서 개인의 존엄성과 독특성을 존중하는 가치 신념체계를 갖는 것은 당연한듯하지만 반드시 갖추어야 할 점이다. 또한 사람들을 이해하고 그들이 겪고 있는 어려움이나 문제들에 대해 주의를 게을리 하지 않는 지도자는 조직구성원들의 감정을 제대로 이해하고 감성을 발달시키며 관리할 수 있는 유능한 지도자일 것이다.

사회복지조직의 책무성 문제가 제기되고 사회복지행정에서 서비스의 질 및 효과성과 효율성의 요소를 중시한다 해도 가장 중요한 요소는 역시 인간적 요소일 것이다. 이 인간적 요소 가운데에서도 서비스 전달의 중심적 역할을 맡고 있는 사회복지사의 복지에 대해서는 비교적 소홀하다는 지적이 있어 왔다. 즉 사회복지실천에 있어서 클라이언트의 인간으로서의 존엄성은 강조가 되었지만 사회복지사의 인간으로서의 존엄성은 무시되었다고 볼 수 있다. 사회복지행정가는 조직의 구성원으로서의 사회복지사의 고뇌, 고통, 좌절, 소진, 그리고 개인적 어려움 등에 관해서 진정한 관심을 가질 수 있어야 한다는 것이 성찰적 사회복지행정의 개념이다. 그러나 사회복지사의 개인적 문제에 대해 어느 수준까지 개입해야 하는가에 대해서는 의견이 분분할 수 있다. 왜냐하면 사회복사와 행정가의 관계는 클라이언트와의 관계와는 달리 치료적 관계는 아니기 때문이다.

4. 미래지향적 관점을 가진 지도자

성보화시대에 있어서 사회복지업무의 효율성을 극대화하기 위해서는 조직 경영이론 및 다양한 조직관리 및 경영기법이 도입될 수 있어야 한다. 이에 사회복지조직은 미래지향적 관점을 가진 창의적 사고의 지도자를 필요로 한다.

5. 비전을 제시할 수 있는 지도자

조직구성원들이 미래에 대한 공통된 비전을 가지고 있다는 것은 조직의 효율성을 높여 준다. 그것은 각 조직구성원들이 자신이 속한 조직을 위해 무엇을 해야만 할 것인가를 생각하게 해 주고 또 판단할 수 있게 해 준다. 비전은 현실을 타파하고 현실보다 나은 미래를 향하게 하며, 실현 가능한 미래를 설계하는 데에 도움을 준다. 지도자는 조직을 위해 명확하고 실현 가능한 미래에 대한 이미지를 가질 수 있어야 한다. 이 이미지가 바로 비전이다. 즉 과거에 기초하여 미래를 내다보면서 현재를 살 수 있는 지도자, 필요한 개혁과 혁신을 할 수 있는 용기와 결단을 가진 지도자, 그리고 조직구성원들에게 희망을 줄 수 있는 지도자를 필요로 한다.

6. 정보와 지식을 소유하는 지도자

21세기는 정보 혁명의 시대이다. 즉 인터넷의 도입, 정보와 지식의 동시 공유화, 전자우편으로 인한 동시 정보시대에 있어서 정보에 대한 수집·분석·판단·평가력이 필요하다. 정보는 지식의 기초이며 직종과 관련된 고유의 지식뿐만 아니라 특정한 사회적 이해와 관련된 모든 지식 및 업무 전문 지식이 필요하다. 정보와 지식은 조직을 관리하고 통제할 수 있는 수단이 되며 조직의 목표달성과 관련된 업무 전문 지식은 정보화 시대에서 살아남을 수 있는 기조가 된다.

7. 윤리적 지표로서의 역할 모델이 되는 지도자

기본적으로 정직과 성실, 책임성을 소유한 지도자이어야 하며 사회복지의 가치, 윤리, 철학을 몸소 실천해 보일 수 있어 조직구성원으로부터 권위를 인정받으면서 윤리적 지표로서 역할 모델이 될 수 있는 지도자를 필요로 한다.

제 11 장을 위한 토의

- □ 성찰적 사회복지행정에 대한 자신의 견해를 피력하시오.
- □ 어떠한 행정가가 되기를 원하는가?
- □ 실습 또는 자원봉사활동을 통해 역할 모델이 되는 행정가를 만날 수 있었는가? 그의 행정가로서의 지도력에 대해 설명해 보시오.

■ 핵심단어

사명헌장(mission statement), 비전(vision)

12
chapter

리더십 이론

비영리조직의 자생력과 적응력은 특별히 21세기 비영리조직에 있어서 중요한 화두가 된다. 빠르게 변화하는 환경에서의 생존은 적응력에 달려 있고, 적응력은 변화를 예측하는 것을 전제로 한다. 자생력은 단순히 사업을 유지하는 것 이상을 의미하는데, 자생력이란 지역사회주민 · 후원자 · 정부 관련자 · 이사회의 욕구를 충족시키고 건강한 재정을 확보하며, 효율적으로 조직을 관리하면서 비영리조직으로서의 책무성을 이행하는 역동적인 기관으로 발전함으로써 그 역량을 구축하는 것이다. 이러한 자생력은 바로 변화에 대한 적응력으로부터 나온다. 이같이 자생력과 적응력이라는 개념은 서로 불가분의 관계에 있다. 이러한 비영리조직의 자생력과 적응력은 관리자의 리더십과 깊은 관계를 가진다. 본 장에서는 급변하는 사회복지환경에 능동적으로 대처하기 위해 필요한 21세기 비영리조직 리더의 리더십에 관해 고찰해 보고자 한다.

제 1 절 리더십에 대한 이해

1. 리더십의 개념 및 특징

리더십의 개념은 이를 다루는 입장이나 관점에 따라 다양하게 정의되고 있다. Trecker(1977)는 리더십을 '공동목표를 달성함에 있어서 사람들이 협동하여 일하도록 영향을 주는 능력'이라고 하였고, Yukl(1994)는 '특정한 목적 달성을 위하여 개인이나 집난에게 영향력을 수기 위한 개인의 의도적인 노력'이라고 정의하였다. Robbins는 리더십을 '목표달성을 지향하도록 집단에 대하여 영향을 미칠 수 있는 능력'으로 정의하고 있다. 비슷한 정의이지만, Terry는 리더십을 '사람들로 하여금 집단의 목표를 기꺼이 달성하게끔 영향을 미치는 활동'이라고 하였다. 남기민(1988)은 '조직의 목표달성에 있어서 조직의 구성원들이 조직과 관련된 행동에 자발적으로 종사할 수 있게끔 어떤 주어진 상황에서 공식적 지위에 있는 사람이 영향력을 행사하는 과정'이라고 하였다. 이와 같은 정의들을 볼 때, 리더십의 핵심 개념은 '영향력을 행사하는 과정'이라 규정할 수 있겠다.

이와 같은 여러 학자들의 리더십에 관한 정의를 토대로 볼 때 리더십의 특징은 다음과 같이 설명될 수 있다.

첫째, 리더십은 사람에 의해서 만들어지는 활동으로 리더십의 활동 중심은 개인이다.

둘째, 리더십은 정적인 것이 아니라 동적인 것으로 하나의 과정이다.

셋째, 리더십의 초점은 개인이나 집단과 같은 추종자들로서 사람에게 영향력을 주기 위한 활동이다.

넷째, 리더십의 가장 중요한 요인은 '영향력'이다. 영향력을 받는 대상은 추종자들이며 그들의 감정 및 행동에 대한 영향력을 만들어 내기 위한 활동이 리더십인 것이다.

다섯째, 리더십의 목표는 기관의 목표 달성이다.

여섯째, 리더십 행위는 우발적 행위가 아닌 특정한 목적 달성을 위해 개인이 시도하는 의도적인 노력이다.

2. 사회복지조직에 있어서의 리더십의 필요성

현재의 우리나라의 사회·정치·경제의 불안정에도 불구하고 복지국가로서의 면모를 갖추기 위해서 사회복지부분은 계속 발전해야만 할 것이며 21세기 정보화 사회에서는 서비스 산업이 발달할 것이라는 것이 미래학자들의 공통된 예측인데 사회복지 서비스도 그 중의 하나이다. 최근 삶의 질에 대한 국민적 관심이 높아지면서 사회복지에 대한 관심도 고조되고 있다. 좀 더 구체적으로 살펴보면, 정치적 여건의 변화로서 지방자치제가 본격화됨에 따라 지역주민의 다양한 복지욕구에 대한 대처 방식이 지방자치단체별로 상이하게 될 것이며, 경제적 여건의 변화에 따른 2차, 3차 산업 중심의 고도 산업사회 및 도시화의 진전으로 도시 저소득층, 결손가정, 청소년 비행, 실업, 교통 및 산업재해 등의 사회문제가 증가하고 있다. 한편 사회적 여건에 따른 노령인구의 증가, 소가족화·핵가족화, 여성의 사회진출, 전통적인 가족 부양기능의 약화, 이혼·별거·사별·가출로 인한 가족기능의 약화 내지 해체 등에 따라 전문화된 사회복지 서비스 욕구는 크게 늘어날 것이다. 따라서 이와 같은 정치·경제·사회 여건의 변화에 따른 복지욕구의 추이를 민감하게 주시하면서 사회복지조직에서의 최고책임자 및 중간관리자의 리더십은 21세기 사회복지사업의 전망에 비추어 이에 적절히 대응할 수 있는 것이어야 한다. 어느 조직이나 마찬가지이겠으나 특별히 인간을 대상으로 하는 인간봉사조직인 사회복지조직에서의 리더십은 사회복지조직의 특수성에 의해 특별한 기능을 필요로 한다. 사회복지조직의 특성에 관해서는 제2장 제1절에서 설명하였다.

리더십은 조직의 성과에 영향을 미치는 가장 중요한 변수의 하나로서 행정가에게 있어서 조직의 목적과 목표를 달성하는 활동의 핵심이 된다. 즉 지도자 · 조직구성원 · 상황적 요소들의 함수관계로 이루어지는 리더십은 조직의 목표달성에 영향을 미치는 중요한 요소의 하나이며, 조직을 책임지고 있는 최고관리자층에게 있어서는 자신의 활동의 핵심이 되는 것이다. 조직의 리더십 유형 여하에 따라 서비스의 효과성이 달라질 수 있는데, 조직에서 리더십이 왜 필요한가 그 중요성은 다음과 같이 설명할 수 있다.

첫째, 많은 전문가가 일하고 있는 사회복지조직에는 전문가의 자율성에 대한 욕구와 조직의 통제 욕구 사이에 부단한 긴장이 존재한다. 이에 조직의 규칙 또는 규정을 준수하도록 동기부여 할 수 있는 리더십이 필요하다.

둘째, 사회복지서비스 분야는 변화하는 환경적 압력이 끊임없이 증가되고 있고, 이와 같은 변화에 대응하기 위해 리더십이 필요하다.

셋째, 사회복지서비스 분야의 새로운 기술, 새로운 구조의 도입 등 내부적 변화가 조직에 통합되도록 하기 위해서는 리더십이 필요하다.

넷째, 사회복지조직에 있어서 조직구성원들이 가지는 전문적 목표가 조직의 목표와 반드시 일치하는 것은 아니다. 조직구성원의 목표와 조직의 목표 사이에 가능한 한 많은 일치를 가져올 수 있도록 하는 데에 리더십이 요구된다(최성재 · 남기민, 2000: 321 재인용).

리더십에 관한 연구는 경영학, 행정학, 교육학에서는 오래 전부터 그 연구가 활발했으나 사회복지학에서의 리더십 연구는 부진한 것이 사실이다. 남기민(1989)의 연구, 강철희(2000), 김영종(2000), 신준섭(2000)의 연구 외에 석사학위 논문 중 다수가 있을 뿐이다.

제2절 리더십의 전통적 이론

리더십 이론은 역사적으로 보면 1940년대의 특성이론으로부터 시작하여 행동이론을 거쳐서 상황이론으로 발전하여 왔다. 최근에는 리더의 효과성은 리더십이 발휘되고 있는 상황에 의해 결정된다는 관점에 따라 다양한 상황이론이 주장되고 있다.

1. 특성이론(Trait Theory)

1940년대와 1950년대의 리더십 이론들은 지도자가 갖는 보편적인 특성이나 리더십 행동 유형으로 리더십 효과성을 설명하고자 하였다. 그리하여 초기의 리더십 연구들은 지도자의 특성에 초점을 두었다. 이 이론은 효과적인 지도자에게는 비효과적인 지도자와 구별될 수 있는 어떤 보편적 특성이 존재할 것이라고 보았다. 즉 이 이론의 기본전제는 어떤 특정한 특성들을 갖추게 되면 효과적인 지도자가 될 수 있다고 하는 것이다. 이와 같은 분명한 자질을 가지고 있는 사람들을 지도자로 택함으로써 조직에 더 좋은 결과를 가져올 수 있다는 것이다. 그러나 특성이론은 구체적인 상황에서 리더십 효과성과 관련된 구체적인 퍼스낼리티 특성이 존재한다는 것은 분명히 나타내 주지만 비성공적인 지도자와 성공적인 지도자를 구별해 주는 분명한 특성들이 존재한다는 것을 보여주지 못하였다. 즉 모든 지도자가 보편적으로 소유하고 있는 구체적인 특성들을 찾아내려는 노력은 실패하였다. 다시 말하면 항상 성공적이지 못한 지도자로부터 성공적인 지도자를 구별해 주는 분명한 일련의 특성들이 존재한다는 것을 보여주지는 못하고 있는 것이다. 그 밖에도 특성이론은 조직구성원들의 욕구를 무시한 점, 여러 가지 특성들의 상대적 중요성을 밝히는데 실패한 점, 지도자가 조직구성원의 행동에 영향을 미치기 위하여 보여 줄 행동유형을 보여주지 못한 점, 그리고 상황적 요소들을 고려하지 않은 점 등에 있어서 비판을 받고 있다(최성재 외, 2000). 한편 인적자원 관리 면에서 이 특성이론은 효과적인 리더십에 관련된 지도자의 육체적·지능적, 그리고 성격적 특성을 연구하고 성공적인 직무수행에 요구되는 구성원의 자격조건을 분석함으로써 직원선발과 승진, 그리고 교육훈련 등에 많은 도움을 주기도 한다.

2. 행동이론(Behavioral Theory)

특성이론에 대한 불만으로 1950년대 행동과학자들은 실제적인 지도자의 행동에 관심을 두기 시작하였다. 효과적인 지도자는 그들의 특별한 리더십 행동에 있어 비효과적인 지도자와 구별된다는 이론이다. 지도자의 행동유형과 리더십 유형을 연구하여 이론화한 것 중에는 오하이오 연구, 미시간 연구 그리고 관리격자 이론 등이 있다.

1) 오하이오 연구[8)]

오하이오 주립대학교의 연구는 지도자의 행동유형에 초점을 둔 것으로 지도자의 행동기술 질문지(LBDQ: Leader Behavior Description Questionnaire)를 개발하여 자료를 수집하고 분석하여 지도자 행동을 구조주도행동과 배려행동이라는 두 가지 차원으로 요약하였다. 구조주도(initiating of structure)란 리더가 구성원들을 지시하는 행동, 과업을 조직화하고 명백히 하여 주는 행동, 업무를 할당하고 의사소통의 망을 확립하며 우수한 성과를 내도록 독려하는 행동 및 업무집단의 성과를 평가하는 행동을 말한다. 즉 부하직원들에게 규칙과 절차를 따르도록

8) Stogdill, Fleishman, Hemphill 등의 오하이오 주립대학교의 연구팀이 제시한 '오하이오 연구 리더십' 척도는 〈부록 11〉에 제시하였다.

하고, 직무수행 기준을 준수하도록 하며, 다양한 집단구성원들의 역할을 명확히 규정하는 것과 같은 행동이 포함되어 과업지향적 성격을 갖는다. 한편 배려(consideration)는 신뢰, 상호존경, 우정, 지원, 개방적인 의사소통, 그리고 구성원의 이익을 대변하는 행동으로 정의된다(Gutknecht & Miller, 1986). 즉 부하직원들을 깊이 생각해 주는 리더의 지원적·우호적 행동, 친밀감을 조성하는 행동 등 인간지향적인 행동이 포함된다. 구조주도 행동과 배려행동의 결합형태는 다음의 〈그림 12-1〉과 같이 구성될 수 있다.

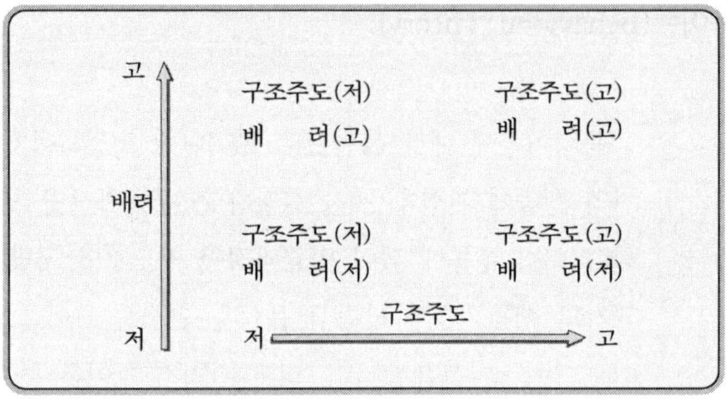

자료: Hersey & Blanchard(1982), *Management of Organizational Behavior*, Utilizing Human Resource, 4th ed.,

〈그림 12-1〉 구조주도 행동과 배려 행동의 결합형태

행동과학자들이 광범위하게 연구한 결과 위 〈그림 12-1〉의 네 가지 리더십 행동 유형 중 구조주도와 배려에서 높은 점수를 얻은 지도자가 구조주도 또는 배려 어느 한쪽에서 낮거나 또는 둘 다 낮은 지도자보다 조직구성원들의 성과와 직무만족을 가져오는 경향이 있음을 발견하였다(최성재 외, 2000: 324-325 재인용).

오하이오 주립대학교의 연구는 리더십 효과성에 미치는 상황적 요소들의 영향을 고려하지 않았다는 점과 리더 행동 차원에 대한 리더 자신의 측정과 하위자들의 측정이 일반적으로 높은 관련을 맺고 있지 않다는 점에서 비판을 받고 있으나, 이와 같은 비판에도 불구하고 리더

행동의 차원들을 찾아서 규명하려는 구체적인 노력과 리더십에 관한 오늘날의 연구에 지식적인 기초를 마련해 주었다는 점에서 높이 평가받고 있다(남기민, 1989).

이 구조주도 행동은 직무 중심적 지도력, 과업 지향적 그리고 업무 중심으로 표현되고 있으며, 배려행동은 구성원 중심적 지도력, 관계 지향적, 그리고 인간 중심으로 표현되기도 한다.

2) 미시간 연구

미시간 연구는 거의 같은 시기에 미시간 대학교에서 리더 유형을 연구한 것인데, 직무 중심적 리더십 유형과 구성원 중심적 리더십 유형을 확인하였다. 직무 중심적 리더십은 세밀한 감독과 합법적이고 강제적인 권력을 활용하여 업무계획표에 따라 이를 실천하고 업무성과를 평가하는데 초점을 둔다. 반면, 구성원 중심적 리더십 유형은 인간 지향적이며 구성원들에 대한 신임과 신뢰, 권한의 위임, 승진, 인정, 필요한 정보의 지속적 제공, 구성원의 복지욕구 및 개인적 성장과 발전에 대한 관심을 강조한다. 즉 구성원 중심적 리더들이 더 높은 집단 생산성과 더 높은 직무만족과 관련되어 있는 반면, 직무 중심적 리더들은 더 낮은 생산성과 더 낮은 직무만족과 관련되는 경향을 보이고 있다는 결론을 내렸다.

3) 관리격자 이론[9)]

관리격자 이론은 오하이오 연구와 미시간 연구의 리더십 행동의 두 가지 차원에 기초를 두고 Blake & Mouton(1961)이 제시한 이론이다. 이 격자는 가로축과 세로축을 따라 각각 아홉 개의 위치가 설정되었고, 결국 81종류의 합성적 리더십 유형이 만들어지는데 이 중 기본적인 다섯 개의 리더십 유형을 무기력형 · 컨트리클럽형 · 중도형 · 팀형으로 분

9) 관리격자 척도는 〈부록 10〉에 제시하였으며, 관리격자의 그림은 〈표 3〉으로 나와 있다.

류했으며, 팀형 리더 밑에 있는 집단들이 가장 높은 성과를 보이고 있다고 결론지었다.

무기력형은 인간과 업무에 대한 관심 정도가 모두 낮은 위치(1-1)에 있고, 컨트리 클럽형은 인간에 대한 관심은 매우 높으나 업무에 대한 관심은 매우 낮은 유형으로 관리격자의 그림의 왼쪽 상단에 위치(9-1)한다. 과업형은 인간에 대한 관심은 매우 낮고, 반면 업무에 대한 관심이 매우 높은 형으로 그림의 오른쪽 하단에 위치(1-9)한다. 중도형은 인간 및 업무에 대한 관심 정도가 중간적인 위치(5-5)에 있고, 팀형은 인간 및 업무에 대한 관심이 모두 높은 유형으로 오른쪽 상단에 위치(9-9)한다. 관리격자 척도는 부록에 있는데, 이 척도로 자신의 리더십 유형을 간단하게 측정해 볼 수 있다.

이상의 행동이론에서는 리더십 행동 유형과 리더십 효과성간에 일관된 상관성을 확인하고자 한 연구들을 하였으나 역시 실패하였다. 즉 리더십 행동 유형의 연구결과가 상황에 따라 달리 나타나고 있기 때문에 연구결과를 일반화할 수 없었다. 다시 말하면 리더의 보편적 특성이나 어떤 특정한 리더의 행동유형이 모든 상황에 보편적으로 적용될 수는 없다는 것이다. 이 세 가지 행동이론 중, 지난 2000년까지는 오하이오 연구의 척도가 사회복지계에서 많이 활용되었으며, 관리격자 이론의 척도도 5개의 문항으로 되어 있어 비교적 손쉽게 사용할 수 있는 척도로 리더십에 관심이 있는 사람들이 자신 또는 상급자의 리더십 측정에 활용하고 있다.

3. 상황이론(Situational Theory)

1960년대 말 행동이론의 한계를 극복하고자 하는 새로운 접근방법으로서 상황이론이 대두되기 시작하였다. 상황이론을 설명해 주고 있는 3가지 이론은 상황적합 이론, 경로-목표 이론, 대체물 이론 등이다. 리더십 상황이론은 과업의 성격과 조직 구성원의 특성, 그리고 권력 구조와 정보체계 등 리더십 과정에 영향을 미치는 조직체의 상황적 요소를 연구함으로써 성과달성에 적합한 관리자의 선정과 리더십 환경조성에 많은 도움을 주었다.

1) 상황적합 이론

이 이론은 지도자 유형과 상황적 조건을 결합시키려는 이론이다. Fiedler는 지도자 유형을 관계 지향적 지도자와 과업 지향적 지도자로 분류하였다. 과업 지향적 지도자는 매우 호의적인 상황이나 또는 매우 비호의적인 상황에서 더 좋은 성과를 올리는 경향이 있으며, 관계 지향적 지도자는 호의성이 중간 정도일 때 더 높은 성과를 올릴 수 있다는 것이다. 이 상황적합이론은 상황변수들이 복잡하고 측정하기 어렵다는 것 외에도 몇 가지 약점을 가지고 있으나 리더십 효과성에 대한 상황조건의 설명에서 비교적 설득력을 가지고 있다.

2) 경로-목표 이론

House는 리더십에 관한 오하이오 연구와 동기부여의 기대이론을 결합하여 경로-목표이론을 제시하였다. 즉, 효과적인 리더가 되기 위해서는 조직구성원들이 소기의 목표를 성취할 수 있도록 방향을 제시해 주고 동시에 조직의 목적·목표와 조직구성원들의 업무가 일치되는 방향으로 업무를 수행할 수 있도록 지원하는 역할을 해야 한다는 것이다. 다시 말해 조직구성원들의 특성에 따라 업무환경과 관련된 다양한 상황 속에서 리더가 이에 적합한 행동을 취하는 것이 조직구성원들의 목표를 향한 동기를 제고시키고, 이에 따라 높은 수준의 직무만족 및 직무성과를 가져올 수 있다고 주장한다. 경로-목표 이론의 핵심은 지시적 지도자 행동은 비구조화된 과업에 종사하는 조직구성원들을 위해 더 효과적이고, 지지적 지도자 행동은 조직구성원들이 구조화된 일상적 작업을 수행할 때 더 높은 만족을 가져온다는 것이다. 이 이론은 특히 조직구성원의 만족을 예측하는 데 있어서 강한 예측력을 가지고 있다.

3) 리더십 대체물 이론

Kerr는 리더십 연구에서 리더십 행동을 대체하는 대체물로서의 상황변수를 확인하는 작업을 최초로 시도하였다. 즉 리더십의 영향력을 약화시키는 상황적 측면을 두 개의 변수로 대별하고 있는데 대체물과 장애물이 그것이다. 대체물이란 지도자 행동을 불필요하게 만드는 상황변수를 말하며, 장애물이란 지도자 행동의 유효한 기능을 방해하고 지도자 행동의 효과를 약화 내지 중화시키는 상황변수를 말한다. 조직구성원의 성과 및 만족에 관한 지도자 행동의 영향력이 조직구성원의 특성, 과업의 특성, 조직의 특성과 같은 리더십 상황에 의해 크게 제약을 받게 된다는 것이다. 이 리더십 대체물 이론은 리더십 연구에 대한 새로운 시각을 제공해 주고 있다는 점에서 높이 평가될 수 있으나 아직까지 광범위한 실증적 연구가 이루어지고 있지 않아 그 유용성이나 타당성을 평가하기 위해 후속연구가 이루어져야 할 것으로 기대된다(최성재 외, 2000).

4. 가치 지향성에 따른 리더의 유형

1950년대-1970년대의 리더십에 관한 연구는 주로 리더의 두 가지 행동을 가지고 리더십 유형을 설명하였다. 즉 구조 주도적(과업 지향적) 행동과 배려 지향적(인간 지향적) 행동으로 리더십 행동을 개념화하고 설명하였으나, 이러한 연구는 리더의 구체적인 역할을 이해하는 데는 추상적이라는 비판을 받게 되었다. 다시 말하면 리더가 조직의 문제해결을 위해서 취하는 결정행동은 그의 심리적 특성에 따라 달라질 수 있다는 것이다. 리더가 어떤 가치를 지향하느냐에 따라서 문제해결 행동이 달라질 수 있다고 이야기한다. 즉 리더가 직면하게 되는 역동적인 외부환경의 문제와 내부 통합의 문제를 해결하기 위해서는 융통성과 평등주의적 가치를 지니는 것이 필요하며 이 융통성과 평등주의가 이러한 문제해결과 관련하여 영향을 미치는 변수라는 것이다.

이제 이 두 가지 가치를 설명해 보기로 한다. 융통성은 외부환경 요인에 대한 고려와 관련된 변수로 개인의 생각과 사회적 행동의 적응성을 의미한다. 융통성이 있는 사람은 공식적이지 않고 모험적이며, 익살스럽고 반항적·이상주의적·단정적·자기 본위적이며, 개인적인 쾌락과 유희에 매우 관심이 높다. 반면, 융통성이 모자라는 사람은 심사숙고하고 주의 깊으며, 걱정이 많고 근면·신중·완고·공식적이며 예의가 바르고 생각이 현학적이다. 융통성이 많은 리더는 외부로부터 새로운 정보를 구하기 때문에 환경에 반응하는 전략을 구사한다. 따라서 이러한 조직은 변화하는 상황에 적절하게 반응하고 또 적응하게 된다. 한편 의사결정 권한을 하부조직에 더 많이 위임하고 공식화 및 전문화의 수준은 낮다.

평등주의는 조직구성원들에 대한 인간적인 배려와 관련된 변수로, 인간은 근본적으로 평등하기 때문에 동등한 권리와 특권을 누려야 한다고 믿는 정도이다. 평등주의적 성향이 강한 리더는 개인에게 존중심을 갖고 인간적인 배려를 한다. 조직 내 위계수준을 최소화하여 조직 내 권력 격차를 최소화하려고 노력한다. 따라서 조직구성원들의 요구를 받아들이고 불평을 시정하는 방향으로 조직구조를 설계한다.

이러한 융통성과 평등주의 가치를 어느 정도 지향하느냐에 따라 다음의 네 가지 리더의 유형이 나온다.

1) 인화 지향적 리더

융통성은 낮지만 평등주의적 성향이 높은 리더로, 외부환경의 변화에 민감하지 못하고 적응성은 낮지만 조직 내부 구성원들을 인간적으로 배려해 주는 리더이다.

2) 변화 지향적 리더

융통성이 높고 평등주의적인 성향이 높은 리더로, 외부환경의 변화에 민감하여 적응성이 높고 조직 내부 구성원들을 인간적으로 배려해 주는 리더이다.

3) 과업 지향적 리더

융통성은 높고 평등주의적 성향이 낮은 리더로, 외부환경의 변화에 민감하여 적응성이 높고 인간 중심적 내부 통합보다는 구조 주도적 내부 통합을 강조하는 리더이다.

4) 안정 지향적 리더

융통성은 낮고 평등주의적 성향도 낮은 리더로, 외부환경의 변화에 민감하지 못하여 적응성이 낮고 인간 중심적 내부 통합보다는 구조 주도적 내부 통합을 강조하는 리더이다.

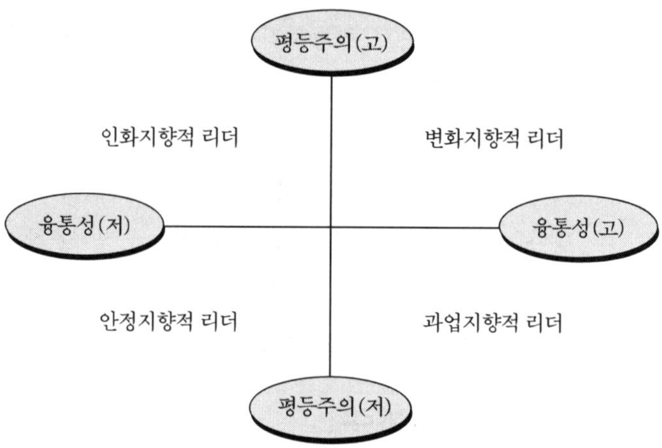

〈그림 12-2〉 가치 지향성에 따른 리더의 유형

제3절 사회복지환경과 리더십

2000년대의 사회복지조직은 급변하는 사회복지환경의 변화에 적극적으로 대처하지 못하면 사회복지조직 간의 경쟁에서 도태되고 위기상황이 초래될 것이라고 많은 학자들이 경고하고 있다. 최근의 우리 사회의 사회복지환경은 빠르게 변화하고 있고, 이러한 변화에 민감하게 또 적극적으로 대처하지 못한다면 21세기 비영리 인간봉사조직으로서의 생존이 위협받을 것이라는 우려에 직면하고 있다.

우리나라 사회복지환경의 최근의 변화에 대해서 살펴보기로 한다.

1. 사회복지 공급 주체의 다원화

1997년 12월 IMF 구제금융 이후 기존의 사회복지조직 외에 종교단체, 시민단체를 중심으로 한 민간조직들의 사회복지활동에의 참여가 활발해 지기 시작하였다. 사회문제를 완화하고 해결하는 것이 국가의 책임만은 아니다. 기업, 종교단체, 시민단체 등 민간이 국가를 도와 도움을 필요로 하는 사람들을 대상으로 사회복지사업을 하는 것은 고무적인 일이다. 현재 수십 개의 기업재단이 사회복지 활동에 참여하고 있고, 서로 다른 종파들이 경쟁적으로 사회복지에 참여하고 있다.

그러나 한국사회의 사회복지의 총량이 확대된다는 것은 매우 바람직한 일이지만 제한된 예산과 대상을 놓고 서로 경쟁하는 관계 속에서 기존의 기득권을 확보하고 있는 사회복지기관들의 행태를 문제 삼고 있는 사례가 증가하고 있기도 하다. 예를 들어 비민주적 운영사례, 후원금 관리의 투명성에 대한 의혹, 모금에 대한 행정비 과잉 지출 등 서비스의 책무성에 대한 논란이 끊임없이 제기되고 있다.

2. 급격한 사회변화와 다양한 사회문제의 대두

사회변화에 따라 사회의 가치나 규범이 변화하는 과정 속에서 소외되고 낙오된 자, 사회 부적응자가 발생하므로 심각한 사회문제가 발생한다. 예를 들어 학교생활 부적응 청소년, 집단따돌림, 노인들이 겪는 어려움 중 가장 심각한 고독의 문제, 기업의 구조조정 또는 대학입시 등 경쟁에서의 실패로 인한 각종의 사회문제가 발생하고 이에 따라 사회복지서비스에 대한 욕구가 증가하고 있으며 따라서 이에 대한 적극적인 개입이 필요하다.

3. 사회복지조직의 책무성과 전문성에 대한 요구의 증대

지방자치제가 정착되면서 지역사회주민들의 복지욕구가 증대되고 투표권을 의식한 여성·노인인구를 표적으로 한 프로그램이 개발되거나 관련 시설이 증설되고 있다. 이와 같이 서비스 대상자인 유권자의 욕구를 충족시키기 위한 프로그램들이 무계획적으로 개발되는 현상을 보이기도 하였다. 이는 지역사회주민들의 복지욕구 충족이라는 측면에서는 바람직한 현상이라 하겠으나 서비스의 효율성과 효과성을 과학적으로 증명하면서 사회복지 서비스의 전문성을 증진시키는 노력이 뒤따라야 하겠다.

4. 사회복지서비스의 민영화 경향

국가의 역할보다는 시장과 시민사회의 기능을 강조하는 변화가 일어나면서 사회복지조직의 민간 위탁운영이 많아지고 있다. 민간사회복지조직들은 시장원리에 따라 수요가 크면 사업을 확장하고 반대로 수요가 감소하면 사업을 축소하거나 종결하는 시장과 시민사회의 기능을 강조하는 방향으로 나아가고 있다. 한편 정부로부터 기관을 수탁 받아 운영하고 있는 법인들은 사업의 방향을 결정함에 있어 지역사회주민들의 욕구나 참여에 관심을 가지기보다는 정부의 결정에 더 많은 영향을 받는 경향이 있는 것이 사실이다. 즉 사회사업이 전문직으로서 가지고 있는 자율성은 약해지고 정부에 의존하는 행태가 생기고 있는 것이다. 이러한 상황 속에서 지역사회 내 사회복지 관련 기관들의 서비스의 중복과 누락으로 인적·물적 자원의 낭비가 초래되고 있기도 하다. 이는 우리나라 민간사회복지조직의 성장과 발전을 저해하는 원인이 되고 있다. 따라서 이러한 행정 행태는 사회복지조직들이 지역사회주민의 복지욕구에 대해 전문적으로 대응하는 것을 어렵게 하고 있을 뿐만 아니라 사회사업의 전문성 증진에 커다란 걸림돌이 되고 있는 것이다.

5. 사회복지사업법의 개정

사회복지시설 설치에 대해 허가제를 폐지하고 신고제를 도입함으로써 사회복지시설의 개방과 경쟁을 유도하면서 한편 시설평가제를 도입하여 사회복지조직의 책무성 이행 의무를 제도화하고 있다. 즉 최소한 3년에 1회 이상의 시설 운영평가를 통해 경쟁력과 전문성, 투명성을 확보함으로써 사회복지조직은 책무성을 입증해야 하는 의무를 가지게 된 것이다. 이 제도는 가시적이며 측정 가능한 목표를 강조하고 있는데, 사회복지조직의 책무성 이행을 운영 평가를 통해 감독하겠다는 의지를 보이는 것이다.

6. 국민기초생활보장법의 제정

2000년 10월 1일 소득인정제의 도입, 자활 프로그램을 강화하는 국민기초생활보장법의 제정으로 시민의 사회적 권리를 확보하게 되었다.

제4절 사회복지환경 변화에 따른 사회복지행정가의 리더십

1. 가치 경쟁적 리더십 통합모형

급변하는 현대사회의 사회복지조직에서의 리더는 특수하고 다양한 역할을 수행해야 하기 때문에 기존의 이분법적 리더십 분류에서 탈피한 보다 통합적인 리더십 이론의 필요성이 대두된다. 이와 같은 필요성에 부응할 수 있는 이론으로 '가치 경쟁적 리더십'을 제기할 수 있다. 이 리더십 이론은 경영학 분야에서 제기된 상황이론의 하나로서 사회복지조직 최고행정가의 다양한 역할을 포괄할 수 있는 이론이라 할 수 있다. '가치 경쟁적'의 의미는 아래에서 제시하는 네 가지 활동이 서로 상반된 가치를 추구한다는 것이다. 예를 들어 비전제시형의 리더십은 외부 지향적이고 개방적이며, 조직 활동의 유연성(융통성)을 추구하는 반면 이와 대비되는 분석형 리더십은 내부 지향적이며 구조화된 통제 위주의 상반된 가치를 요구한다는 것이다. 동기 부여형 리더십 역시 조직구성원들 간의 인간관계 향상에 가치를 둠으로서 유연성과 비집권적 특성을 보이나, 이와 상반되는 목표 달성가형 리더십은 조직 생산성을 최대화하기 위한 통제와 규율 위주의 공식적 리더십을 지향한다는 것이다. 이와 같은 최고행정가 리더십의 가치경쟁적 특성은 사회복지조직에서도 적용될 수 있다. 예를 들어 기관 효율성과 생산성에 대한 제고에 대한 강조는 클라이언트의 욕구에 대한 보다 인간적이고 효과적인 서비스 공급의 강조와 상반될 수 있다(Schmid, 1992). 결국 최고 행정가는 이와 같이 상반된 가치의 리더십을 주어진 상황에 맞게 적절히 구사해야 한다는 것이 가치 경쟁적 리더십(competing values leadership) 이론의 핵심이다.

1) Quinn의 리더십 통합모형

Quinn(1984, 1988)이 제시한 경쟁가치 접근방법(the competing values approach)에 기초한 사회복지행정가의 리더십 통합모형을 그림으로 표시하면 〈그림 12-3〉과 같다.

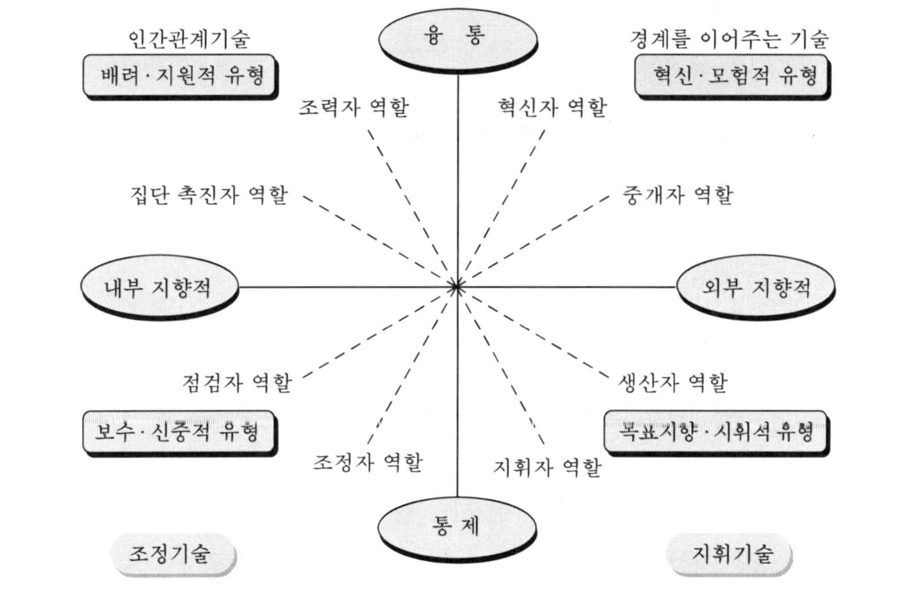

〈그림 12-3〉 사회복지행정가의 리더십 통합모형

가치 경쟁적 리더십의 네 가지 리더십 유형을 각각의 리더십에 필요한 기술, 가치 지향성, 그리고 역할에 관해 간략하게 살펴보기로 한다.

(1) 혁신 · 모험적 유형(inventive, risk-taking style)의 리더십: 비전제시가(Vision Setter)

이 혁신·모험적 유형의 리더십은 재정자원의 획득, 조직의 정통성 확립·유지, 외부 환경의 변화에 반응하는 조직의 서비스 조정, 책임성 관리, 지역사회 내 조직들 간의 공식적·비공식적 합의 교섭, 필요한 연합행동에의 참여 등의 영역에서 경계를 이어주는 기술(boundary-spanning skills)을 필요로 한다. 이 유형은 융통성(flexibility)과 외부지향성(external)의 가치를 지향하는데 적응적이고 융통적이며, 정치적이고 개방 체계적이라 할 수 있다.

이 리더십을 가진 리더는 혁신자(inventor role)와 중재자의 역할(broker role)을 한다. 이러한 유형의 리더십을 가진 리더를 비전제시가라고 명명한다.

(2) 배려 · 지원적 유형(concerned, supportive style): 동기부여가(Motivator)

배려·지원적 유형의 리더십은 융통성과 내부 지향성의 가치를 지향하는데, 이 리더십은 인간관계 기술(human relations skills)을 필요로 한다. 이러한 유형의 리더십을 가진 리더는 조직 내에서 조력자와 집단 촉진자의 역할을 하게 되는데, 이러한 리더를 동기부여가로 명명한다.

(3) 보수 · 신중적 유형(conservative, cautious style): 분석가(Analyzer)

분석가로 명명되고 있는 이 유형의 리더는 예산통제, 시간계획, 의사소통 및 의사결정체계, 인사관리체계, 직원교육체계, 평가체계 및 조직의 시설·설비·관리의 영역에서 통제와 내부지향성(control & internal)의 가치를 가지고 점검자(monitor role)와 조정자의 역할(coordinator role)을 한다. 즉 조직 내부적이고 조직의 구조를 유지하는 것과 관련된 문제에 초점을 두는 조정기술(coordinating skills)을 필요로 한다.

(4) 목표지향 · 지휘적 유형(directive, goal-oriented style): 목표 달성가(Task Master)

이 유형의 리더는 외부 지향적이고 비교적 구조화되고 정형화된 리더십 활동에 초점을 두면서 조직의 효율성과 효과성을 개선하는 데에 관심을 가진다. 조직의 목적 · 목표 설정, 전략적 기획, 점검활동 등의 활동영역에서 통제와 외부지향성(control & external)의 가치를 가지고 지휘기술(directing skill)을 발휘한다. 이 리더십을 가진 리더는 지휘자와 생산자의 역할(director role & producer role)을 한다. 이러한 유형의 리더십을 가진 리더를 목표 달성가라고 명명한다.

우리나라의 사회복지조직은 1980년대 이후에 설립된 조직들이 많고, 역사가 일천하여 조직이 안정되지 못하고 성숙성이 결여되어 있다. 정부의 보조금 교부가 시작되면서 사회복지조직의 책무성과 전문성에 대한 사회적 압력이 증가되고 있다. 이러한 상황에서 최근의 급격한 사회복지환경의 변화에 따라 조직관리에 상당한 어려움을 겪고 있다. 한편 사회복지공급 주체가 다원화됨에 따라, 조직간 경쟁이 심화되고 있고 사회변화에 따른 사회문제의 대두로 인해 사회복지서비스에 대한 욕구 수준이 높아지고 또 확대되었다. 또한 사회복지사업법의 개정에 따라 사회복지조직에 대한 평가제도가 도입되어, 재정적 · 심리적 압박감과 함께 평가를 위한 사업을 계획하는 등 부작용이 심화되고 있다.

이러한 상황 속에서 사회복지조직에서의 리더십은 그 어느 때 보다도 개방적 관점이 요구된다. 즉 사회복지조직을 이끌어나갈 책임을 가지고 있는 최고관리층의 사회복지행정가에게는 혁신 · 모험적 유형과 목표지향 · 지휘적 유형의 리더십이 요구된다. 다시 말해 혁신적이고도 성과 중심적인 리더십을 발휘해서 사회복지조직을 발전시키고 정통성을 인정받도록 최선의 노력을 경주하여야 한다. 이를 소홀히 하는 경우, 사회복지조직은 도태되고 위기상황에 직면하게 될 것이다.

2) 관리 수준에 따른 사회복지행정가의 리더십 유형

(1) 최고관리층의 리더십

최고관리자는 정책을 해석하고 정책에 맞는 조직의 목표를 설정하며, 필요한 재정적·정치적 지지를 획득할 책임을 가지고 있다. 즉 정책당국과 자금조달기관과 깊은 관련을 맺고 조직의 성과를 설명하고 자금청구를 정당화하려는 노력이 필요하다. 이를 위해서는 외부환경의 변화를 민감하게 파악하여 조직을 변화에 적절히 적응시키면서, 조직을 혁신하고 전반적인 지휘와 감독을 수행할 수 있어야 한다. 한편 조직의 구조, 조직활동의 우선순위 결정, 사업의 중·단기 방향 설정 등에 관한 리더십 활동이 필요하다. 따라서 최고관리층은 혁신·모험적 유형과 목표지향·지휘적 유형의 리더십이 필요하다고 할 수 있다.

(2) 중간관리층의 리더십

중간관리층은 최고관리층으로부터 내려오는 지시(downward communication)를 구체적인 프로그램으로 전환하고 인력과 물자를 확보한다. 또한 프로그램과 관련된 내부 운영절차를 개발하며 프로그램 활동을 감독·조정·평가하는 활동을 한다. 즉 중간관리층은 최고관리층과 하위관리층을 포함한 일선 사회복지사들 사이의 연결고리(linking pin)의 역할을 하여야 하는데, 중간관리층의 역할과 책임은 다음과 같이 설명할 수 있다. 첫째, 최고관리층과 하위관리층의 두 수준을 중재하면서 동시에 같은 수준의 다른 부서의 책임자에게도 프로그램을 설명하고 타협해야 할 책임이 있다. 둘째, 직원들의 사기, 서비스의 효율성 및 효과성에 도움을 주는 제반 조건들을 개발하고 유지하는 책임을 가진다. 셋째, 부서 내, 부서 간 수직적·수평적 의사소통을 촉진하고, 개인·집단 간의 갈등을 해소하는 책임을 가진다. 넷째, 조직의 규범체계를 수호하면서 조직의 성장과 발전을 촉진시키는 책임을 가진다. 따라서 중간관리층은 배려·지원적 유형과 보수·신중적 유형의 리더십이 필요하다.

(3) 하위관리층의 리더십

하위관리층은 직접 서비스를 제공하는 일선 사회복지사의 사례 및 프로그램 수퍼비전, 권한의 위임, 업무분담 등의 활동을 한다. 한편 중간관리층과 마찬가지로 연결고리의 역할을 감당하여야 하는데, 일선 사회복지사의 관심사와 상급자와의 의사소통을 촉진시키는 역할, 그리고 상급자의 지시를 일선 사회복지사들에게 명확히 전달할 수 있어야 한다. 중요한 것은 일종의 고참 전문가(senior practitioner)로서 역할모델을 보여줄 수 있어야 한다는 것이다. 따라서 하위관리층은 배려·지원적 유형과 보수·신중적 유형의 리더십이 필요한 것이다.

조직성과에 대한 모든 리더십 책임은 궁극적으로 최고관리층에게 주어진다. 조직의 규모가 작은 경우, 최고관리층은 기술한 4가지 유형의 균형있는 리더십이 필요할 것이고, 조직의 규모가 큰 조직의 경우에는 최고관리층에게 혁신·모험적 유형과 목표지향·지휘적 유형의 리더십이, 그리고 중간관리층 및 하위관리층의 행정가에게는 배려·지원적 유형의 리더십과 보수·신중형 유형의 리더십이 필요할 것이다.

3) 사회복지행정가의 리더십 기술 및 역할

(1) 최고관리층에게 필요한 기술 및 역할

① 경계를 이어주는 환경관리 기술 및 지휘기술

환경관리기술은 정치적 또는 협상기술을 포함하며, 과업을 수행하기 위해 접촉하게 되는 과업환경에서의 권력관계의 성격을 이해할 수 있어야 한다. 지휘기술은 개인 및 집단의 성취 욕구를 충족시켜 주는 방법을 아는 것, 권한위임, 기획, 목표설정 기술을 포함한다.

한편 최고관리층은 환경관리기술과 지휘기술을 사용할 경우, 조직 내·외부적으로 끊임없이 의사결정기술을 활용할 수 있어야 하는데, 최고관리층의 의사결정 영역은 다음과 같다. 조직의 기본적 목표설정, 외부의 이해관계 집단과 교섭하고 중재함으로써 조직의 정통성 확립, 조직의 목표를 달성하기 위한 서비스 기술의 선정, 조직의 내부 구조를 발전시키고 유지, 변화를 주도하고 수행하는 것 등이다.

② 최고관리층의 역할

최고관리층이 역할은 혁신자, 중개자, 생산자, 그리고 지휘자의 역할을 수행하게 된다.

첫째, 혁신자의 역할로 조직 내·외의 변화를 직감하고 새로운 기회를 추구하며, 새로운 아이디어를 장려하고 해결방안에 대한 의사결정을 한다.

둘째, 중개자의 역할로, 외부환경을 민감하게 인식할 수 있어야 하는데 정치적인 기민성이 필요하다. 자원 지향적이고 대인 접촉을 발전시키고 조직환경을 점검하며 권력과 영향력을 동원하기도 한다. 조직의 외부적 이미지를 유지하는 역할을 수행한다.

셋째, 생산자의 역할로 과업 지향적인 업무에 초점을 두고 조직구성원의 직무성과를 촉진한다. 상당한 양의 에너지를 투자하고 행동 지향적이어야 하며, 생산적인 일로부터 만족을 얻을 수 있어야 한다.

넷째, 지휘자의 역할로 외부의 환경변화에 민감하게 대응하면서 미래지향적인 목표를 설정하고 조직구성원들의 업무 및 역할을 명확히 하고 업무수행을 점검할 수 있어야 한다. 조직구성원들에 대한 환류를 제공하고 조직구성원 각자 혹은 각층에 대한 역할기대를 명백히 밝힐 수 있어야 한다.

(2) 중간관리층과 하위관리층에게 필요한 기술 및 역할

① 인간관계 기술과 점검·조정 기술

인간관계 기술은 자질이 있는 유능한 헌신적인 인력을 보유하고 동기부여 하는 것이 목표가 된다. 더불어 조직구성원 개개인의 욕구와 기대를 조직의 목표에 통합시킬 수 있어야 한다. 점검 및 조정 기술은 주로 조직 내부적이고 조직구조를 유지하는 것과 관련된 문제에 초점을 둔다. 수직적으로는 연결고리의 기능을 수행하고, 수평적 차원에서는 부서 간 갈등을 해결하고 통합하는 기능을 수행한다.

② 중간관리층과 하위관리층의 역할

중간관리층과 하위관리층의 역할은 조력자, 촉진자, 점검자, 조정자의 역할이다.

첫째, 조력자의 역할로 일선 사회복지사에 대해 보호적이며, 감정이입적 개입을 필요로 한다.

둘째, 촉진자의 역할로 조직 내 개인 및 집단 간 상호작용을 촉진시키고 조직구성원들 간의 원만한 인간관계의 조성을 위해 의도적인 관심이 필요하다.

셋째, 점검자의 역할로 예산통제, 시간계획, 각종 행정체계, 시설・설비・관리에 대한 감독, 그리고 필요한 정보를 수집하고 배분한다.

넷째, 조정자의 역할로 조직의 구조를 유지하고 목표달성을 위한 적절한 조정과 통제를 한다.

2. 변혁적 리더십과 거래적 리더십

변혁적 리더십이란 거래적 리더십과는 대조적인 것으로, 거래적 리더십이 리더와 조직구성원간의 교환관계와 보상 등을 중요시하는 것이라면, 변혁적 리더십은 조직구성원들에 대한 동기부여와 자아실현을 중시한다. 조직관리 측면에서 보면, 변혁적 리더십은 인간관계 접근이라 할 수 있고, 거래적 리더십은 과학적 관리이론에 근접한 것이라 할 수 있다. 바스(Bass, 1985)는 변혁적 리더십을 카리스마, 지적 자극, 개별화된 배려의 세 가지 차원의 개념으로 설명하고 있다. 카리스마의 속성을 지닌 리더는 조직구성원에게 비전과 사명감을 제시하고, 자긍심을 심어주며, 존경과 신뢰를 받는다고 했다. 한편, 카리스마적 리더는 강한 자신감으로 타자에게 영향력을 행사하려는 욕구가 강하고 목표를 명확히 제시함으로써 조직구성원들로 하여금 효과적인 목표달성을 위한 동기부여를 한다. 개별화된 배려는 조직구성원을 하나의 독특한 개인으로 처우하고, 각각의 관계에서 조언과 코치를 하는 것을 말한다. 즉 변혁적 리더는 조직구성원 개개인에 관심을 가지고 각 구성원들을 개인적으로 상대하면서 조언과 지도를 아끼지 않는다. 지적자극은 조직구성원에게 과거의 방식과 사고에 의해서 업무를 수행하는 것에 대해 새로운 자극을 통해 문제해결을 시도하도록 지지함으로써 해결해야 할 문제에 대해 창의적인 접근을 할 수 있도록 도움을 주는 것을 의미한다. 이 변혁적 리더십은 기대 이상의 성과를 도출해 내는 과정으로 표현되기도 한다. 즉 변혁적 리더는 조직구성원들과 미래의 비전을 공유하면서, 조직에 대한 몰입도를 높여 당초 조직구성원들이 생각했던 성과 이상으로 목표를 달성할 수 있도록 동기를 부여시키는 리더를 말한다. 따라서 변혁적 리더십은 특정성과의 가치와 중요성, 성과달성 방법에 대한 조직구성원들의 지각수준을 상승시킨다(Bass, 1985: Bargal and Schmid, 1989). 이는 문제해결을 위한 권한을 조직구성원에게 위임하고 비전실현을 위해 공헌 할 수 있다는 신념을 가질 수 있도록 고무시킨다. 더욱이 변혁적 리더는 효과적인 의사소통을 통해 조직구성원들의 능력과 그들의 가치에 대해 지속적으로 지지함으로써 조직구성원들의 자존감을 높인다.

거래적 리더십은 상황적 보상과 예외적 관리라는 두 가지 차원의 개념으로 설명할 수 있다. 상황적 보상이란, 보상과 처벌에 관한 조직구성원들 간의 합의가 있다는 것을 전제로 한다. 예외적 관리는, 조직구성원들이 기관의 제 규정 및 지침에 따라 기대되는 성과를 이루고 있으면, 특별한 개입을 하지 않는 것을 의미한다. 이와 같이 거래적 리더십은 조직구성원들의 역할과 책임을 명확하게 규정하고 조직이 기대하는 바에 따라 성과를 내었을 때 그에 맞는 적절한 보상을 해 주는 리더십을 말한다(Bass, 1985). 김경희(2007)의 서울지역 사회복지관 사회복지사를 대상으로 한 '사회복지사의 직무만족 결정변인으로서의 기관장의 리더십' 연구에 의하면, 사회복지사의 직무만족에 영향을 미치는 리더십 유형은 변혁적 리더십인 것으로 나타났다. 변혁적 리더십을 구성하는 요인 중, 개별화된 배려 요인은 사회복지사의 직무만족에 가장 큰 영향력을 갖는 변인이며, 동시에 직무만족이 높은 집단과 낮은 집단을 구분 짓는 변인으로 규명되었다. 이러한 결과를 볼 때, 먼저 기관장이 변혁적 리더십을 보유, 발휘할 것과 이를 위해 전문가 조직이 제공하는 필요한 리더십 훈련에 적극적으로 임할 것, 그리고 개별화된 배려를 위해 성찰적 사회복지행정을 펼 것을 제안할 수 있겠다.

최근 변혁적 리더십에 대한 실증적 연구가 많이 이루어지고 있으며, 변혁적 리더십의 필요성과 그 중요성이 강조되고 있기도 하다.

제 5 절 조직문화와 리더십

조직문화라는 단어는 아직 우리에게 그다지 익숙하지 않은 용어이다. 사회복지조직의 조직효과성을 높이기 위해서 어떻게 우리가 속해 있는 사회복지조직의 조직문화에 접근하고 개발하여야 하는가하는 주제는 실증적 연구가 별로 없는 주제로 최근 사회복지행정학회에서 논의되고 있다. 그러므로 아직까지는 탐색적인 수준에서 사회복지조직의 조직문화를 논의할 수밖에 없다.

1. 조직문화 형성에 있어서의 최고관리자의 역할

문화를 보는 두 가지 시각이 있다. 문화를 인간 행위의 결과로 보는 시각, 그리고 관찰 가능한 사건들의 이면에 존재하는 관념적 규칙이라고 보는 시각이다. 조직문화를 한마디로 정의한다면, '조직 내에 존재하는 지배적이고 일관된 공유 가치의 집합' 즉, 외부 환경에 적응하면서 한편 내부의 통합을 위해 조직이 개발한 기본적 가정과 가치라고 정의할 수 있겠다.

어떤 조직이든 조직문화가 존재한다. 그런데 조직문화에는 바람직한 조직문화가 있는가 하면, 그렇지 않은 조직문화도 있다. 비영리조직인 사회복지조직을 경영함에 있어서 최근까지지도 논란의 대상이 되고 있는 사회복지조직의 책무성 이행 문제에 대처하기 위해서도 바람직한 조직문화를 형성하는 일, 기존의 조직문화를 개선하는 일, 또는 조직문화를 개발하는 일은 조직의 목표를 효과적으로 달성하기 위해서 중요한 과제임에 틀림이 없다. 경영은 사람을 통해 이루어진다. 공공성을 특징으로 하는 사회복지조직은 지역사회의 인정(sanction)을 득함으로 그 존재가 확인되며, 사회복지조직은 지역사회, 조직, 그리고 서비스 대상자에 대해 마땅히 지켜야 할 사업운영 지침을 가지게 된다. 물론 이러한 사업운영 지침은 그 조직의 설립이념(mission statement)으로부터 비롯된 것이고, 이 설립이념을 실현하기 위하여 조직의 공식적인 목적, 그리고 운영상의 목적을 가지고 있으며, 이 목적을 달성하기 위하여 사업목표를 가진다. 이 사업 목표를 효과적으로 또 효율적으로 성취하기 위하여, 운영 지침에 따라 사업을 계획하고 집행하며, 평가를 하고 있다. 이 모든 일들은 사람이 하는 일이다. 이 일들을 효과적으로 수행하기 위하여 조직을 개편하고 직원을 채용하고 인사배치를 하며, 필요한 교육과 훈련을 실시한다. 이러한 모든 작업은 건전한 문화, 바람직한 문화 속에서 효과적으로 수행될 수 있다. 사회복지조직의 최고관리자의 리더십은 조직구성원들에게 조직의 비전을 제시한다. 이 비전은 조직구성원들로 하여금 조직의 목표를 효과적으로 달성할 수 있도록 하는 '자발적인 조직행동'을 가능하게 하는 것이다.

조직문화를 개선해야 하는 이유가 있다. 조직문화를 개선해야 하는 이유를 설명하기 전에 먼저 왜 조직문화가 필요한가에 대해 설명하고자 한다. 조직문화가 필요한 이유는 조직의 목표와 조직구성원의 목표를 가급적 일치시켜서 조직의 목표를 좀 더 효과적으로 달성하기 위해서이다. 조직문화를 개선해야 하는 이유는, 조직이 경쟁력을 가지기 위해서이다. 빠르게 변화하는 사회복지환경의 변화에 민감하게, 또 능동적으로 대처하기 위해서, 그리고 조직구성원들의 사기 증진, 직무만족, 직무성과를 높이기 위해서 조직문화를 개선해야 할 필요가 있다. 한편, 침체된 조직의 재활을 위해서, 즉 조직의 응집력을 키우기 위해서도 조직문화를 개선해야 한다.

모든 조직은 언제든지 두 가지의 문제에 봉착해 있다. 즉 외부적응의 문제와 내부통합의 문제를 가지고 있는데, 이러한 문제를 해결할 수 있는 방법을 끊임없이 발견하고 개발하면서 생존하고 있는 것이 조직이다. 조직문화는 바로 이러한 문제해결 과정에서 형성된다. 조직이 당면한 문제를 해결함에 있어 조직의 리더 또는 조직구성원들이 제시한 해결방안을 리더가 받아들여 문제를 해결해 나가는 과정에서 리더의 신념, 가치, 상호작용, 권한관계들이 매우 중요하게 작용하게 된다. 이러한 상호작용 속에서 문제해결에 대한 어떤 방안이 효과적이고 바람직하다고 입증되어 받아들일 때, 그때 조직의 문화가 형성되는 것이다.

조직문화를 형성해 나가는 과정에서 최고관리자의 역할은 매우 크다. 왜냐하면, 조직문화 형성의 기본요소는 최고관리자의 신념, 가치, 그리고 행동이기 때문이다. 결국 리더십의 이야기인데, 리더십이란 조직의 목표를 효과적으로 달성하기 위하여 의사소통 과정을 통해 조직구성원들의 자발적인 노력을 이끌어내는 과정이나. 무언가 영향력을 미치는 과정이다. 최고관리자의 신념, 가치, 행동은 조직의 철학으로 연결되고, 이러한 조직의 철학은 조직구성원들의 신념, 태도, 행동으로 표현된다. 이러한 최고관리자의 신념이나 가치체계, 그리고 행동은 조직 전체에 확산되는 어떤 가치와 의미체계를 형성하는 데에 중요한 영향을 미친다. 즉, 최고관리자가 가지는 권한은 조직구성원들을 조직이 가지고 있는 규정에 의해 처벌하거나 보상하면서 조직의 행동양식과 가치를 개발하고 조성한다. 조직문화를 형성함에 있어서 최고관리자는 '전략적 관여'를 할 수 있어야 한다. 다시 말해 최고관리자는 자신을 둘러싼 조직 상황에 대한 의미를 부여하고 그 의미를 관리해야 하는 것이다.

여기에서 최고관리자의 행동이라는 것은 조직에 대한 헌신, 자기희생 즉 최고관리자로서의 의무수준을 넘어서서 최고관리자로서의 자신의 업무수행 행동을 통해 자신의 가치—즉 무엇을 바람직하게 생각하고 있는가 하는 것, 그것이 가치인데—와 최고관리자로서 조직구성원들에 대한 기대를 전달하는 것이다. 최고관리자가 조직구성원들에게 하는 질문, 칭찬, 비판적 조언 등을 통해 리더가 무엇에 가치를 두고 있는지, 무엇에 관심을 가지고 있는지를 조직구성원들은 파악하게 되는 것이다.

조직행동학에서는 최고관리자를 조직문화 형성의 1차적인 영향요인으로 보고 있다. 조직문화를 형성하는 과정 속에서의 매개변수는, 의사소통과 보상이라고 이야기할 수 있다. 조직 내의 의사소통이 신뢰성이 있고 일관되며, 명료할 때, 조직구성원들은 중요한 것에 대해 일관된 예상을 하게 되고, 따라서 합의에 이르게 된다. 이것이 조직 철학으로 나타나게 되는 것이다. 이러한 합의에 보상이 따르면, 조직구성원들의 신념, 태도, 행동으로 나타나는 조직의 명확한 규범이 발생한다. 이것이 조직문화이다.

2. 조직문화와 리더십

Quinn & McGrath(1985)은 조직문화 유형을 네 가지로 이야기하고 있다. 집단문화(Group Culture), 개발문화(Developmental Culture), 위계문화(Hierarchical Culture), 합리문화(Rational Culture)가 그것이다. 조직문화와 조직효과성의 관계를 연구한 선행연구들은 조직구성원들이 자신이 속한 조직의 문화를 개발문화로 인식할 때, 조직효과성이 높았다는 연구결과도 있고, 네 가지 다양한 유형의 문화 간에 조화와 균형을 유지할 때 조직효과성이 높다는 연구결과(김근세 외 2005)도 있다. 집단문화는 구성원들의 단결과 응집력을 강조하고 구성원들의 의사결정과정 참여를 중시한다. 한편 구성원들의 사기와 능력개발에 대한 관심을 중요시하고 따뜻한 인간관계와 조직분위기를 형성하면서 부서 간 협력관계 역시 중시한다. 개발문화는 조직의 목표달성 및 자원획득을 중요시하고 환경에 대한 적응력과 창의력 발휘를 강조한다. 한편 조직의 성장, 발전에 대한 높은 관심을 가지고 있다. 위계문화는 안정성과 계속성을 강조하고, 문서 및 형식, 보고와 정보관리, 명확한 책임소재 등을 중요시한다. 한편 업무처리 시 규칙과 절차에 깊은 관심을 가진다. 합리문화는 직무성과에 깊은 관심을 가지면서 미래의 계획수립, 구성원들 간의 경쟁, 그리고 과업수행 시 능률성과 생산성을 강조한다. 한편 조직의 명확한 목표설정을 매우 중요시한다. 21세기 최고관리자가 가져야 할 리더십은 혁신·모험적 유형의 리더십과 목표지향·지휘적 유형의 리더십이라고 Quinn은 주장한다. 이 두 가지 리더십은 개발문화와 합리문화와 관련이 있다. 개발문화는 수행되는 과업의 중요성과 이데올로기적인 호소로 조직구성원들의 동기를 부여하고 성장과 자원획득을 강조하면서 융통성과 외부적응에 초점을 맞추고 있고, 합리문화는 성취를 전제로 한다. 사업을 계획하고 생산성, 효과성, 효율성을 강조한다. 조직목표에 부합되는 직무성과에 대해서는 마땅한 보상을 받을 것이라는 신념에 의해 조직구성원들을 동기화시킨다. 합리문화는 통제가치와 외부적응에 초점을 두고 있다.

국내의 연구를 보면, 조사대상에 따라 소식문화 유형이 나르세 나타나고 있으나 개발문화에 대한 인식수준이 전반적으로 낮게 나타나는 특성을 보여주고 있다. 한편, 조직구성원의 개발문화 유형에 대한 인식수준의 정도가 사회복지 서비스의 질에 영향력을 가진다는 연구결과가 있다. 따라서 조직의 핵심가치가 개발문화의 특성을 나타낼 수 있도록, 조직문화를 개발하는 것이 바람직하다고 연구결과들이 지적하고 있다. 무엇보다 중요한 것은 조직문화 형성에 가장 큰 영향력을 가지고 있는 최고관리자와 중간관리자들의 리더십 훈련이다.

'업무와 관련된 아이디어를 자유롭게 이야기할 수 있고, 새로운 계획에 조직구성원들이 관여할 수 있는 여지를 상당부분 가지고 있으며, 끊임없이 변화를 추구한다...' 이것이 혁신문화라면, '공유된 느낌이나 감정표현을 꺼리고, 문제발생에 책임질 사람이 거론되지 않으며, 상급자에게 절대로 도전하지 않고 문제해결을 위해 상급자의 지시를 기다리며, 각자의 일에만 전념하고 다른 사람과의 관계를 회피하며 대부분의 일에 대해 상호불신하고 반대하는' 문화, 그것은 병리적 문화일 것이다.

조직구성원들이 인지하고 있고, 또 함께 공유하고 있는 일관된 가치, 그리고 조직이 가지고 있는 강점을 조직구성원들의 합의 아래 강화시켜 나가고 약점은 변화시켜 나가고자 합의하고 실천하는 과정, 이것이 조직문화인 것이다.

제12장을 위한 토의

- ☐ 자신이 생각하는 바람직한 행정가상을 정립하시오.
- ☐ 실습 또는 자원봉사를 했던 기관의 최고관리자 및 중간관리자의 리더십을 분석하시오.
- ☐ 자신의 리더십을 측정해 보시오.

■ 핵심단어

리더십(지도력; leadership) 조직문화(organizational culture)

제4부

우리나라 사회복지기관 행정의 현황

제13장 우리나라 사회복지기관 행정의 문제점 및 개선방안
제14장 책 무 성
제15장 이 사 회

13
chapter

사회복지기관 행정의 문제점 및 개선방안

본 장에서는 우리나라 사회복지기관 행정의 현황과 문제점을 살펴본 후, 이어 행정의 방향 정립을 위해 개선방안에 관하여 구체적으로 고찰해 보고자 한다.

제 1 절 사회복지기관 행정의 문제점

1. 행정의 필요성 및 중요성에 대한 인식 부족

사회복지행정은 사회복지조직의 목적 달성을 위하여 사회복지사들이 수행하는 모든 행정적 업무를 총칭한다. 행정이란 지속적이며 동적인 과정으로서 인적·물적 자원의 기반을 강화시킴으로써 조직의 목표를 달성하도록 한다. 한마디로 직접서비스가 효율적·효과적으로 시행될 수 있도록 지원하는 것이 행정이라고 할 수 있겠다. Trecker는 행정을 설명하는 핵심요소는 기획, 조직화, 그리고 리더십이라고 하였다(Trecker, H. 1971). 실천현장의 사회복지사에게 있어서는 사회복지기관의 조직운영에 관한 미시적(micro) 차원의 접근이 현실적으로 중요하겠으나 사회복지행정 전반에 걸친 거시적(macro) 차원에 대한 이해도 필요하다. 일선에서 직접서비스를 담당하고 있는 사회복지사는 자신은 행정과는 별로 관계가 없다고 생각하기도 한다. 그러나 기관장 또는 중간관리자뿐만 아니라 일선 사회복지사들도 행정업무를 담당하고 있다. 다만 행정에 대해 올바르게 인식하지 못하고 있을 뿐이다. 사회복지사들의 업무를 직접서비스, 간접서비스, 행정업무로 나누어 일년간의 업무를 분석해 보면 일선 사회복지사들이 담당 또는 관여하고 있는 행정업무의 비중과 중요성을 알 수 있다.

2. 비전공 기관장의 양적 증가

최근 민간단체 특히 종교단체의 사회복지기관 위탁운영이 많아지면서 사회사업 또는 사회복지를 전공하지 않은 기관장들의 수가 증가하고 있다. 한편 정부의 사회복지기관장의 자격기준이 허술한 것도 한 이유가 된다. 비전공 기관장들은 일단 기관장이 된 후, 학부과정 또는 특수대학원 과정을 통해 사회복지를 공부하고 있다. 사회복지조직의 책임자는 반드시 사회복지를 전공한 자이어야 하는가에 대해서는 여러 의견이 있을 수 있겠으나 사회사업(복지)의 전문성 증진과 사회복지사들의 위상 및 정체성 확립을 위해서 사회복지조직의 최고관리자 및 중간관리자는 사회복지를 전공한 자이어야 한다는 우려의 목소리가 높은 것이 사실이다.

3. 행정체계 미 확립

사회복지기관의 행정체계는 재무관리체계, 인력평가체계, 인사관리체계, 수퍼비전체계, 직원교육·훈련체계, 사무관리체계 등이 있다. 이러한 제 행정체계들이 문서화되어 있지 않은 기관이 대부분이다. 행정은 앞에서도 설명했듯이 직접서비스가 효율적이고 효과적으로 수행될 수 있도록 지원하는 것이다. 각각의 행정업무들이 체계화되어 있지 않으면 본래의 행정이 가지고 있는 임무를 제대로 수행하기 어렵다.

4. 조직이론, 경영이론 및 행정에 관한 전문적 지식 부족

비영리조직의 특성, 그 중에서도 사회복지조직의 특성은 무엇인가? 사회복지조직을 운영·관리하기 위해서는 어떠한 지식과 기술이 필요한가? 사회복지기관은 일반 기업과는 다르다. 그래서 사회복지조직의 관리자들은 다소 안일한 사고를 가지고 있는 듯하다. 사회복지조직은 우선 재정적으로 대단히 취약한 상태에 있기 때문에, 다른 일반 조직의 종사자들보다 승진의 기회가 적을 뿐만 아니라 보수 및 복리후생에 있어서도 다른 일반 조직과 비교할 수 없을 만큼 열악하다고 인식하고 있다. 한편 직원에 대한 평가에 있어서도 다면적이고 입체적인 평가는 전혀 고려하고 있지 않으며, 가장 기본적이라고 할 수 있는 상급자에 의한 평가도 이루어지지 않고 있는 기관도 있다. 감당해야 할 업무량이 많은 것도 사실이지만 일반 기업의 경우도 동일한 수준, 혹은 그 이상의 업무량을 가지고 있다.

사회복지조직의 관리자, 특히 최고관리자는 조직이론, 경영이론 및 사회복지행정에 관한 전문적 지식이 필요하다. 단지 오랫동안의 실무경험만을 가지고 사회복지조직을 운영·관리할 수는 없다. 더불어 리더십 이론 및 리더십 훈련이 필수적으로 요청된다. 21세기의 치열한 경쟁 속에서 변화하는 조직으로 살아남기 위해서는 변화하는 사회복지환경에 걸 맞는 리더십이 필요한 것이다. 특별히 사회복지기관은 비영리 인간봉사조직이기 때문에 사회사업의 철학·가치·미션(mission)이 강조된다.

5. 직원교육 프로그램 미비

사회복지사의 자질향상 나아가 사회사업(복지)의 전문성 증진을 꾀하기 위하여 직원교육 프로그램을 강화하지 않을 수 없다. 미국은 교육에 연 예산의 많은 부분을 투입하고 있고 그것이 국가 발전을 위한 장기적인 투자라고 믿는다. 아마도 세계를 이끌어 가는 강대국으로서의 기반은 교육에 대한 투자에서 비롯된 것일 것이다. 우리나라 사람들은 장기적 안목을 가지고 있지 못하다고 할 수 있다. 눈앞의 결과를 속히 보고 싶어 하고, 이것이냐 저것이냐의 이분법적인 사고로 사물과 상황을 바라보는 경향이 있다. 학부에서 사회사업 또는 사회복지를 전공한 것만으로 수년간 실천현장에서 전문성을 가지고 일하기는 어렵다. 기관장은 조직구성원들의 자질향상을 통하여 조직의 성장과 발전을 도모한다는 인식을 할 수 있어야 한다. 한편 조직구성원들은 각자의 미래 계획에 따라 지속적으로 새로운 전문지식과 기술을 받아들일 수 있도록 자발적 노력을 경주하여야만 한다.

6. 행정가의 목표의식 · 책임의식 부재

조직의 최고관리자의 목표는 오직 효율적 · 효과적으로 조직의 목표를 달성하는 데에 있다. 사실은 정부의 사회복지기관 평가에서 최고등급을 받는 것 일수도 있다. 조직의 목표를 어떻게 하면 효율적 · 효과적으로 달성할 수 있을 것인가가 최고관리자, 중간관리자, 그리고 일선 사회복지사들의 목표이어야 할 것이다. 이 목표는 조직의 설립이념을 실현하기 위해서 조직이 가지고 있는 조직의 목적을 달성하는 것과 깊은 연관을 가지고 있다. 이러한 목표의식을 기관장이 얼마나 가지고 있느냐는 중요하다. 한편 조직구성원들은 부하직원으로부터 비판받을 준비가 되어 있는 최고관리자를 원한다.

7. 조직의 사명헌장(mission statement)과 그에 따른 기관의 목적 · 목표 · 사업 지침 · 중장기발전계획 부재

1980년대 중반, 정부의 사회복지관 증설계획에 따라 양적으로 급속히 증가한 사회복지관은 조직 또는 법인의 설립이념에 의해 사회복지기관들을 정부로부터 위탁받아 운영하는 것이 아니었다. 정부의 운영비 보조금을 지원 받지 못하고 있었던 대부분의 사회복지법인들은 정부의 민간단체로의 사회복지기관 위탁에 따라 법인의 설립이념과는 별개로 경쟁적으로 사회복지기관들을 위탁 운영하기 시작하였다. 이러한 현상은 많은 양식이 있는 실무자들이나 학자들에게 큰 우려를 갖게 하였다. 1990년대 중반, 정부의 사회복지기관 운영 평가가 실시되면서 많은 기관들은 평가에서 1등급을 받기 위해 운영실적 만을 염두에 두고 사업을 수행할 수밖에 없는 입장에 처하게 되었다. 그간 서울시와 기관의 중간관리자, 그리고 평가에 참여했던 학자 및 기관장들의 노력으로 지속적으로 사회복지기관 운영 평가 틀이 수정 · 보완되면서 양적인 면뿐 아니라 서비스의 질을 평가하는 방향으로 많은 변화가 있었다. 그러나 지금까지도 조직의 설립이념을 명백히 하고 그 설립이념을 실현하기 위하여 조직의 운영상의 목적 및 공식적인 목적을 설정, 중장기 발전 방향을 가지고 구체적으로 세부사업을 계획하는, 다시 말해 조직의 목표를 규명하고 그를 달성하기 위해 체계적으로 접근하는 조직이 거의 없다는 것이다.

8. 서비스의 효과성 검증을 위한 측정도구 미비

사회복지사들의 실천 효과성 검증능력의 취약함은 몇몇 연구결과에서도 지적된 바 있다. 사회복지사들이 자신의 실천에 대한 효과성 검증에 자신감을 보이지 못하는 것은 우선 적절한 효과성 측정도구를 가지고 있지 못하고 있고, 프로그램 결과를 적극적으로 평가하려는 자세, 과학적 방법으로 직무성과를 측정하는 방법, 자신의 실천 효과성에 대한 책임을 인정하는 것 등에 어려움을 가지고 있어 실천가이면서 조사자의 역할을 감당하기에 자신감을 가지고 있지 못하는 것이라고 하겠다.

아직까지 사회복지기관에서 시행하고 있는 자체 평가는 주로 결과 중심적인 양적 접근을 하고 있는 것이 사실이다. 이를 위해 각 사회복지사들이 적절한 측정도구를 가지고 자신의 실천 효과성을 검증할 수 있도록 기관 내 현임훈련(in-service training) 또는 수퍼비전을 통해 적극적으로 대처할 수 있어야 할 것이다. 현재 각 사회복지사가 담당하고 있는 단위사업별로 각 사업의 목표가 현실적으로 평가 가능한 지표가 될 수 있도록 검토하면서 연 사업계획 시 효과성 측정도구를 선정할 수 있어야 한다.

제 2 절 사회복지기관 행정의 방향정립

앞 절에서 우리나라 사회복지기관의 행정 현황 및 문제점을 살펴보았다. 이러한 문제점을 직시하면서 우리나라 사회복지기관 행정의 방향을 정립하기 위하여 사회복지기관에 종사하고 있는 모든 사회복지사들이 숙고해야 할 점들을 지적하고자 한다.

1. 프로그램 개발 및 평가의 중요성 인식

사회변화가 빠르게 진행되고 있고 이에 따라 다양한 사회문제가 노출되고 있으며 사회복지욕구도 다양해지고 있다. 이러한 사회복지욕구를 적절히 충족시키기 위하여 양질의 프로그램을 개발하여야 하는 입장에 놓여 있는 사회복지기관들은 프로그램 개발 및 평가와 관련된 제반 지식과 기술을 보유·발휘하지 않으면 안 된다. 수년 전부터 기업의 재단들과 사회복지공동모금회는 구체적이고 전문적인 사업계획서(proposal)를 요구하고 있다. 이에 상승하여 몇몇 사회복지법인과 단일 사회복지기관들도 사회사업(복지)을 전공하고 있는 학부·대학원생들이 프로그램 공모에 응할 수 있는 기회를 제공하고 있다. 이들이 요구하는 사업계획서 작성은 사회복지기관들의 책무성 이행을 위해서도 필요한 지식이요, 기술이라 할 수 있다. 이러한 상황에서 1990년대 이후 본격적으로 사회복지사들에게 실천가이면서 조사자의 역할과 책임을 다할 것을 요구하고 있는 것은 간과할 수 없는 사회복지계의 흐름이다.

이와 관련하여 평가의 중요성에 대한 인식을 촉구하지 않을 수 없다. 왜, 무엇 때문에 평가를 해야 하는가? 평가로부터 어떤 구체적인 도움을 얻을 수 있을까? 1990년까지 만해도 사회복지 실천현장에서 평가라는 용어는 실무자들에게 매우 부담을 주는 용어였다. 우선 평가라는 단어는 실무자들에게 자신이 수행한 업무의 성공여부를 판단하는 잣대로 여겨지고 있었으며, 평가의 목적을 효과적으로 달성할 수 있는 합리적인 평가 틀들이 마련되어 있지 않았던 것도 그 원인이 되었다. 평가를 통해 전문가로서의 자신과 자신이 속해 있는 조직이 성장·발전할 수 있다는 인식이 없었기 때문이다. 또는 평가라는 것은 일반사회에서 조차도 상급자가 하급자를 리드하기 위한 하나의 도구로 간주하는 경향도 일부 있었다고 보아진다.

사회복지기관에서의 평가는 조직평가, 사업평가, 인력평가로 구분할 수 있다.

2. 전문성 증진을 위한 직원교육 프로그램 개발

사회복지기관은 변화하는 지역사회에 민감하게 반응하고 또 대처할 수 있어야 한다. 따라서 지역사회주민의 다양한 복지욕구를 파악하고 그에 부응하는 서비스의 다양화, 전문화 등 양질의 서비스를 제공하기 위한 다각적인 노력이 필요하다. 사회복지기관의 사업은 전문성이 매우 중요한 평가기준이 된다. 이에 전문인력의 확보는 매우 중요한 과제가 되므로 사회복지사들을 위한 교육·훈련의 기회를 확대하는 것이 필요하다. 예를 들어 직급별 직무교육·실습지도자 교육·중간관리자 교육 등의 직원교육과 워크숍·세미나·해외연수 등 다양한 방법에 의한 지속적인 교육과 훈련이 필요하다. 왜냐하면 사회복지사는 전문가이고 사회변화에 민감하게 반응하면서 사회문제를 예방하고 치료하는 사회적 역할을 부여받고 있으므로, 이를 위해서는 전문적 지식과 기술로 무장할 수 있어야 하기 때문이다. 사회복지사의 직무수행에 필요한 지식과 기술은 교육이나 훈련을 통해 획득되며 이러한 전문인력에 대한 재교육은 아무리 강조해도 지나치지 않는다. 사회복지 인력의 전문성 향상이 절실히 요청되고 있는 현실에 비추어 볼 때, 직원교육을 위해 기관 예산의 일정 범위의 재원을 확보해 두는 기관 최고책임자의 의지가 필요하다고 하겠다.

사회복지기관의 전문성 증진을 위한 직원교육으로는 기관장 교육, 중간관리자 교육, 실습지도자 교육, 수퍼바이저 교육, 일선 사회복지사 교육 등이 있다. 한편 임상과 관련된 워크숍, 세미나, 학술대회, 국내·외 연수 등을 통해 전문가로서의 자질을 함양할 수 있을 것이며 자기 개발을 위한 스터디 그룹, 지역 및 전문분야별 실천가 모임 등도 도움이 된다.

3. 조직이론 및 경영이론 도입·활용

경쟁력 있는 인간봉사조직으로서 조직의 목표를 효과적으로 달성하기 위하여 사회복지행정에 관한 전문적인 지식·기술은 물론, 조직이론 및 경영이론을 활용할 수 있어야 한다. 즉 조직의 질 관리 및 업무의 효율성을 극대화하기 위한 조직관리 기법을 도입·활용할 수 있어야 할 것이다. 최근에는 비영리조직에 있어 서비스의 질 나아가 조직의 질 관리를 위해 TQM(Total Quality Management) 기법을 활용할 수 있어야 한다는 의견이 제시되고 있다. 이에 관해서는 제2장 제3절에서 설명하였다. 한편 조직구성원으로 하여금 조직의 목표달성을 위한 자발적인 행동을 할 수 있도록 조직구성원에 대한 동기부여가 필요하다. 능력승진, 보상체계의 확립, 공정성・투명성 확보 등에 의해 조직구성원들의 바람직한 자발적 조직행동에 영향을 미칠 수 있다.

4. 행정체계 확립

모든 사회복지기관들은 조직관리를 위해 기관의 제 규정과 행정절차를 명문화할 수 있어야 한다. 즉 개별 사회복지사들의 업무를 명확하게 파악할 수 있는 업무규정, 구체적인 업무지침서, 의사소통 단계 및 의사결정에의 참여 등에 관한 세부사항이 문서로 명시되어 있어야 한다. 기관의 제 규정 및 행정절차가 문서로 명시되어 있느냐의 여부가 사회복지사의 윤리적 책임행동과 실천 효과성 검증능력에 영향을 미친다는 연구결과가 있다(김경희, 2001). 이는 사회복지행정 및 운영의 중요성을 시사하고 있다. 그러므로 사회복지기관들은 기관의 최근 운영 상황을 반영하는 기관의 규정・시행세칙・행정절차를 명문화할 필요가 있다.

한편 재무관리체계, 인력평가체계, 인사관리체계, 수퍼비전체계, 직원교육・훈련체계 등 행정체계를 확립하는 것은 중요하다. 이는 사업의 전문성 증진, 사회복지사의 정체성 확립, 사회복지사의 직무만족・직무성과에 영향을 미치기 때문이다.

5. 소비자 주권에 대한 의식 증진

소비자 주권(consumer sovereignty) 의식이란, 대상자 중심의 서비스를 의미하는데 서비스의 공급자는 소비자가 원하는 양, 질, 방법으로

서비스를 제공한다는 시장경제 원칙에 기초하는 개념이다. 즉 소비자의 욕구를 파악하는 것에 우선순위를 두고 소비자에게 보다 폭 넓은 정보를 제공하면서 서비스에 대한 소비자의 접근성을 높이기 위해 서비스의 시간대, 실무자들의 태도, 우호적인 면접 분위기를 조성하는 등, 소비자를 고객으로 받아들이는 제반 노력이 필요하다는 것이다. 이러한 소비자주권의식을 함양하기 위하여 소비자 헌장을 제정하는 등의 노력도 할 수 있겠다.

6. 민간재원 개발의 활성화

사회복지욕구는 끊임없이 지속적으로 증대된다. 이에 사회복지조직은 항상 자원의 부족이라는 상황 속에 놓이게 된다. 따라서 사회복지행정가들은 지역사회로부터 자원을 개발해 내는 전략을 지속적으로 수립하여야만 한다. 그러나 우리나라의 대부분의 사회복지조직들은 재정의 상당 부분을 정부에 의존하고 있어 그 운영이나 재원확보에 있어 지역사회주민들의 참여를 얻어내려는 노력을 등한시하고 있다. 그러나 이는 사회복지기관이 가지고 있는 특성 중의 하나인 '주민의 참여'를 무시하는 것으로, 민간사회복지기관들은 지역사회와의 관계를 보다 긴밀하게 구축하지 않으면 안 된다. 사회복지행정가들은 기관을 지역사회와 연계시킬 책임을 가지고 있다. 이는 21세기 비영리조직의 지도자가 갖추어야 할 리더십에서도 잘 나타나고 있다. 한편 지역사회 인사들로 구성되는 자문위원회 또는 운영위원회를 적극 활용하여 지역사회로부터의 재정적·정서적·정치적 지지를 획득할 수 있어야 할 것이다. 또한 지역사회 주민들로 하여금 지역사회의 복리에 여러 가지 형태로 참여하게 함으로써 지역사회 연대의식과 공동체 의식을 강화하여 전술한 사회복지기관의 특성인 '주민의 참여'를 실질적으로 이끌어낼 수 있을 것이다.

7. 지역사회 내 인간봉사조직과의 협력체계 구축

지역사회 내의 각 사회복지 관련 기관들의 서비스의 중복과 누락을 방지하고 자원의 폭과 크기를 확대시키기 위하여 지역사회 내 여러 사회복지기관 간의 협력체계를 구축하는 일은 간과할 수 없는 중요한 일이 된다. 즉 지역사회 내의 공공기관, 기업, 시민단체, 종교기관과 사회복지기관이 효율적인 지역사회 망(community network)을 갖추어야 한다. 각 기관들은 각기 기능과 자원의 제한을 가지고 있다. 지역사회주민들로 하여금 제공받아야 할 마땅한 서비스를 효율적으로 받을 수 있도록 하기 위해서 의뢰체계(referral system)와 사후지도체계(follow-up system)가 이러한 긴밀한 협조체계 내에 구축되어져야 할 것이다. 지역사회 내의 사회복지자원과 서비스, 그리고 기회를 확대시키고 이를 지역사회주민들에게 효율적으로 연결시킬 수 있기 위해서는 지역사회 내에 협의체가 구성되어야 할 것이다.

제 13 장을 위한 토의

□ 우리나라 사회복지행정 현황에 대한 자신의 견해를 피력하시오.
□ 사회복지행정과 일반행정의 차이를 설명하시오.

■ 핵심단어

사회복지행정(Social Welfare Administration), 의뢰체계(referral system), 사후지도체계(follow-up system)

14 chapter

책 무 성

공공성을 특징으로 하는 비영리조직인 사회복지조직은 자금 조달원인 지역사회 · 후원자 · 정부감독기관 · 정책입안자, 그리고 이사회에 대하여 주어진 자금을 효율적이고 효과적으로 사용하여 최상질의 서비스를 제공하고 있다는 것을 보고, 설명할 의무를 가진다. 이러한 사회복지조직의 책무성 이행은 비영리조직으로 인간봉사조직인 사회복지기관의 중요한 사명이며 과제이다. 본 장에서는 이러한 사회복지조직으로서의 책무성과 조직구성원의 책무성을 함께 살펴보고자 한다.

제 1 절 사회복지조직의 책무성

구미 복지국가에서는 70년대와 80년대에 복지국가로서의 위기기를 거치면서 거의 대부분의 조직에서 소위 책무성의 문제가 제기되었다(정무성, 1999). 사회복지 분야에서 책무성 위기가 제기된 직접적인 요인은 사회복지비용의 증가인데, 증가하는 사회문제를 해결하기 위해 엄청난 비용을 필요로 하면서 시민들의 세금부담이 늘어나고 정치인들은 유권자를 의식하여 정부의 사회복지 예산을 삭감하게 되었고, 이에 따라 사회복지기관들에게 정부 보조금으로 제공된 서비스에 대한 효과성과 효율성을 객관적이고 과학적인 방법에 의해 증거를 보여주기를 요구하게 되었다. 이것이 사회복지조직들이 책무성의 위기를 겪게 된 시발점이 된다. 우리나라는 90년대에 들어서면서 비영리조직의 책무성 문제가 제기되었다. 이는 80년대 중반이후 정부정책에 의하여 사회복지관 증설이 시작되고 정부 보조금이 교부되면서 관련 정부 감독기관의 기관운영 평가가 시작되면서 본격화되었다.

책무성(accountability)이란, 공공의 지원에 대해서 최상질의 서비스를 클라이언트에게 제공할 책임과 의무를 말한다. 즉 자금 조달원(funding sources)에게 서비스의 효과성·효율성 검증을 통해 클라이언트에게 질 높은 서비스를 제공하고 있다는 것을 설명·보고하는 의무를 말한다. 여기에서 자금 조달원이란 사회복지조직을 둘러싸고 있는 이해당사자들을 의미하는데 구체적으로 지역사회, 개인·단체 후원자, 정책입안자, 정부관련 감독기관, 클라이언트, 그리고 이사회를 말한다.

요약하면 사회복지조직의 책무성이란 최소의 비용으로 최대의 효과를 이루었다는 객관적인 증거를 제시하는 것이며, 이를 통해 사회복지조직의 존재 의의를 정당화할 수 있다. 최근까지도 사회복지조직의 책무성 이행에 관한 문제가 제기되고 있는 것은 기관운영과 관련된 사회복지행정의 미숙에서 기인한다. 사회복지에 대한 사회사원의 부자가 괄목할 만큼 증대되고 사회복지서비스의 공급 주체가 다원화되어 경쟁이 일어나고 있음에도 불구하고 사회복지조직들은 사업의 효과성 및 효율성을 제시할 수 있는 객관적인 증거를 성공적으로 확보하고 있지 못하고 있기 때문에 책무성 논쟁이 계속되고 있다는 것이다(정무성, 1999). 따라서 이러한 책무성의 문제를 해결하기 위해서는 행정적 차원에서 조직구성원들의 업무수행 성과(performance), 법규를 준수하는 정도(compliance), 조직구성원의 자질에 대한 통제와 관리가 요구된다(Kettner & Martin, 1993). 행정적 차원에서 이러한 문제가 해결되어

행정이 보다 효과적이고 효율적으로 이루어질 때, 책무성에 관한 논란은 줄어들고 조직의 성과는 높아지게 될 것이다.

이러한 맥락에서 미국 정부회계기준이사회(GASB: Governmental Accounting Standards Board)에서는 공공기관에서의 성과측정을 강조하면서, 투입이나 업무량과 관련된 정보·자료뿐만 아니라 산출과 성과에 관한 자료를 제출할 것을 요구하고 있다. 즉 서비스의 노력과 성과를 보고하도록 SEA(Service Efforts and Accomplishments) 보고서를 요구하고 있다. 이 SEA 보고서는 투입(inputs), 산출(outputs)·성과(outcomes), 효율성(efficiency)을 측정할 것을 원한다. 투입은 서비스를 수행하는 데에 사용된 재정적·비재정적 자원의 양, 즉 서비스 수행에 들어간 모든 노력을 측정하는 것이고, 산출·성과는 사용된 자원을 가지고 제공된 서비스의 성취를 측정하는 것이며, 효율성은 이 노력성과 성취도의 관계를 파악하고자 하는 것이다. 여기에서 산출은 제공된 서비스의 양을 의미하고, 성과는 산출의 결과를 의미한다. 효율성은 노력성과 성취도를 서비스의 단위당 비용으로 계산한다.

한편 미국의 경우, 사회복지 서비스 전달체계에 있어 서비스계약 구매방식(POSC: Purchase Of Service Contracting)이 일반화되고 있다. 서비스계약 구매방식이란 민간기관이 서비스를 제공하고 정부가 그 비용을 부담하는 방식으로 사전 계약에 의해서 이루어진다. 이 방식은 민간기관으로 하여금 서비스의 성과보다는 서비스의 과정에 관심을 갖게 하였다. 결과적으로 정부 보조금을 더 받기 위하여 시설 수용기간이 길어지고 서비스 수혜 횟수가 늘어나는 결과를 초래하였다. 이로 인해 최근 이 서비스계약 구매방식의 책무성 문제가 제기되었다. 이는 정부로부터 상당 비율의 정부 보조금을 교부 받고 있는 우리나라 사회복지기관에 많은 함의를 제시하고 있다.

이 서비스계약 구매방식에 있어서의 책무성은 두 가지로 설명할 수 있다. 즉 과정 지향적 책무성과 성과 지향적 책무성으로, 서비스 전달체계와 관련이 있는 과정 지향적 책무성은 다음의 몇 가지 과제들을 다룬다. 첫째, 서비스를 제공받을 자격이 있는 사람들에게 서비스가 제공되었는가, 둘째, 제공되는 서비스가 계약한 대로 제대로 수행되었는가, 셋째, 사전에 계획된 방식으로 서비스가 전달되었는가, 넷째, 서비스의 질이 일정한 특정수준을 유지하고 있는가, 다섯째, 제공된 서비스의 내용이 정확하게 기록되고 보존되고 있는가. 그러나 이 과정 지향적 책무성은 서비스의 효율성과 효과성을 충분히 제시하지는 못한다. 따라서 서비스의 결과 또는 최종 산출물을 파악하고 하는 성과 지향적 책무성을 요구하게 되었다. 성과 지향적 책무성은 첫째, 제공된 서비스의 총량 둘째, 서비스의 단위당 비용 셋째, 클라이언트의 서비스 종결율 넷째, 서비스 종결시 클라이언트의 변화도 다섯째, 종결 이후의 클라이언드의 변화의 지속 여부 등을 다룬다(Kettner & Martin, 1993).

요약하면, 사회복지조직이 책무성을 이행하기 위한 사회복지행정의 핵심적 요소는 경제성, 효율성, 효과성으로 구성된다고 볼 수 있다. 이들 요소들은 서로 다른 개념이지만 상호 배타적이지는 않다. 서로 상승효과를 내기도 하지만 때로 상충될 때도 있다. 이를 구체적으로 살펴보자. 경제성(economy)은 인적・물적 자원을 어떻게 이용하느냐와 관련된 개념으로, 최소한의 비용으로 자원을 획득하였을 때 경제성을 이루었다고 이야기한다. 그러나 경제성이 달성되었다고 해서 효율성이 달성되는 것은 아니다. 효율성(efficiency)은 어떤 일을 성취하기 위해 제한된 자원을 가장 적절히 활용하여 최소의 비용으로 최대의 효과를 내었을 때 효율성을 이룬 것으로 본다. 그러나 역시 효율성이 달성되었다고 해서 효과성이 있는 것은 아니다. 효과성(effectiveness)은 최선의 결과가 성취된 상태를 의미한다. 효과성을 성취하기 위해서는 경제성과 효율성에 반할 수도 있다. 따라서 사회복지조직이 책무성을 이행하기 위해서는 이러한 책무성 구성요소인 경제성・효과성・효율성을 최대한 적절히 조화시키지 않으면 안 된다. 그러나 사회복지조직이 사회복지조직으로서의 책무성을 완벽하게 이행하는 것은 거의 불가능하다. 왜냐하면 앞에서 기술한 바와 같이 사회복지조직의 성과를 가시적으로 계량화하는 것이 어려운 경우가 많기 때문이다. 이렇듯 사람을 활용해서 사람을 돕는 원조 전문직인 사회사업(복지)에서 제공된 서비스에 대한 과학적 증거를 제시하기 어려운 경우 외에도 조직의 목표달성을 위해 필요한 업무를 잘 수행하고 있으면서도 사회복지행정 업무수행의 미숙으로 말미암아 조직의 성과를 제대로 제시하지 못하는 경우가 있는 것은 앞으로 사회복지조직 최고관리자의 과제라 할 수 있다.

책무성 이행은 사회복지조직으로 하여금 정부나 사회로부터의 자원의 총량을 증대시키고, 사회적 공신력을 증대시키며, 조직 내·외부의 부당한 압력으로부터 조직의 권익을 보호받을 수 있다. 따라서 비영리조직의 책무성은 사회복지행정에 있어 핵심적인 가치이며 기준이라고 할 수 있다.

이러한 책무성 이행이라는 과제의 중요성에 비해 우리나라 사회사업(복지) 교육은 구체적인 실천기술로서 사회복지행정을 다루지 않았다. 사회복지행정은 다른 사회사업 방법론과 마찬가지로 하나의 기술적 방법론으로 사회복지조직을 관리·운영하는 특성을 가지고 있다. 결과적으로 실천현장에서 사회복지사들이 사회복지조직의 책무성을 이행에 필요한 구체적인 지식이나 기술이 축적되지 못한 것이다.

사회복지조직의 특성은 제2장에서 설명하였다. 책무성과 관련하여 그 특성을 부언 설명한다면, 사회복지조직은 클라이언트와 직접 접촉하며 활동하는 사회복지제도의 최 일선(front line)에 위치한 조직이라는 것이다. 한편 지역사회의 승인(sanction)을 받음으로 존재하는 조직이라는 것, 그리고 전문가로서의 사회복지사들의 전문적 능력이 서비스의 효과성을 좌우한다는 것이다. 사회복지조직의 서비스 전달과정의 핵심은 전문가인 사회복지사와 클라이언트의 대면관계에 의존하기는 하지만, 사회복지사는 개인으로서가 아니라 조직의 한 구성원으로 클라이언트와 관계를 맺는다(김영종, 1998). 그러나 이러한 사회복지조직이 가지고 있는 특성은 수행하는 모든 서비스들을 계량적으로 측정할 수 없도록 하는 측면이 분명히 있다. 왜냐하면 어떠한 평가도 인간관계의 모든 측면을 과학적으로 측정할 수는 없기 때문이다. 그러나 과거보다는 훨씬 많은 서비스들을 측정, 계량화할 수 있는 도구들이 개발되고 있다. 실천 효과성을 측정하고자 개발되는 모든 도구들은 이를 연구하는 학자들과 실천현장의 실무자들의 공동의 노력과 협조에 의해 수행되어야만 실천현장에서 활용 가능할 것이다.

소외계층에 대해 단순히 서비스를 제공했다는 것만으로는 공공성을 특징으로 존재하는 사회복지기관의 입장이 정당화될 수 없다. 사회복지서비스는 지역사회주민들의 사회적 욕구에 부응하는 것이어야 하고 사회복지사의 개입에 의해 지역사회주민들의 삶의 질이 '과거와는 다르게' 변화되어야 하며, 서비스의 단위당 비용을 과학적으로 검증, 그 효율성을 증명할 수 있어야 한다. 사회복지조직의 앞으로의 과제는 각 조직들이 조직의 기능과 자원의 제한 속에서 얼마나 많은 사람들에게 질 높은 서비스를 제공할 수 있을 것인가, 그리고 서비스의 효과성과 효율성을 어떻게 과학적으로 증명해 보일 것인가 하는 것이다. 이를 위해서는 사회복지사들이 실천가이면서 조사자의 역할과 책임을 다 할 수 있어야 할 것이고, 기존의 자원을 효율적으로 운용하면서 새로운 외부 민간자원을 개발할 수 있어야 할 것이다.

제2절 사회복지조직 구성원의 책무성

사회복지조직 구성원의 책무성은 사회복지사의 직무성과, 윤리적 책임행동, 그리고 자신의 실천에 대한 효과성 검증능력의 3가지 차원으로 설명될 수 있다(김경희, 2001).

사회복지사의 책무성이란, '사회복지사가 소속기관의 조직목표를 달성하기 위하여 보여준 노력의 결과인 직무성과와 전문가로서 지켜야 할 윤리적 책임행동 및 자신의 실천에 대한 효과성을 검증해 보이는 능력'이라고 정의할 수 있다.

1. 사회복지사의 직무성과

조직구성원인 사회복지사의 책무성 평가는 직접 서비스를 담당하고 있는 사회복지사의 직무성과 평가(job performance measurement)를 통해 이루어질 수 있다. 즉 사회복지사의 직무수행 결과에 대한 평가로 사회복지사의 책무성을 설명할 수 있는 것이다. 이러한 사회복지사의 직무성과 평가는 사회복지조직의 책무성 차원에서 공공의 지원에 대한 책무성 수행 요구에 응하는 것이고, 한편 전문직으로서의 위상이 약한 사회복지사의 전문가로서의 정체성을 확보하는 것이기도 하며, 또 사회복지사의 직무성과를 높여줄 수 있는 계기를 제공할 수도 있다. 그리고 기관 운영의 효율성을 높이는 데에도 이바지할 수 있는데, 조직구성원들의 직무성과를 제고시킨다는 것은 바로 조직이 목표하는 바를 달성하는데 큰 영향력을 갖는다는 것을 의미하기 때문이다.

2. 사회복지사의 윤리적 책임행동

책무성 평가에는 사회복지사들의 윤리적 책임행동에 대한 규명을 필요로 한다. 왜냐하면 사회사업(복지)이 전문직업으로서 가지는 사회적 책임을 다하기 위해서는 내부적 규제가 요구되고, 따라서 사회복지사들이 윤리적으로 책임질 수 있는 행동이 논의될 수 있어야 한다. 사회사업은 전문직이므로 전문가로서 기능하여야 할 다양한 측면의 책임을 가지고 있으며, 이를 이행하는 데에는 전문직이 갖는 속성 중의 하나인 자율 규제적 윤리강령이 필요한 것이다. 다시 말해 사회사업 전문직은 어떤 일정한 가치실현을 위하여 사회로부터 위임받은 사명을 수행할 때 일정한 규범이 요구되는데 이 행위규범은 사회복지사 자신을 향한 자기규제를 뜻하며, 이러한 자신에게로 향한 일련의 규제가 윤리강령이다. 구체적으로 사회복지사들은 사회복지사 자신과 클라이언트 집단, 소속기관, 동료, 사회사업 전문직 및 사회에 대해 윤리적 책임을 다해야 하는데, 이것은 사회복지사의 윤리적 책임행동의 기준이 되는 사회복지사 윤리강령을 준수해야 한다는 것을 의미한다. 사회복지사들의 사회복지 실천현장에서의 행동을 올바로 이끌어주고 있는 것이 바로 사회복지사 윤리강령이다.

3. 실천 효과성 검증능력

한편 사회복지사는 지역사회의 욕구를 파악하고 그에 맞는 프로그램을 개발하며, 제공된 서비스에 대한 효과성을 검증할 수 있어야 한다. 이러한 사회복지사의 책무성 확보를 위해서는 서비스에 대한 과학적 분석이 필요하다. 즉 조직의 목표를 달성하기 위하여 실시한 서비스에 대한 효과성을 검증하고 평가 노력을 점검하는 것은 사회복지사의 책무성을 확보하는 길이 된다. 따라서 사회복지사는 실천가이면서 조사자로서 자신의 실천활동을 객관적으로 평가해야 할 의무를 가진다.

제14장을 위한 토의

□ 사회복지조직이 갖는 책무성이란 무엇인가?

□ 책무성 증진을 위한 사회복지행정의 과제에 관한 자신의 견해를 피력하시오.

■ 핵심단어

책무성(accountability), 직무성과(job performance), 윤리강령(code of ethics), 경제성(economy), 효율성(efficiency), 효과성(effectiveness)

15
chapter

이 사 회

사회복지시설은 현행 법 체계 내에서 법인 이사회의 지휘와 감독을 받는다. 그리고 법인 이사회는 법인의 사명을 실현하기 위한 목적사업 기관인 사회복지시설(수용 및 이용시설)을 두고 있다. 이사회는 목적사업 수행 기관 또는 시설의 주요 정책 수립과 운영방향을 결정해야 하는 위치에 있으며, 기관운영의 효과성과 효율성을 책임지는 위치에서 필요한 조처를 취할 권한이 있는 것이다. 본 장에서는 이러한 이사회의 기능과 역할, 이사회 모델 그리고 이사회 운영을 위한 이사 매뉴얼에 관해 살펴볼 것이다.

제 1 절 이사회의 기능과 역할

본 절에서는 이사회가 갖는 기본적인 책임에 대해 설명하고자 한다. 이사회는 첫째, 산하 기관의 사명과 목적을 규정하고, 둘째, 산하 기관의 책임자를 선발하고 지지한다. 셋째, 책임자의 업적을 심사하며, 넷째, 기관의 미래를 조망하는 장기계획 수립에 참여한다. 다섯째, 산하

기관의 사업과 프로그램들을 승인하고 모니터한다. 여섯 번째, 회계감사를 통해 재정운영의 투명성을 보장한다. 일곱 번째, 기관의 재정을 도울 후원자들을 개발한다. 여덟 번째, 산하 기관의 대외 이미지를 제고시킨다. 마지막으로, 이사회의 역량 강화를 위해 지속적인 교육 및 훈련에 참여한다. 그러면, 이사들의 구체적인 책임은 무엇인가? 이사들의 책임은 다음과 같다. 첫째, 이사회, 각종 위원회 및 조직의 특별 행사에 참석한다. 둘째, 기관의 사명, 정책수립, 주요사업에 대해 지속적으로 알아가기를 시도한다. 셋째, 이사회 또는 위원회 개최 전에 안건이나 보조 자료를 미리 살피고 읽어온다. 셋째, 위원회 일이나 프로젝트에 참여하여 특별한 과제를 맡아서 수행한다. 넷째, 개인적으로 기관에 재정적인 후원을 한다. 다섯째, 다른 사람들에게 기관을 소개한다. 여섯 번째, 기관이 수행하고 있는 주요사업의 발전상을 계속해서 파악하고 알아간다. 일곱 번째, 공사(公私)의 이해충돌과 기관의 비밀보호 정책을 준수한다. 여덟 번째, 직원에게 개인적인 청탁을 하지 않는다. 마지막으로, 회계 및 사업감사에 적극 협조한다.

이상에서 언급한 이사회의 기본적 책임을 올바로 수행하기 위해서는 이사회 개발 프로그램(Board Development Program)을 시행하는 것이 필요하다. 이는 일회성 행사가 아니라 지속적인 프로그램이어야 하는데, 대표이사와 법인 실무책임자의 헌신이 필요하며 이사회는 자신의 개발에 아낌없이 시간과 에너지를 투자할 수 있어야 한다. 건강한 이사회는 이러한 이사회 교육을 위한 다양한 기회를 의도적으로 만들어내야 하고, 이사회의 업무수행에 대해 정기적으로 피드백을 받아볼 수 있어야 한다. 이사회 개발 프로그램의 구체적인 종류들은 다음과 같다. 신입 이사를 위한 오리엔테이션, 신입 이사 영입을 위한 조직적인 체계를 계속 개발하기, 기관의 사업들을 관찰하고 직접 체험해 볼 수 있는 기회 마련하기, 전체 이사진의 워크숍, 컨퍼런스, 수양회 등을 통한 자기평가 및 브레인 스토밍(brain storming)의 기회 갖기 등을 들 수 있겠다. 그러나 많은 법인들이 이러한 이사회 개발에 관심을 갖지 못하고 있는 것이 현실이다. 너무 바쁘기 때문에, 또는 이사회가 그러한 업무들을 수행해야 하는 것인지에 대한 무지 또는 불확신 때문이다. 이사들의 법인 및 조직관리에 대한 이해를 확인하고 이사 오리엔테이션의 주제를 점검하기 위한 도구는 〈부록 14〉에 있다.

사실 이와 같은 이사회의 역할과 책임을 요구한다는 것이 우리나라 상황에서는 무리일 수도 있다. 그러나 이 시대의 사회복지법인 이사회는 공공 서비스라는 사명을 수행하기 위해 이와 같은 방향으로 의식이 전환되지 않으면 비영리조직으로서의 책무성을 다할 수 없을 것이라고 보는 것이다. 현재 우리나라 사회복지법인 이사회는 많은 문제점을 가지고 있다. 예를 들어, 대표이사의 지인으로 임원(이사 및 감사) 등이 구성되는 경우, 대표이사 선출에 있어서 임원들의 추대로 의결 된다기보다 오히려 대표이사 주도로 의결되는 경우, 2003년 사회복지사업법의 개정으로 법인설립자와 특수관계에 있는 친인척의 수가 이사 현원의 1/5을 넘지 못하게 되어 있으나 그에 따라 이사의 수를 증원하지 않은 경우, 이사회 회의 소집이 거의 대표이사에 의해 이루어져 이사회 본래의 기능과 역할을 수행하기 위한 적극성이 결여된 경우, 회의 개최 시 사전에 회의 자료제공을 하지 않는 경우 등등이다. 이러한 문제점을 개선하기 위해서는, 법인 발전에 기여할 수 있는 다양한 전문분야의 전문가를 이사로 초빙할 수 있어야 하고, 2003년 개정되어 2004년 7월부터 시행되고 있는 사회복지사업법에 따라 특수관계존재 여부를 해당 감독기관에서 확인, 규명하여야 하며, 사업 및 회계감사를 위해서 회계전문가 및 사회복지전문가 각 1명씩을 초빙하여 엄격한 감사를 통해 조직의 투명성을 제고할 수 있어야 할 것이다. 또한 이사회 개최와 관련하여, 법으로 정해져있는 정기 이사회 뿐 아니라 이사회가 가지고 있는 기본적 책임 하에 있는 사안들에 대해서는 필요 시 이사회를 개최하여 정식 안건으로 다루어야 하겠다. 이사회 회의록은 반드시 기록되어야 하고, 기록된 회의 내용을 각 임원들이 검토할 수 있는 기회를 가진 후 날인을 받아야 할 것이다. 최근, 이사회 회의록 날인을 인감으로 하도록 하는 등 과거에 비해 엄격한 조처가 감독기관에 의해 취해지고 있다. 한편 각 임원들이 월 1회 또는 분기별로 사업 및 회계 관련 정보를 받아볼 수 있도록 함으로써 이사회가 본래의 기능과 역할을 다할 수 있도록 촉구할 수 있다. 이사회는 단순한 명예직이 아니며, 오찬과 다과를 즐기는 기구도 아니다. 이사회는 법인의 존재이유를 분명히 하고 조직의 방향성을 제시하는 중요한 기구이다. 특별히 조직의 사명을 실현하기 위해 재정부문에 대한 책임감을 가지고 자금조달에 앞장서야하는 위치에 있음을 분명히 인식할 수 있어야 할 것이다. 지난 2007년 1월에 사회복지사업법의 일부 개정법률 안이 입법예고 되었는데, 법인 임원 수가 5인 이상에서 7인 이상으로 상향조정되고, 이사 중 1/3 이상은 사회복지 경험이 3년 이상인 자로 이사의 자격요건이 강화되는 등, 법인운영의 전문성 및 개방성이 점차 강화되고 있다.

이러한 사회복지법인 임원들의 자질과 관련된 개인적인 특성들을 살펴보기로 한다. 먼저, 다른 사람들의 이야기를 들을 수 있는 경청능력, 분석능력, 명확하고 창조적인 사고능력, 개인 및 집단과의 업무수행 능력이 요청된다. 또한 이사회와 위원회 모임을 위해 사전준비를 하고 출석하여 질문을 하려는 열린 마음, 주어진 책무에 대해 책임을 지고 끝까지 잘 감당하려는 열린 마음, 상황에 따라서 자신의 개인적인 재능이나 재정적인 측면을 조직에 헌신하고자 하는 열린 마음, 지역사회 안에서 자신을 개방하고자 하는 열린 마음 및 자기 자신을 평가하려는 열린 마음이 필요하다. 한편, 기금을 조성하는 기술, 필요 시 잠재 이사 후보를 소개하거나 자원봉사자를 개발하고 모집하는 기술, 회계장부를 읽고 이해할 수 있는 기술, 조직의 주요 사업에 관하여 더 많이 배워가는 기술이 필요하다. 그 외, 정직, 다른 사람의 견해에 대한 민감성과 관용, 우호적이고 감응하기 쉬우며 인내심 있는 접근, 지역사회를 형성하는 기술, 개인적인 인격의 신실함, 여러 다른 가치에 대한 개발된 감각, 자신이 속한 법인의 발전에 대한 관심, 그리고 유머감각 등이 요청된다고 하겠다.

제 2 절 이사회 모델

1. 고문 이사회 모델(Advisory Board Model)

이 모델은 이사회가 협력하고 지원하는 역할을 강조하며 흔히 CEO가 기관의 창시자인 경우에 이루어진다. 이 경우 이사회의 역할은 주로 CEO에 조력하고 조언하는 것이다. 이 경우 이사회의 멤버는 다음 세 가지 이유를 충족시키는 사람으로 채워진다. ① CEO가 조언자로 신뢰할 수 있는 사람들이다. ② 기관이 필요로 하는 기술을 이미 가지고 있어서 기관이 별도로 비용을 들여 그 기술을 익혀야 할 필요가 없는 사람들이다. ③ 기관의 대외적인 신뢰도를 높여서 후원금 모금이나 대외관계 개선에 유용한 사람들이다.

이사회를 구성하는 멤버 개개인은 위와 같은 기능을 매우 적극적으로 수행할 것이고, 따라서 자신들이 기관에 지대한 공헌을 하고 있다는 자부심을 느낄 수 있다. 이사회 회의는 CEO가 개발한 안건을 놓고 모이게 되며 불필요하고 딱딱한 격식을 지양하고 과업을 수행하는 데 초점을 맞추어 진행된다.

고문 이사회 모델은 많은 기관에서 단기간동안 좋은 효과를 낼 수 있다. 하지만 고문 이사회 모델은 모든 이사회에 반드시 있어야 하는 책무성 확보장치(accountability mechanism)를 제공해 줄 수 없다는 점에서 이사회 멤버들에게 중대한 부담을 안겨준다. 법에 따르면, 이사회는 산하 조직에서 일어나는 일들을 운영하는 책임을 맡고 있기 때문에 산하 조직의 직원들과 위원회들이 행하는 어떤 일에 대해서 책임을 져야 할 수도 있다. 그렇기 때문에 이런 경우 이사회는 CEO보다 더 상위일 수밖에 없다. 물론 이사회는 자신에게 주어진 많은 책무들을 직원들이나 각종 위원회에 위임할 수도 있다. 하지만 그렇다고 해서 이사회가 직원들이나 각종 위원회에 종속될 수는 없다.

2. 보호자 모델(Patron Model)

고문형 이사회 모델과 유사하지만, 보호자 모델을 따르는 이사회는 산하 조직에 대하여 고문형 이사회보다는 훨씬 더 적은 영향력을 행사하게 된다. 보호자 모델을 따르는 이사회는 조직의 사명에 헌신하는 부유하고 영향력 있는 개인들로 구성되는데, 이 경우 이사회의 주된 역할은 후원금을 모금하는 데 있어서 얼굴 마담 역할을 하는 것이다. 이 경우 이사들이 하는 실제 일은 이사회 회의 시간 외에서 이루어지기 때문에 이사들이 모이는 회의는 흔치 않게 된다. 이사들은 자신들의 지갑을 열어 기부금을 내고, 또 자신들이 잘 알고 있는 돈 많은 친구들을 설득시켜 후원금을 내게 함으로써 조직에 공헌하게 된다.

많은 기관들이 기관을 관리하는 이사회를 두는 것 외에도 후원 이사회(Patron Board)를 두고 있다. 집중거액모금 캠페인(Capital Campaign)을 하기 위해서, 새롭게 설립된 기관들의 대외 신용도를 높이기 위해서는 보호자 모델의 이사회가 특별하게 도움이 될 수 있다. 하지만 비전 개발이나 사업 기획이나 프로그램 모니터링과 같은 조직관리 업무를 위해서는 보호자 모델 이사회는 적절치 못하다.

3. 협력모델(Co-operative Model)

어떤 기관들은 여러 가지 이유 때문에 수직적인 직급 구조를 피하기를 원한다. 이와 같은 기관들의 경우 의사결정 구조는 일반적으로 '동료경영'(peer management), 또는 '공동경영'(collective management)이라고 불려진다. 이 모델의 경우, CEO는 따로 없고 모두가 책임을 나눠진다. 보통 의사결정은 여론에 의해서 이루어지고, 그 어떤 사람도 다른 사람을 다스릴 권력을 전혀 가지지 못한다. 만일 법이 이사회의 설치를 필수사항으로 규정하지 않는다면, 이런 기관들은 이사회라는 것을 두려고 하지 않을 것이다. 하지만 법인조직이 되기 위해서는 어쩔 수 없이 이사회와 임원회가 필요한 법이다. 그렇기 때문에 이러한 기관들은 이사회를 두되, 자기 기관의 철학에 딱 들어맞는 이사회를 만들려고 부단히 애를 쓴다. 공식적인 이사회 멤버들과 직원들과 자원봉사자들과 필요한 때로 고객들까지도 포함하는 단 하나의 운영기관(관리기관)을 만듦으로써, 이 모델을 지지하는 사람들은 이 모델이야말로 가장 민주적인 관리 스타일이라고들 하지만, 어쩌면 또한 이 모델이야말로 조직의 목적을 함께 공유하기에는, 모든 멤버들로 하여금 깊이 헌신하게 하기에는, 다른 사람들의 일에 대하여 개인으로 책임져야 할 일이 있을 때 기꺼운 마음으로 책임을 질 수 있도록 만들기에는, 서로 다른 의견이 충돌할 때 합의를 도출해 낼 수 있는 능력을 계속 유지하기에는, 여러 가지 모델 중에서 가장 어려운 모델일 수도 있다. 그러나 잘 돌아가기만 하면, 이 모델의 경우 일선에서 일하는 직원들이 기관의 의사결정에 직접 참여할 수 있다는 장점 때문에, 또한 이사회 멤버들과 직원들 사이의 상호 협력에 의해서 일어나는 시너지효과와 동료애 때문에 기관은 많은 유익을 얻을 수 있다.

이 모델과 관련하여 두 가지 우려되는 점이 있다. 첫째는 이 모델이 성공적으로 작용하기 위해서는 서로 다른 의견이 있을 때 조정(타협)할 수 있는 능력이 반드시 필요한 법인데, 때때로 도무지 타협하기 힘든 사상적 또는 철학적으로 강력한 헌신으로부터 조합들이 일어난다는 것이다. 둘째는 효과적인 책무성 구조를 세우는 일이 어렵다는 것이다. 이 모델을 처음으로 시행하는 시점에서는 조직 내에서 사람들의 동기가 높은 수준에 올라가 있기 때문에 굳이 책임을 지는 메커니즘을 필요로 하지 않게 된다. 그러나 인사 이동이 여러 번 있게 되면서부터는 그룹에 대한 개개인의 헌신도가 얼마든지 상실될 수 있다는 것이 문제이다. 공동으로 책임을 지는 이러한 모델의 경우, 개개인의 행동에 대해서 꾸준히 책임을 지게 할 수 있는 길이 전혀 없다.

4. 운영팀 모델(Management Team Model)

수년 간 대부분의 비영리조직들은 운영팀 모델에 따라서 작동하는 이사회에 의하여 운영되어 왔다. 운영팀 모델이라는 것은 어떤 조직의 위원회들과 활동들을 각각 그 직무에 따라 구별을 하고 조직하는 것을 말한다. 상대적으로 규모가 큰 조직의 경우, 이사회와 위원회의 구조를 보면 그 기관의 행정 구조를 한 눈에 볼 수 있다. 인력자원, 기금모금, 재정, 기획, 프로그램을 책임지는 직원이 있는 것과 꼭 마찬가지로, 이사회는 그와 같은 영역을 각각 책임지는 위원회를 만들어낸다.

유급 직원이 없는 조직의 경우, 이사회가 만들어낸 위원회 구조가 곧 그 조직의 행정적 구조가 되고, 이사회 멤버들은 단순히 이사회 멤버에서 그치지 않고 기관의 프로그램과 서비스를 관리하고 시행하게 된다. 개인적으로나 위원회 안에서나 이사회 멤버들은 전략기획, 회계, 기금모금, 소식지 발행, 프로그램 기획 및 시행을 포함하여 기관에 대한 모든 관리, 운영과 실행을 책임진다.

운영팀 모델이 널리 채택되는 이유는 팀 운영과 직장에서의 민주적 구조라는 현대의 화두에 운영팀 모델이 딱 들어맞기 때문이다. 또 다른 이유는 자원봉사자 중심으로 돌아가는 비영리단체, 또는 비전문적인 조직에 대해서 많은 사람들이 취하고 있는 견해와도 잘 들어맞기 때문이다. 더욱이 이 모델은 봉사단체, 스카우트, 취미활동 그룹 등과 같은 지역사회 집단에서 자원봉사자로 활동한 바 있는 많은 사람들의 경험과도 잘 들어맞는다. 이런 점들을 생각해 볼 때, 1970년대와 1990년대 사이에 쓰여진 대부분의 규범적인 책들과 소논문들이 이 모델을 이상적인 모델로 제시하는 것도 그리 놀랄만한 일이 아니다.

운영팀 모델에 따라 운영되는 이사회들은 산하 기관의 업무 활동과 행정 활동에 깊이 관여한다는 특징을 가지고 있다. 전문적으로 경영을 담당하는 임원들이 있는 기관의 경우, 운영팀 모델은 기관의 모든 단계에서 CEO와 직원을 매우 지시적으로 감독하는 형태를 취하게 된다. 구조적으로는 많은 위원회와 보조위원회들이 있을 수 있다. 운영팀 모델에 따라 운영되는 이사회는 프로그램, 서비스, 행정실무에 관하여 매우 구체적인 내용까지도 참관하며 의사결정을 내리게 된다. 물론 이런 형태의 이사회가 잘 작동되면, 이사회의 멤버로 참여할 수 있는 사람들은 다음 두 가지 기준을 만족시키는 경향이 있게 된다. 첫째는 경영이나 회계와 같은 특정 분야에 있어서 지식이나 경력이 있는 사람들. 둘째는 이사회가 보기에 제삼자라고 할 수 있는 특정 이해 단체나 분야에 속하는 사람들.

이 운영팀 모델은 순전히 자원봉사자에 의해서만 운영되는 기관의 경우에는 잘 작용하지만, 전문적인 경영팀과 전임 직원이 이미 있는 기관의 경우에는 덜 적절하다고 입증되었다. 이 모델의 가장 중요한 단점은 이 모델을 따르는 이사회가 잘못된 방향으로 흘러서 마이크로 운영팀 모델(Micro-Management Team Model)로 전락하는 일이 너무나 많다는 것이다. 마이크로 운영팀 모델이란 이사회 멤버들이 스스로 착각에 빠져서 이사회를 구성하고 있는 자기들만이 기관의 모든 일에 대해서 결정을 내릴 자격이 있다고 고집을 부리며 보수를 받는 직원들은 자신들이 결정한 것을 실행만 하면 된다고 믿으면서 전혀 위임을 하지 않는 것을 의미한다. 물론 이런 식으로 이사회가 운영되면 어떤 결과가 따라올는지는 불을 보듯 뻔하다. 의사결정에 있어서 일관성도 확보할 수 없고, 이사회 멤버들은 자신들에게 요구되는 막중한 책임을 다 감당할 수 없는 자신들의 부족함 때문에 나중에 지치게 되고, 직원들은 인간대우를 받지 못하는 것 때문에 화병에 걸리게 되며, 기획과 책임의 영역에 있어서 사람들의 관심이 사라지게 되어 조직은 여러 가지 위험에 노출된다.

5. 정책 이사회 모델(Policy Board Model)

앞서 언급한 바와 같이, 이사회의 역할과 운영자의 역할을 구분하려는 필요성은 기관 안에서 행해지는 일에 대하여 책임을 지려는 책임의식을 가장 높은 상태로 유지하지 못하는 많은 기관들의 실패 때문이었고, 자신들에게 요구되는 역할을 다 충족시킬 수 없는 자신들의 부족함 때문에 이사회 멤버들이 느끼는 불만 때문이었다. 이런 결점 때문에 이사회 멤버들은 의아심을 품게 되었다. "아니, 개인적으로 볼 때 너무나 능력이 많고 성취도도 높은 사람들인데 이사회 멤버로 앉혀 놓으니 저렇게 맥이 없고 실망스러울까!" 사정이 이렇다보니 이사회의 역할을 심사숙고하지 않을 수 없었고, 이사회와 CEO의 관계, 이사회와 지역사회의 관계도 심사숙고하지 않을 수 없었다.

정책 이사회 모델을 제일 먼저 창안하고 가장 영향력 있게 지지하고 있는 사람은 John Carver이다. 카버가 저술한 책, '효과적인 이사회'(Boards that Make a Difference)는 지금까지 수천 개의 비영리 단체들에게 큰 영향을 주었다. 정책 이사회 모델을 따르는 이사회들은 똑같이 이사회의 할 일을 다음과 같이 규정한다. ① 기관의 근본적인 원리와 정책을 세우는 일 ② 기관의 원리와 정책을 실행해야 하는 사람들에게 책무와 권위를 위임하는 일 ③ 기관의 사업이 근본적인 원리와 원칙에 일치하는지를 모니터하는 일 ④ 직원과 이사회가 함께 자신들의 업무 수행에 대하여 책임을 지도록 만드는 일.

정책 이사회 모델을 따르는 이사회들이 서로 달라지는 곳이 있다면, 위에서 언급한 네 가지 일을 행하는 방법에 있어서 다르고, 전략 기획과 기금모금을 이사회의 역할로 보는 정도에 있어서 다르다.

정책 이사회 모델을 따르는 이사회들은 CEO에 대한 신뢰도가 매우 높다는 특징이 있다. 이런 이사회들의 경우, 상설로 운영되는 위원회들이 상대적으로 거의 없게 되며, 따라서 이사회 전원이 모여야 하는 회의는 더 많게 된다. 또한 이 경우, 이사회를 지속적으로 발전시키는 일은 중요한 일이 된다. 왜냐하면 새로운 멤버들이 자신들의 역할을 잘 감당할 수 있도록 만들어 주어야 하기 때문이다. 또한 새로운 멤버를 받아들이는 일은 일 년 내내 계속된다.

지금까지 다양한 관리체계 모델에 대해서 설명을 하였는데, 위의 설명을 읽으면서 각각의 모델이 가지고 장점과 단점을 파악할 수 있을 것이다. 그러나 관리체계 모델을 변경하는 일은 결코 쉬운 일이 아니다. 관리체계 모델을 바꾼다는 것은 생활 스타일을 바꾸는 것과 마찬가지이다. 관리체계 모델을 바꾸려면, 오랫동안 품고 있던 생각들과 행동패턴들을 버려야 하고, 그 대신 낯설고 혼란스러워 보이는 생각들과 역할들, 그리고 행동들을 취해야만 한다. 이런 유의 변화가 성공적으로 이루어지려면 상당히 많은 시간과 에너지, 그리고 여러 가지 다른 자원들이 필요한 법이다. 다음의 질문들에 답을 하다 보면, 본인이 속해 있는 조직이나 이사회가 관리체계 모델을 바꾸어야 할 필요성을 얼마나 많이 가지고 있는지, 또한 조직이 그러한 변화를 성공적으로 이루어낼 수 있는 헌신도와 자원을 정말 제대로 갖추고 있는지를 파악할 수 있을 것이다.

- ▸우리는 우리가 속해 있는 이 기관의 목적을 선명하게 이해하며 진심으로 동의하고 있는가? 그것이 기록되어 있는가?
- ▸우리의 기관과 우리 이사회의 방향타 역할을 하는 근본적인 가치들은 무엇인가? 그것들이 기록되어 있는가?
- ▸우리는 우리 기관이 행하는 선한 일들이 어떤 가치가 있으며 그것들을 수행하는 데 얼마나 많은 비용이 들어가는지 알고 있는가?
- ▸우리 기관이 가지고 있는 재정적인 자원은 얼마나 되는가? 다음 몇 해 동안 재정적인 걱정 없이 사업을 진행할 수 있을까?

- 이사회 멤버들은 기금 모금에 있어서 어느 정도로 자신의 돈과 노력을 기관에 헌신해야 좋을까?
- 우리는 우리 기관이 상호 협동적으로, 또는 공동책임제로 운영되어야만 한다고 믿고 있나? 다시 말해서 기관을 관리하는 일에 있어서 직원들도 이사회 멤버와 함께 참여해야만 한다고 믿고 있는가?
- 내년에(또는 임기가 끝날 때까지) 이사회 소속 각 멤버들은 기관을 위하여 얼마나 많은 시간을 투자할 의도를 가지고 있는가?
- 우리 이사회는 CEO의 능력에 대해서 얼마나 많은 신뢰를 가지고 있는가? 우리 기관이 효과적으로, 윤리적으로 잘 운영될 것이라고 확신하고 있는가?
- 이사회 모임이나 위원회 모임에 참석할 때 우리는 무엇을 기대하는가?
- 이사회 멤버 개개인의 이사회 출석률은 어떻게 되는가?
- 이사회 멤버들은 어떤 식으로 이사회나 기관에 대해서 책임을 지고 있는가?
- 이사회 멤버들과 위원회 멤버들 개개인의 회의 출석률과 업무 수행결과는 어떠한가?
- 각각의 위원회는 지금까지 얼마나 유용한 역할을 감당해 왔는가?
- 위원회들은 직원들의 일을 어느 정도로 배가시키는가?
- 현재 이사회의 업무 수행에 대해서 멤버들은 얼마나 만족하는가?
- 우리의 관리체계 모델을 바꿔야 한다고 생각하는 사람들은 누구인가?
- 이사회 멤버로서 우리의 업무 수행능력을 향상시키기 우하여 우리 자신의 지식과 기술을 개발하는 데 우리는 얼마나 많은 시간과 돈을 기꺼이 투자하려 하는가?
- 우리 이사회는 여러 가지 의견들이 나올 때 어떻게 조율하는가?
- 의견이 다른 상태에서 이루어지는 결정에 대해서 이사회 멤버들을

어떻게 반응하는가?

- 우리 이사회 멤버들은 프로그램과 여러 가지 사업, 마케팅과 대중 연설 등등에 어느 정도로 관여해야 하는가?
- 해마다 개최되는 총회에 참석하는 사람들은 누구인가? 왜 그들은 총회에 참석하는가?
- 이사회 멤버로서 우리는 누가 우리 기관에 대해서 책임져 주기를 원하는가?
- 탁월한 새 멤버를 받아들이는 데 있어서 현재의 모집 방법이 얼마나 효과적인가?

제 3 절　이사 매뉴얼

헌신적이고 식견도 있으면서 효과적인 이사회가 되기 위해서는 오리엔테이션과 교육이 반드시 있어야 한다. 그런데 오리엔테이션과 교육을 제대로 하기 위해서는 없어서는 안 될 도구가 있다. 곧 이사 매뉴얼이다. 그러므로 모든 기관은 이사회 멤버들이 임기 기간 동안 사용할 수 있는 완전하고도 사용이 간편한 매뉴얼을 반드시 가지고 있어야만 한다. 이사 매뉴얼은 신입 이사들을 위한 오리엔테이션 자료 및 이후의 이사 활동을 위해 필요한 자료이다. 구체적으로, 이사 매뉴얼은 다음의 두 가지 용도로 사용된다. 우선, 신입 이사회 멤버에게 있어서 매뉴얼은 그 멤버가 활동하게 될 기관, 이사회의 구조와 역할, 그리고 동료 이사회 멤버들과 직원들에 관한 유용한 정보 등을 제공하는 오리엔테이션 핸드북이다. 둘째로, 이사회 멤버가 이사회 안에서 자신의 맡은 일을 제대로 수행할 수 있게 돕는다는 점에서, 매뉴얼은 필수불가결한 활동 지침서가 되는 것이며 그 기관과 이사회에 관한 중요한 자료가 된다. 시간이 흐르면서 내용을 업데이트하다 보면 매뉴얼에 수록되는 자료들은 첨가되기도 하고 삭제되기도 한다. 이사 매뉴얼은 이사회 의장과 다른 임원들의 자문 하에 직원에 의해서 개발된다. 작성된 매뉴얼은 목차가 있으며 각 섹션마다 라벨이 붙어 있어서 선명하게 구분을 할 수 있는 튼튼하고 보기 좋은 바인더 식 노트에 인쇄하여 이사회 멤버들에게 제출한다. 필요하면 모든 항목에 날짜를 기입하고 자료를 대체하는 것이 좋다. 그 노트 표지 안쪽 주머니 안에는 간단한 문구용품이나 사업안내서 또는 이와 유사한 물품을 넣도록 하는 것이 바람직하다.

이사 매뉴얼은 사명헌장, 정관, 법인 운영규정을 포함하는 법인개요, 법인의 연혁, 조직도, 직원업무규정 및 주요사업을 포괄하는 법인현황, 그리고 이사회의 구성, 역할, 이사회의 소집, 각종 위원회의 활동을 포함한 법인임원과 관련된 내용 등으로 구성된다. 부록으로 최근의 이사회 회의록, 작년도의 사업실적보고서·결산서, 당해연도의 사업계획서·예산서, 그리고 법인설립허가서와 등기부등본 사본을 첨부하는 것이 바람직하다. 이사 매뉴얼의 예시는 〈부록 15〉에 있다.

제 15 장을 위한 토의

□ 우리나라 사회복지법인의 이사회의 기능과 역할을 평가해 보시오.
□ 본인이 사회복지법인의 CEO라면, 어떤 이사회 모델로 조직을 관리하기를 원하는지 자신의 의견을 피력하시오.

■ 핵심단어

이사회 개발 프로그램(Board Development Program), 이사 매뉴얼(Board Manual)

제5부

평　가

제16장　평　가
제17장　사회복지조직과 욕구조사
제18장　자기인식

16
chapter

평 가

본 장에서는 서비스의 질 향상과 사회복지사의 전문성 증진을 위해 반드시 행해져야 할 평가에 관하여 서술하겠다. 먼저 평가를 하는 목적을 설명하고 평가가 주는 가치를 기관, 수퍼바이저 및 수퍼바이지의 입장에서 설명하고자 한다. 사회복지기관에서 실제로 이루어져야 할 여러 평가들에 관해서는 현장에서 실무자들이 활용할 수 있도록 평가 틀을 부록으로 처리하였다.

제1절 평가의 목적 및 가치

평가에는 전문적 성장에 공헌하고자 하는 행정적 측면, 서비스의 질을 향상시키고자 하는 교육적 측면, 인정하고 지지하고자 하는 지지적 측면의 3요소가 모두 포함되어 있다. 평가의 목적과 가치를 설명하겠다. 평가의 목적은 크게 두 가지로 설명될 수 있다. 첫째, 행정적 효율성에 있다. 즉 수퍼바이지의 과거의 업무수행 평가를 통해 수퍼바이지에 대한 어떤 결정을 내려야 할 때 행정가들에 의해 사용된다. 평가서는 행정결정을 하는데 필요한 체계적 산출물이 되는 것이다. 둘째, 평가를 통해 수퍼바이지의 전문적 성장과 발전을 도모한다. 즉 수퍼바이지의 업무수행상의 강·약점을 발견하여 교육-학습과정으로서, 앞으로의 업무수행 향상에 초점을 두게 된다. 산출물로서의 평가서는 결과가 아니라 오히려 하나의 과정으로서 수퍼바이지의 업무수행 방법을 변화시키기 위하여 수퍼바이지 스스로에 의해 사용된다.

평가의 가치는 기관의 입장, 그리고 수퍼바이지와 수퍼바이저의 입장에서 각각의 가치를 가지고 있다고 하겠다.

1) 기관의 입장

첫째, 기관이 기관의 목적을 어느 정도 달성하고 있는지를 평가함으로써 기관의 책임을 다할 수 있다. 이것은 각 사회복지사들이 기관의 기준을 만족시키고 있는 정도를 평가함으로써 시작될 수 있다. 즉 기관이 지역사회에 대한 책임이 있다면 각 수퍼바이지는 기관에 대한 책임이 있다. 수퍼바이지의 업무에 대한 수퍼바이저의 평가는 지역사회에 대해 기관이 갖는 책무성과 연결된다.

둘째, 수퍼바이지의 업무에 대한 정기적이고 체계적인 평가는 기관 행정에 변화를 일으킬 수 있다.

셋째, 평가는 수퍼바이지의 행동을 통제하고 표준화시키기 위한 절차요, 과업수행을 통제하는 과정이다. 평가에 의해서 기관이 필요로 하는 인력을 파악하고 유능한 인력으로 인정할 근거를 가진다.

2) 수퍼바이지의 입장

첫째, 기관의 기대를 자신이 얼마나 충족시키고 있는지, 비슷한 교육 수준과 경력을 가진 동료와 비교하여 자신의 전문적 능력은 어떠한지를 모르기 때문에 가질 수 있는 불안을 감소시켜 주는 역할을 한다. 물론 평가 그 자체가 주는 불안도 있지만, 그보다 더 불안을 일으키는 것은 '평가를 하지 않는 것'이다.

둘째, 평가는 자신보다 우월한 경험과 능력을 가진 수퍼바이저로부터 인정받을 수 있는 기회가 된다. 자신의 약점을 지적받고 자신에 대한 이해를 증진시키는 일은 전문가로서의 성장과 발전을 촉진시킨다.

셋째, 학습동기를 유발시키어 무엇을 더 배워야 할지 필요한 학습을 알 수 있도록 한다. 수퍼바이지는 '좋은 평가'를 받기 위해 긍정적 자극을 받고, 배우고자 하며, 따라서 변화한다. 한편 지금까지 쌓아온 지식을 다져주고 자신감과 확신을 가져다준다. 또한 자신의 업무수행 능력을 비판할 수 있는 힘과 능력을 갖게 한다. 모든 수퍼바이지들은 자기평가와 자기규제에 대한 책임을 가지고 있다.

3) 수퍼바이저의 입장

첫째, 수퍼바이지의 업무수행에 대한 정기적·체계적 평가를 통해 수퍼바이지의 전문적 능력을 객관적으로 파악하고 수퍼바이지의 강·약점을 양자간 명백히 할 수 있다.

둘째, 이를 통해 수퍼바이지로 하여금 전문가로 성장, 발전할 수 있도록 돕고 이를 통해 앞으로의 교육적 수퍼비전에서 다루어야 할 쟁점들을 예정할 수 있다.

한편, 클라이언트의 입장에서는 전문가가 가지는 자율성에 대한 규제를 통해 질 높은 서비스를 보장받을 수 있다.

제 2 절 사회복지기관에서의 제 평가

사회복지기관에서의 인력평가는 본인 및 부하직원으로부터의 지도감독자 평가, 본인이 직접 하게 되는 직원평가, 본인 및 상급자에 의한 근무성적평가 등이 있다. 즉 업무분석, 직무성과 평가, 인사고과를 위한 근무성적 평가 등이 있는데, 이는 부록으로 처리하였다.

사업평가는 연 사업평가와 단위별 프로그램평가로 구분할 수 있다. 사업평가와 조직의 관리상태를 평가하는 조직관리활동평가 역시 부록으로 처리하였다.

제16장을 위한 토의

□ 우리나라 사회복지기관 중, 직원평가 및 사업평가를 시행하고 있는 기관의 예를 들어 보시오.

■ 핵심단어

평가(evaluation)

17
chapter

사회복지조직과 욕구조사

본 장에서는 지역사회주민의 욕구에 부응하는 사회복지서비스를 제공하기 위해 반드시 필요한 사회복지 욕구조사에 관하여 간략하게 설명하기로 한다. 그리고 지역사회의 개념을 사회복지적 관점에서 정의할 것이다.

제 1 절 사회복지 욕구조사

1. 사회복지 욕구조사의 개념 및 목적

사회복지 욕구조사란, 한정된 지역사회 안에서 주민들의 욕구 수준을 확인해 내고 이를 수량화하는 방법을 말한다. 사회복지 서비스가 체계적이고 과학적으로 이루어지기 위해서는 대상자들의 문제를 정확하게 파악하고 분석하는 노력이 선행되어야 한다. 욕구조사는 이러한 파악과 분석에 필요한 방법들을 의미하며 사회복지 프로그램의 기획・관리・평가의 근거가 된다(정무성, 2001). 사회복지 욕구조사를 하는 목적은 다음의 세 가지로 설명할 수 있다. 첫째, 문제분석을 위한 근거자료를 제공한다. 즉 지역사회의 문제를 예방하고 전문적 접근을 시도하기 위한 프로그램을 기획할 수 있도록 하는 것이다. 이와 같이 욕구조사 자료들은 프로그램을 기획하는데 있어 문제를 분석하기 위한 근거를 제공하는데, 위험집단과 표적집단을 확인하게 하고 욕구의 지역적 분포, 욕구간의 연결 및 통합 등에 관한 분석을 가능하게 하는 것이다. 이러한 분석을 통해 프로그램 계획이 이루어진다. 둘째, 자원배분을 위한 근거 자료를 제공한다. 즉 욕구조사 결과는 자원의 배분을 위한 우선순위를 결정하는데 유용한 자료가 되는 것이다. 한정된 사회복지 자원을 우선순위에 따라 배분할 수 있어 자원의 효율적 활용을 기할 수 있다. 셋째, 평가의 기준을 제공한다. 욕구는 프로그램 결과에 대해 중요한 평가의 기준이 된다. 프로그램의 결과가 계획한 것과 어떠한 차이가 있으며, 어느 정도 달성했는지를 파악할 수 있도록 해 준다. 즉 지역사회 주민의 욕구가 프로그램을 통해 어떻게 충족되었는지를 파악할 수 있게 한다.

지역사회의 문제 및 지역사회주민의 사회적 욕구를 파악함으로써 복지서비스를 계획하는 일은 매우 중요한 사회복지기관의 1차적 과업이다. 이와 같이 지역사회의 문제파악, 지역사회 주민의 사회적 욕구조사는 사회복지 서비스 계획과 관련한 중요한 개념이 된다. 사회복지 욕구조사를 위해서는 '누가 무엇을' 필요로 하는지에 대한 이해가 필요하다. 즉 '누가 욕구를 가지고 있는가' 하는 욕구의 주체는 아동, 청소년, 여성 및 소외된 자 · 병든 자 · 무시당하는 자 · 약한 자 등 소외 · 고독 · 결핍 · 장애를 경험하는 특정한 개인, 집단, 지역사회를 뜻한다. 이들 욕구의 주체가 필요로 하는 것, 즉 욕구의 객체는 의식주 · 취업 · 의료 · 재활 · 보육 · 양로 등과 같은 재화나 서비스를 의미한다.

2. 욕구의 유형

욕구란 일반적으로 무엇이 결여된 상태로 인해 불편을 겪고 있는 상황을 의미하는데, 한마디로 '충족시켜줄 필요가 있는 상태'라 할 수 있다. 욕구는 다음과 같이 크게 규범적 욕구, 인지 욕구, 표출 욕구, 그리고 상대적 욕구의 4가지 유형으로 구분하여 설명할 수 있다.

1) 규범적 욕구(normative need): 전문가의 판단에 의해 기준이 설정되는 경우를 말한다. 예를 들어 국민기초생활수급권 대상자의 기준 설정은 정부가 규정한다. 이러한 기준이 실제에 적용될 때는 대개 사회적으로 수용 가능한 최소한의 기준으로 설정된다. 이러한 기준은 물가 변동이나 경제수준의 변화에 따라 조정되는 것이 일반적이다.

2) 인지욕구(perceived need): 서비스 수혜 대상자가 느끼는 욕구로, 이 인지 욕구는 사회복지 서비스 체계를 설계하는데 매우 중요한 자료가 된다. 전문가가 전문가의 입장에서 판단하는 것보다 서비스를 제공받는 사람들이 느끼는 욕구에 기초한 서비스가 서비스 이용자의 만족도를 더욱 높여줄 것이기 때문이다. 예를 들어 지역사회 내 사회복지기관에서 주민들을 위해 방과 후 탁아 프로그램을 개설해 주기를 기대하는 주민들의 욕구나 약물남용 청소년 상담 기관 개설에 대한 주민들의 욕구가 그것이다.

3) 표출욕구(expressed need): 서비스의 수요를 예측하여 지역사회 주민들의 욕구를 산정해 내는 것이다. 예를 들어 사회복지관의 탁아 프로그램 이용자의 수와 대기자 명단에 있는 숫자를 통해 지역사회 주민들의 탁아 프로그램 서비스에 대한 욕구 수준을 파악한다.

4) 상대적 욕구(relative need): 다른 사람 또는 다른 지역과 비교해서 정해지는 욕구를 의미한다. 예를 들어 대도시와 지방 간의 사회복지 서비스의 차이에서 오는 욕구를 들 수 있겠다.

제2절 사회복지적 관점에서의 지역사회

1. 지역사회의 개념 정의

첫째, 사회문제로서의 지역사회로 지역사회는 변화될 필요가 있는 문제 · 욕구 · 이슈 등을 내포하고 있는 환경이다.

둘째, 변화의 수단으로서의 지역사회로 지역사회는 지역사회 주민들 간의 상호작용을 통해 변화가 일어날 수 있는 기회와 수단, 그리고 방법을 제공하고 있다.

셋째, 사회복지서비스의 장으로서의 지역사회로 사회복지서비스의 대상으로서 지역사회는 서비스 실천의 장이다. 지역사회는 변화될 필요가 있는 문제 · 욕구 · 이슈 등을 내재하고 있는 환경이다. 한편 지역사회는 사람들 간의 상호작용을 통해 변화가 일어날 수 있는 기회와 수단, 방법을 제공하고 있는 곳이기도 하다.

2. 지역사회주민들의 욕구 파악

지역사회주민들의 욕구를 파악하는 방법은 지역사회 포럼, 사회지표 활용, 사회복지기관의 자료 활용, 지역사회 프로그램 욕구조사 등의 4가지로 구분할 수 있다.

1) 지역사회 포럼: 지역사회 주민들의 욕구 및 문제의 규모 · 범위 · 복잡성 · 강도 등에 관한 정보를 지역사회 지도자 또는 지역주민 공청회를 통해 정보를 획득한다. 이러한 방식의 지역사회 주민의 욕구 파악은 수혜를 받아야 할 당사자들의 참여 부족으로 이들의 의견이 실제로

반영되지 않는다는 문제점을 가진다.

2) 사회지표 활용: 특정지역 주민들의 사회문제적 특성을 반영하는 통계자료를 이용하는 것이다. 예를 들어 범죄백서, 통계연감, 보건사회연구원 자료 등이 그것인데 이러한 사회지표들은 특정문제의 전반적인 실태나 추세를 파악하는 데에는 유용하나 사회복지기관이 지역사회 주민의 삶의 질을 향상시키기 위한 사회복지 서비스를 계획하는 데에 필요한 구체적인 문제를 알려주지는 못한다. 따라서 이러한 사회지표들은 보충 자료로서 활용할 가치가 있는 것이며 구체적인 정보는 다른 추가적인 방법으로 수집함으로써 지역사회 주민들의 욕구를 파악해야 할 것이다.

3) 사회복지기관의 자료 활용: 사회복지기관이 가지고 있는 월, 분기별, 연 사업평가서, 프로그램 평가서, 실습기록, 자원봉사기록 등을 통해 지역사회 주민의 욕구를 파악할 수 있다. 이러한 방법으로 지역사회 주민들의 욕구를 파악하는 것은 자료를 수집하기가 비교적 용이하면서도 사회복지기관을 찾는 사람들의 표출욕구를 비교적 정확하게 분석할 수 있다는 장점이 있다. 그러나 한편 기관을 찾는 사람들에게만 국한되기 때문에 심각한 문제를 가지고 있지만 여러 가지 사정으로 기관에 오지 않는 사람들의 욕구 파악이 불가능하다는 단점이 있다.

4) 지역사회조사: 지역사회 주민 각자로부터 직접적으로 자료를 수집하는 방법이다. 예로 지역사회 프로그램 욕구조사를 들 수 있는데, 설문지의 신뢰도·타당도 및 표본의 대표성을 확보하였다면 지역사회 정보를 수집하기 위한 적절한 방법이 될 수 있다. 이러한 지역사회조사는 주민들의 욕구를 체계적으로 파악하게 하므로 서비스를 계획하는 구체적인 근거가 되지만 반면 비용이 많이 든다는 단점이 있다.

어떠한 방법으로 욕구 파악을 하던 파악된 욕구는 문제의 심각성 정도에 따라 우선순위가 정해져야 한다. 욕구조사의 결과는 문제분석과 자원배분의 우선순위를 결정하는 기준이 된다.

제17장을 위한 토의

□ 사회복지 욕구조사의 중요성과 필요성에 대한 자신의 견해를 피력하시오.

■ 핵심단어

지역사회(community)

18
chapter

자기인식

사회사업(복지)은 사회복지사를 도구로 하여 도움이 필요한 사람들을 원조하는 전문직이다. 도구가 되는 사회복지사 자신을 스스로 객관적으로 바라볼 수 없다면, 진정한 도움을 기대하기 어려울 것이다. 이러한 사회복지사의 전문가로서의 자신에 대한 이해는 전문가가 되기 위한 전제 조건이 된다. 그 간, 일부 학교와 실습 현장에서 이 자아인식 발달이 강조되어 오기는 했으나, 모든 학교와 기관이 이 점을 중시하지는 않았다. 그러나 바람직한 원조자가 되기 위해서는 전문가로서의 자신에 대한 이해 수준이 아니라, 자기지식을 개발하지 않으면 안 된다. 이에 본 장에서는 전문가로서의 자신에 대한 이해의 중요성을 설명하고, 자기지식을 개발하기 위해 Johnson(1995)이 제시한 틀을 구체적으로 설명하고자 한다.

제 1 절 전문가로서의 자신에 대한 이해

사회복지실천의 궁극적 목적은 개인 · 가족 · 집단 · 조직 · 지역사회를 대상으로 사회적 기능을 회복·유지·강화시키면서, 개인의 자아실현을 도모하는데 있다. 한편 사회정의 및 경제정의를 실현·확립하고자 하는 거시적 목적을 갖는다. 사회사업은 '사람을 활용해서 사람을 돕는 전문직'으로 그 도구가 되는 사회복지사 자신에 대한 이해를 더욱 깊게 하는 일에 관심이 있다. 이에 자신의 자아를 전문적 자아로 활용할 수 있는 능력을 계발하기 위한 부단한 노력이 요구된다. 한편 사회복지사는 자신이 속한 조직의 기능과 자원의 제한 속에서 '더 많은 사람들에게 더욱 질 높은 서비스를 제공'하고자 한다.

사회복지사에게 있어서 자신에 대한 이해(self-awareness)는 아무리 강조해도 지나치지 않는다. 사회복지실천에서 사회복지사 자신이 도구로 사용되기 때문에 자신의 성격적 강·약점, 편견, 선입견, 스트레스, 저항, 불안, 두려움 등에 대한 통찰이 필요하다. 즉 자신의 실천에 부정적 영향을 미치는 요인들을 파악하기 위해 자신에 대한 이해가 필요한 것이다. 자기인식 또는 자신에 대한 이해란 사회복지사로서의 자신의 신념, 태도, 가치, 행동, 습관 등이 사회복지실천에 미치는 영향을 정확하게 인식하는 것을 의미한다. 인생에서 경험한 많은 문제들이 다른 사람의 문제에 대한 민감성을 가져다준다고 믿는다. 왜냐하면 인생의 많은 문제들은 다른 사람이 갖지 못하는 상당한 정도의 감정이입(empathy)을 제공할 수 있기 때문이다. 그러나 클라이언트가 느끼는 고통과 아픔에 동참하고 그를 객관적으로 바라보면서 자신의 자아를 전문적으로 활용하는 감정이입은 자신의 경험이 정확하게 검토되고 과거의 고통스러웠던 경험과 관련된 남아 있는 감정들이 성공적으로 정리된 후에 가능하다. 다시 말해 전문가가 자신의 고통스러운 인생경험과 관련된 감정을 부정하거나 억압하고 있다면, 과거와 화해할 수 없다면, 타인을 돕는 사회복지사의 노력은 방해를 받을 것이다. 아동기·청소년기 심지어 성인기에 경험한 고통스러운 사건들이 사회복지사의 전문적 실천에 영향을 미친다. 사회복지사는 자신의 가치관을 절대적인 것으로 착각하여 클라이언트에게 강요하게 되는 잘못을 범할 수도 있다. 즉 클라이언트의 문제를 이해하고 사정하며 치료하는 데에 있어 어려움을 겪게 된다. 설명하였듯이, 사회복지사의 개인적인 문화적·가정적 배경과 그가 속하고 있는 집단의 교훈·요구·기대에 의해 가치관은 영향을 받게 된다. 사회복지사 개인의 생활경험이 클라이언트와 다르기 때문에 사회복지사는 자신의 가치관을 정직하게 또 의식적으로 통찰할 수 있어야 한다. 이를 통해 전문가로서의 자아인식 발달을 꾀할 수 있다.

이러한 자기인식을 개발하기 위한 노력은 강점과 약점 모두를 명확히 하는 것에 초점을 두어야 한다. 끊임없이 자기인식의 개발을 위해 노력할 때 비로소 변화하는 자신을 만나게 될 것이며, 따라서 변화하는 클라이언트를 만나게 될 것이다.

제2절 자기지식 개발

사회복지사가 소유한 가장 중요한 도구는 그 자신(herself)이라고 말해져 왔다. 그 도구를 능숙하게 사용하기 위해서는, 사회복지사는 상당한 정도의 자기지식(self-knowledge)을 가지고 있어야 한다. 이를 위해서는 자신의 개인적 관심사와 태도 그리고 가치를 의식적 사고의 영역으로 이끌어 올리려는, 일련의 자기 관찰적 입장이 필요하다. 그러기 위해서는 자아(self)를 이해하고, 발견된 자아를 합리적으로 또 편안하게 느낄 수 있도록 지속적인 노력이 필요하다.

사회복지사는 자기지식을 다양한 방식으로 발전시킬 수 있다.

첫째, 동료들과 실천상황들과 문제들에 대해 논의하는 동료 수퍼비전(peer supervision) 과정은, 자기지식을 개발하는데 있어 중요한 수단이 된다. 지금까지 자신이 인식하지 못했던 관심사들과 태도, 가치가 다른 사람들과의 상호작용 및 전문가로서의 원조 능력에 어떠한 영향을 미치는지를 발견할 수 있다. 사회복지사들은 자기이해(self-awareness)를 위해, 다른 사람들의 도움을 받아들일 필요가 있다.

둘째, 자기이해를 위한 또 하나의 방법은 인간의 행동을 연구하는 것이다. 인간의 기능을 설명하는 심리학적 · 사회학적 · 인류학적 · 생물학적 지식이 상당한 자기이해를 가능케 하는 자원이 될 수 있다. 자아는 불완전하다는 것을 인식하는 것이 중요하다. 그러나 그와 똑같이 그러한 인식을 현실적 한계성 내에 두는 것 또한 중요하다. 의학을 공부하는 학생들은 공부하고 있는 질병들을 자신들이 가지고 있다고 생각하는 경향이 있다. 사회사업(복지)을 공부하는 학생들은 때때로 자신들이 공부하고 있는 역기능적 상황들이 자신에게 일어나고 있고, 그 증상과 일탈현상들이 자신들에게 나타나고 있다고 생각한다. 그러나 지나치게 자기 관찰적이지 않도록 하기 위해, 그리고 실제 존재하지 않는 역기능을 가정하지 않도록 주의가 필요하다. 자기지식은 한번에 모두 이루어질 수는 없다. 어느 정도의 기간에 걸쳐 점차 발전될 필요가 있다. 또한 자신의 불완전성을 인식하는 것도 매우 중요하다.

셋째, 초임 사회복지사가 자기지식을 개발할 수 있는 또 하나의 유용한 방법은 조직화된 자아학습(self-study)을 하는 것이다. 여기에는 자신의 생활방식과 인생철학, 윤리지침과 가치체계, 뿌리, 인생경험, 개인적 욕구, 개인적 기능에 대한 사고가 포함된다(Johnson, 1995). 그러면 조직화된 자아학습으로 자기지식을 개발하기 위한 6가지 틀을 살펴보기로 한다.

1. 생활방식과 인생철학(Lifestyle and Philosophy of Life)

사람들은 유전적으로 환경적으로 각기 다르다. 그러한 차이들은 인생을 살아가는 방식과 인생의 문제들에 대처하는 방식에 영향을 준다. 어떤 이들은 실용적이고, 어떤 이들은 동정적이고 호의적이며, 어떤 이들은 열정적이고 통찰적이고, 어떤 이들은 논리적이고 조직적이다. 어떤 이들은 기술적인 것들을 다루는 것을 좋아하고, 어떤 이들은 사람들에게 실질적 도움과 서비스를 주기를 좋아하며, 어떤 이들은 기술적·이론적 발전들을 다루는 것을 좋아한다. 일부는 장애가 없이 신체적으로 건강하고, 일부는 시력이나 체력에 한계나 장애를 가지고 있을 수 있다. 사람들은 성, 사회경제적 계층, 문화 집단, 종교적 신념에 따라 각기 다르다. 또한 배우는 방식과 배울 수 있는 능력도 다르다. 사람들의 에너지 수준도 각기 다르다. 이 모든 요인들이 생활방식에 영향을 미친다.

생활방식이란 우리가 가지고 있는 인간적 욕구를 충족함에 있어서 스스로 기능하는 방식이다. 다른 사람들과의 상호작용, 그리고 우리가 일하고 놀고 휴식하는 패턴에서 생활방식을 기술하는 것 뿐 아니라, 왜 그러한 특정 방식들을 선호하는지의 이유를 생각해 보는 것도 중요하다.

인생철학은 생활방식이 그 사람의 인생철학에 의해 영향 받는다는 점에서 생활방식과 연관되어 있기는 하지만 자기이해에 있어 훨씬 더 기본적인 것이다. 인생철학에는 사람이 사람들과 사회에 대해 가지는 신념과 인간의 삶, 삶의 목적, 어떻게 살아야 하는가에 대한 신념이 포함되어 있다. 자신의 인생철학을 규명하기 위하여 다음과 같은 몇 가지 질문을 할 수가 있다. 즉 인간의 본질에 대한 나의 신념은 무엇인가? 인간은 선천적으로 선한가 악한가? 나의 삶에서 일과 가족, 오락의 위치는 어디쯤에 있는가? 나는 언제, 어떤 상황에서 다른 사람에게 의존하는가? 인간의 복지에 대해 나는 어떤 생각을 가지고 있으며, 어떤 책임감을 가지고 있는가? 인간과 신은 어떤 관계인가? 인간과 자연은 어떤 관계인가?

인생철학은 우리가 느끼고 생각하고 행동하는 모든 것들에 영향을 미친다. 인생철학은 종종 그 사람이 경험했던 종교적 가르침이나 신념들로부터 비롯된다. 인생철학은 신중하게 생각되어져야 하고 우리 개개인의 모습을 반영하는 것이어야 한다. 인생철학은 성장과 새로운 경험에 따라 변화한다.

2. 윤리지침과 가치체계(Moral Code and Value System)

윤리·가치체계는 인생철학과 밀접하게 연관되어 있다. **윤리지침**은 행동에서 어떤 것이 옳게, 어떤 것이 그르게 고려되는지에 관한 것이다. **가치**는 바람직한 것, 혹은 선호되어지는 것을 의미한다. 우리는 가치 있다고 생각하는 행동이나 사물들을 우선순위에 따라 놓는다. 사람이 가진 윤리지침과 가치체계는 문화적 유산, 가족, 종교 관계를 포함한 집단 관계, 개인적·교육적 경험들에 의해 영향을 받는다.

시간 성향 또한 가치 갈등과 관련이 있다. 일부 사람들은 과거에 어떻게 행해져 왔는지에 의해 많은 영향을 받는다. 그들은 "과거에 행해져 온" 방식에 기초하여 무엇을 결정하는 경향이 있다. 어떤 이들은 미래에 중점을 둔다. 이러한 사람들은 자녀들의 욕구를 중요하게 고려하고 앞으로의 계획을 상당히 강조한다. 또 어떤 이들은 현재를 강조한다. 그들은 자신의 자녀들은 각자 그들 나름대로 세상을 살아나가는 방식을 가지기를 바라며, 저축하지 않고 하루하루를 사는 경향이 있다. 기본욕구를 우선적으로 충족시켜야 하는 빈곤한 사람들이 이러한 성향을 가질 가능성이 있다. 비슷한 상황들에 대해서도 사람들마다 각기 다른 결정들을 할 수 있고 과거, 현재, 미래의 어느 시점을 지향하느냐 하는 것은 사람들이 무엇을 바람직하게 생각하느냐 하는 '가치'의 차이로 설명되어질 수 있다.

때때로 사람이 가진 다양한 신념들은 서로 상충하며, 또 그 사람은 가치체계의 우선순위를 인식하지 못하기도 한다. 그러므로 자신이 가지고 있는 윤리지침과 가치체계에 대한 이해가 필요하다. 그리고 왜 그러한 윤리지침과 가치체계를 가지게 되었는지에 대한 원인규명도 필요하다.

3. 뿌리(Roots)

생활방식과 인생철학, 윤리지침과 가치체계를 생각할 때, 그 사람의 뿌리인 문화적 · 가족적 배경이 가지는 중요성을 무시할 수 없다. 사람들은 자신의 뿌리에 대하여 각기 다른 반응을 나타낸다. 어떤 이들은 과거 세대의 생활방식과 전통을 지키는 것을 아주 편안하게 느끼는 한편 어떤 이들은 그러한 생활방식의 일부 혹은 전부를 거부한다. 많은 이들이 무엇을 지키고 무엇을 거부해야 할지에 대해 불확실해 하고 혼돈스러워 한다. 어떤 이들은, 유용하다고 생각하는 뿌리의 일부를 활용하는 것과 현재의 생활에서 기능적이기 위해 필요한 적응과 변화 사이의 균형을 찾기도 한다.

문화적 유산을 이해하는 한 가지 방법은 시간을 투자하여 그 **유산을 연구**하는 것이다. 그 문화에 속한 사람들과 그들의 삶에 대한 도서 탐독, 가족의 관습과 그들의 인생과 신념에 대한 가족 구성원들과의 대화 등을 통해 문화적 유산을 이해할 수 있다. 한편 문화적 유산을 이해하기 위해 역사적 사건들과 그와 관련된 상황들에 대해 탐구하는 것도 자기이해를 높이는 방법이 된다.

Genogram(최소 3대 동안의 각 개인에 대한 중요한 정보를 상술하고 있는 가족도)도 가족을 이해하기 위해 유용한 도구가 된다. **genogram을 연구**함으로써 가족원들의 사망과 가족규모, 가족 내에서의 위치, 돌림자 이름, 가족원들의 행동패턴과 같은 몇 가지 이슈들을 규명할 수 있다. 가족을 하나의 체계로 연구하는 이러한 방법은 과거에는 인식하지 못했던 정보들을 많이 알려줄 수 있으며, 가족 내에서의 위치뿐만 아니라 그 사람이 가족에 의해 어떻게, 어떠한 영향을 받았는지도 알 수 있게 해 준다.

뿌리와 관련된 자기지식 개발을 위한 또 다른 방법은 자신과 가족의 영향력을 이해할 수 있기 위해 **사회학적 · 심리학적 견지에서 가족을**

연구하는 것이다. 이는 가족에 대한 통찰력을 갖게 해 준다. 가족원들과 과거의 가족생활에서의 의미 있는 사건들을 되돌아보는 것도 가족과 가족이 기능하는 방식에 대한 더 깊은 이해를 얻기 위한 유용한 방법이 된다.

사람의 뿌리를 찾는 것은 일생이 걸릴 수도 있고, 많은 멋진 사실들을 산출해 낼 수도 있다. 또한 오래된 상처를 건드려 고통스러울 수도 있다. 그러나 그 고통을 인식하고 대처함으로써 사람은 다른 이들의 고통을 더 잘 느끼고 따라서 더욱 효과적인 원조자가 될 수 있다. 무엇보다도 자아에 대해 더 잘 이해할 수 있으며, 인간의 존재 의미와 인간이 왜 유일한 존재인지에 대한 이유를 알 수가 있다.

4. 인생경험(Life Experiences)

사람의 뿌리에 대한 연구는 한 사람의 인간을 형성하는 중요한 경험들에 대한 이해를 돕는다. 가족 내에서의 경험과 더불어, 다른 경험들도 중요하다. 학습경험, 학습에 대한 태도, 학습의 결과 축적된 지식 등의 교육적 경험이 이에 포함된다. 다른 의미 있는 경험으로는 동료들과의 경험, 지역사회와의 경험, 이웃 속에서의 경험 등이 있다. 조직화된 집단 상황들, 종교 활동들, 질병, 장애, 빈곤, 그리고 경제적 자원의 풍요와 관련된 경험도 또한 중요하다.

사람에게 지대한 영향을 미치는 그러한 인생 경험들을 규명하는 것은 자기지식을 발전시키는 또 다른 방법이다. 이는 각 삶의 경험들이 어떻게 다른 인생 경험들과 연관되어 있는지, 그리고 어떻게 그것들이 사고와 감정, 행동에 영향을 미치는지를 평가하는 데에 유용하다. 과거의 특정한 삶의 경험들이 자신의 인생에 있어서 또 다른 어떤 경험을 낳고 있는지 생각해 볼 가치가 있다.

5. 개인적 욕구(Personal Needs)

자기지식의 또 다른 영역은 사람이 가진 욕구를 이해하고, 그 욕구들이 어떻게 충족되어야 하는지를 이해하는 것이다. 여기에는 1) 보편적인 인간의 욕구와 관련된 개인적 욕구, 2) 인간의 다양성으로 인한 욕구, 3) 사회체계들과의 관계를 통해 일어난 욕구가 포함된다.

보편적인 인간의 욕구는 의식주와 보호, 안전, 소속, 성장과 학습의 기회에 관한 것들이다. 여기에서 개인적 욕구를 이해한다는 것은 개인이 가지고 있는 욕구가 어떻게 충족되었는지, 그리고 그 욕구 충족이 적합한 것이었는지에 대해 생각하는 것이다. 인간의 욕구를 이해하기 위해서는 신체적 발달영역에서의 개인적 발달 패턴을 고려하는 것이 유용하다. 인간의 행동발달을 이해하면 각 연령별로 기대되는 발달에 관련된 정보를 얻을 수 있다. 또한 각 연령별로 일어났던 행동발달과 각 연령에서 기대되는 발달을 연관지어 생각해 보는 것도 의미가 있다. 덧붙여 생물학적 욕구도 이에 포함할 수 있다. 여기에는 건강, 질병, 장애, 신체적 강함과 한계, 노화로 인한 신체와 그 기능의 변화, 신체적 접촉에 대한 욕구와 같은 이슈들이 포함된다. 한편 개인의 욕구를 살펴보기 전에 현재의 발달 단계를 규명하는 것도 필요하다. 예를 들어, 청소년 초기에 빠른 신체적 성장과 발달이 이루어지는 동안, 사람은 신체의 성장을 뒷받침해 줄 추가적인 음식을 필요로 한다는 것을 생각할 수 있어야 한다.

Erik Erikson은 발달단계에 따른 인간의 심리·사회학적 욕구를 규명했다. 인간의 심리·사회학적 욕구의 규명으로, 각 단계의 심리·사회학적 욕구가 충족되기 위해 성취되어야 할 발달과제들이 제시되었다. 예를 들어, 어린이의 인지가 발달할 때는 학습에 필요한 탐구를 가능케 하는 장난감과 그에 따르는 활동들이 필요하다.

최근에 몇몇 사람들이 인간발달에 대한 Erikson의 공식 중 여성들의 발달과 관련된 기존 공식에 의문을 제기했다. 남성과 여성의 발달상의 차이에 대한 새로운 공식들이 등장하고 있으며, 이러한 새로운 이론이 주목되고 고려되어져야 할 것이다. 심리·사회학적 욕구를 생각할 때, 현재의 발달단계에 따른 욕구를 판단할 뿐만 아니라, 충족되지 않았던 이전 단계들을 고려하는 것도 중요하다. 왜냐하면 현재의 기능은 일부 과거에 욕구가 충족되었던 방식에 의해 영향을 받기 때문이다. 따라서 충족되지 않았던 욕구를 규명하는 것은 자기이해를 위한 하나의 방법이 된다.

개인적 욕구의 2차 영역은 인간의 다양성으로 인해 야기되는 것들이다. 인간의 다양성을 전제로, 개개인마다 가지고 있는 각기 다른 욕구에 대해 검토한다는 것은 그가 과거에 속했던 특정 집단과 그 집단에서의 다른 사람들과의 관계성이 그 개인에게 어떠한 영향을 미쳤는지를 보는 것이다. 제도적 인종차별, 선입견, 편견 등 이 모든 것이 인간의 사회적 기능에 심각한 영향을 준다. 이러한 영향으로 특정집단(소수인종, 장애인 등)에 속한 개인들은 특별한 욕구를 가지게 된다. 외모나 정신력의 차이가 각 개인의 욕구 충족을 위한 자원과 기회로부터 사람들을 분리시키는 경향이 있다. 사회적 기대와 책임에 대한 반응도 사람들마다 각기 다르다. 개인적 욕구를 이해하기 위해서는 각 개인이 가지고 있는 생활방식으로 인해 생긴 욕구들과 살면서 갖게 되는 여러 스트레스들을 고려해야 한다.

개인적 욕구의 3차 영역은 다른 사람들에 대한 각 개인의 상관성 때문에 일어난다. 가족, 동료집단, 직장, 학교, 소속된 조직, 이웃과 지역사회, 문화집단과 같은 사회체계들은 모두 그 구성원들에게 기대치와 책임감을 부여한다. 사람들은 그러한 기대와 책임에 반응하고자 하는 욕구를 가진다. 그들의 반응은 기대와 책임을 수용하는 것일 수도 있고, 사회체계가 자신에게 거는 기대와 책임을 받아들일 수 없어 그의 수정을 위해 체계와 협상하는 것일 수도 있다.

개인적 욕구를 목록으로 작성하는 것도 자기지식을 개발하는 또 하나의 유용한 방법이다. 어떤 사람의 개인적 욕구를 이해하게 되면 그 사람의 행동과 감정, 다양한 인생경험에 대한 반응들을 훨씬 잘 이해하게 된다. 이는 진정한 자기지식 개발에 필요한 측면이다.

6. 개인적 기능(Personal Functioning)

자기지식은 생활방식과 인생철학, 윤리지침과 가치체계, 뿌리, 개인적 욕구의 규명 및 이해만을 포함하는 것이 아니다. 이러한 것들이 매일매일 어떻게 기능하고 있는지를 이해하는 것도 포함한다. 여기에는 사람이 어떻게 학습하고, 어떻게 자아를 다른 이들과 공유하며, 어떻게 다양한 상황들에 반응하는지, 그리고 편견 및 선입견에 대한 규명이 포함된다. 또한 자신에 대해 어떻게 느끼는지, 그리고 그것이 매일 매일의 자신의 사회적 기능에 어떠한 영향을 미치는지에 대해 아는 것도 중요하다. 자기지식은 개인적 욕구를 어떻게 충족하는지를 이해하는 것과 더불어, 소속된 사회체계에 대한 책임을 어떤 시각으로 보는지, 그 체계들 내에서의 역할이 무엇인지를 알고 또 그 역할을 어떻게 수행하는지에 대한 이해까지를 포함한다.

지금까지 논의한 자기지식을 개발하는 것은 쉽지 않다. 다양한 환경 속에서의 자기관찰, 자신에 대한 다른 이들의 관찰을 파악하기 위해서는 시간이 걸린다. 또한 자기지식을 개발하는 것에 대한 대가가 있을 수 있으므로 위험부담도 있다. 즉 발견된 자아에 대한 불만족이나 과거 경험에 대한 고통 혹은 사회 내에서의 자신의 위치와 역할에 대한 분노가 있을 수 있다. 자기지식을 개발하고 발전시키는 것과 개발된 자아를 수용하는 것은 평생이 걸리는 일이다. 또한 주요도구인 자아를 능숙하게, 충분히, 그리고 최대의 결과를 가져오도록 사용할 수 있게 누군가가 도움을 줄 수 있다면 그런 원조자도 필요하다.

제18장을 위한 토의

- □ 전문가로서의 자신에 대한 이해를 돕기 위해서 자신의 성격적 강·약점 및 전문적 지식과 기술의 강·약점을 분석하시오.
- □ Genogram으로 자신의 가족을 분석하시오.
- □ Eco-map에 의해서 자신의 사회적 지지체계를 분석하시오.
- □ 전문가로서 자신의 자아를 전문적 자아로 활용하기 위하여, Johnson이 제시하는 6가지 자기지식 개발 틀에 의하여 자신을 분석하시오.

■ 핵심단어

자기인식(self-awareness), 자기지식(knowledge of self)

참고문헌

국내문헌

강철희 · 윤민화. 2000. “사회복지사의 임파워먼트에 영향을 미치는 요인에 관한 연구”. 『한국사회복지학』 41: 7-42.

김경희. 2001a. “사회복지관 사회복지사의 책무성에 관한 연구”. 서울여자대학교 사회사업학과 박사학위논문.

김경희. 2001b. “우리나라 학생실습지도의 개선방향 고찰”. 『사회복지』 149: 153-178.

김경희. 2002. “비영리조직 모금의 실천모델”. 『한국지역사회복지학』 11: 1-38.

김경희. 2003. “대학의 사회사업 실습교육 지침 개발에 관한 연구”. 『사회과학논총』 9: 19-42.

김경희. 2004a. “기부문화와 대학발전”. 시민을 위한 정책연구원. 2004년 기부문화 활성화 방안 연구보고.

김경희. 2004b. “비영리조직 모금의 활성화 방안”. 『사회복지실천』 4: 1-20.

김경희 역. 2004. 기부문화의 대변혁 : 비영리기관 모금을 위한 발상의 전환. Kay Sprinkel Grace and Alan L. Wendroft. 2001. High Impact Philanthropy: How Donors, Boards, and Nonprofit Organizations can Transform Communities. 서울: 아르케.

김경희. 2006. “직무만족 결정변인으로서의 기관장의 리더십: 변혁적 리더십과 거래적 리더십을 중심으로”. 『사회과학연구』 22(2): 115-140.

김경희 · 안정선. 2006. “수퍼바이저의 직무만족에 관한 연구: 서울지역 사회복지관을 중심으로”. 『사회과학연구』 14(2): 360-451.

김근세 · 이경호. 2005. “책임운영기관의 조직문화와 효과성에 관한 연구”. 『한국행정학보』 39(3): 179-203.

김선희 · 조휘일. 2001. 『사회복지실습』. 서울: 양서원.

김영종. 2001. 『사회복지행정』. 서울: 학지사.

김영종. 2000. “사회복지조직 리더의 외부환경 관리에 관한 역할”. 『한국사회복지행정학』 3: 37-64.

김융일. 1988. “교육적 수퍼비전 모형에 관한 연구”. 서울대학교 사회복지학과 박사학위논문.

김융일. 2001. “책무성 수퍼비전”. 국립보건원 사회복지관 관리자 과정 교재.

김융일 · 양옥경. 2002. 『사회복지 수퍼비전론』. 서울: 양서원.

김정린. 2005. 『비영리조직경영』. 서울: 아르케.

김형식 외. 2001. 『사회복지행정론』. 서울: 동인.

남기민. 1989. "사회복지조직에서의 리더십에 관한 연구". 서울대학교 사회복지학과 박사학위논문.

문인숙 · 김미혜. 1993. 『사회복지기관행정론』. 서울: 동인.

박경원. 2001. "비영리조직의 TQM 적용에 관한 연구". 『사회과학논총』 8: 21-42.

박경일 · 장중탁 · 이명현. 2002. "사회복지기관의 TQM 진단평가를 통한 단계별 수행방안에 관한 연구". 『한국사회복지행정학』 6: 33-63.

신준섭. 2000. "사회복지기관 최고행정가의 리더십: 사회복지관을 중심으로". 『한국사회복지행정학』 3: 123-149.

안정선. 2002. "사회복지관 사회복지사의 직무분석에 관한 연구". 『한국사회복지연구』 20-42.

양옥경 · 최명민. 2006. "한국 사회복지에서 임파워먼트(Empowerment) 접근의 현황 및 과제". 『한국사회복지교육』 2(2): 39-84.

이만우 · 노준화. 2005. 『사회복지법인의 회계와 세무』. 서울: 탐진.

장인협. 1999. 『사회복지실천론(중)』. 서울: 서울대학교출판부.

정무성. 1999a. "사회복지조직의 책임성". 한국사회복지행정학회 추계학술대회.

정무성. 1999b. "민간 사회복지기관의 책임성". 가톨릭대학교 사회복지연구회.

정무성. 2000. "기부문화의 활성화 방안". 『사회복지』 146: 111-135.

정무성. 2001a. "사회복지사업 운영자의 자세". 사회복지법인 설립절차와 방법 실무교육 자료.

정무성. 2001b. "사회복지욕구조사". 국립보건원 보건복지연수부 사회복지관 관리자 과정 교재. 33-39.

조휘일 역. 2001. 『사회복지실천과 수퍼비전』. Alfred Kadushin. 1992. Supervision in Social Work. 서울: 학지사.

조휘일. 2000. "사회복지실습교육의 내용 및 지침개발을 위한 기초조사". 『사회복지』 145: 74-107.

최성재 · 남기민. 2000. 『사회복지행정론』. 서울: 나남출판.

최재성. 1997. "총체적 품질경영기법(TQM)의 적용가능성에 관한 고찰: 사회복지조직 관리 및 평가를 위한 새로운 패러다임". 『연세사회복지연구』 4: 233-258.

황성철. 2000. "지역사회 사회복지 전달체계의 문제점과 개선방안". 『사회복지』 145: 61-73.

황성철. 2002. "임파워먼트(Empowerment)모델과 사회복지조직관리". 『한국사회복지행정학』 6: 65-90.

황성철. 2003. "사회복지관 조직문화와 사회복지사 임파워먼트". 『한국사회복지행정학』 9: 113-135.

황성철. 2003. 『사회복지행정론』. 서울: 학현사.

한국사회복지사협회. 2007. 『사회복지행정 · 회계 매뉴얼』 한국사회복지사협회.

한국사회복지사협회. 2007. 『한국사회복지근로환경백서』 한국사회복지사협회.

한국사회복지협의회. 2006. 『2006년 사회복지시설평가』보건복지부.

외국문헌

Austin, M., *Supervisory Management for the Human Services*, Englewood Cliffs, N.Y.: Prentice-Hall, 1981.

Compton B. R. & Galaway B., *Social Work Processes*, Brooks/Cole Publishing Company A Division of Wadsworth, Inc., 1994.

Fortune, Field Education, In Reamer ed., *The Foundation of Social Work Knowledge*, N.Y.: Columbia Univ. Press, 1994.

Grace, K. S. & Wendroff A. L., *High Impact Philanthropy: How Donors, Boards, And Nonprofit Organizations Can Transform Communities*, John Wiley & Sons, 2000.

Hall. R. H., *Organizations: Structures, Processes, and Outcomes*, Englewood Cliffs, N.J.: Prentice-Hall, 1996.

Hasenfeld, Y., *Human service Organizations*, Englewood Cliffs, N.J.: Prentice-Hall, Inc., 1983.

Johnson, *Social Work Practice-A Generalist Approach*, 1995.

Kadushin, A., *Supervision in Social Work*, New York: Columbia University Press,1992.

Kettner, P. M. & Martin, L. L., "Performance, Accountability, and Purchase of Service Contracting", Journal of Administration in Social Work, Vol, 11, 1987, pp. 61-79.

Martin, L. L., "Total Quality Management:: The New Managerial Wave", Journal of Administration in Social Work, Vol. 17(2), 1993.

Martin, L. L., "Total Quality Management in Human Service Organization, SAGE Publications, 1993.

Martin, L. L. & Kettner, P. M., "Performance Measurement: The New Accountability", Journal of Administration in Social Work, Vol, 21(1), 1997.

Munson, Carlton E., *An Introduction to Clinical Social Work Supervision*, The Haworth Press, Inc., 1983.

Quinn, R. E., McGrath, M. R., "The Transformation of Organizational Cultures: A

Competing Values Perspective", In P. J. Frost et al. Eds., Beverly Hills: Sage, Organizational Culture, pp. 315-334, 1985.

Skidmore, R. A. *Social Work Administration: Dynamic management and human Relationships*, Englewood Cliffs, N.J.: Prentice-Hall, Inc., 1983.

Skidmore, R. A. *Social Work Administration*, 3rd ed., A Simon & Schuster Company, 1995.

Specht, H., "The Professionalization of Social Work", 사회복지학회지 제8호, 1986, pp. 195-207.

Taber, Merlin A. "A Theory of Accountability for the Human Services and the Implications for Social Program Design", Journal of Administration in Social Work Vol. 11(3), 1987, pp. 115-126.

Wolf, Thomas, *Managing a Nonprofit Organization in the Twenty-First Century*, A Simon & Schuster Company, 1999.

Yukl, G. A., *Leadership in Organizations*, 3rd ed., Englewood Cliffs, J.N.: Prentice-Hall, 1994.

부 록

1. 직무기술서
2. 사회복지법인 ○○복지재단의 사명수립
3. 프로그램 평가서
4. 연 사업평가서
5. 조직관리 활동 평가서
6. 200×년도 책임자 평가서
7. 200×년도 직원평가서
8. 근무성적 평가표
9. 수퍼비전 만족도 조사표
10. Blake & Mouton의 관리격자 리더십 척도
11. 오하이오 리더십 척도
12. 변혁적 리더십과 거래적 리더십 척도
13. 예시: 사회복지관의 직원 수퍼비전체계
14. 조직관리 시스템 체크리스트
15. 2007년 사회복지법인 꿈·희망·미래 재단-예시

〈부록 1〉

직무기술서

작성일 :

1. 직무의 일반적 사항

성명		직무명	
직위		입사일	
현 직무 담당연한		과거 실무경력	
수퍼바이저명		수퍼바이지명	

2. 직무개요

3. 직무수행요건

<table>
<tr><td>구분</td><td colspan="2">세부수행요건</td></tr>
<tr><td rowspan="6">지식 · 기술</td><td colspan="2">사회복지실천을 위한 지식 및 기술</td></tr>
<tr><td>전문적 발달을 위한 지식 · 기술</td><td></td></tr>
<tr><td>행정적 측면의 지식 · 기술</td><td></td></tr>
<tr><td>정책적 측면의 지식 · 기술</td><td></td></tr>
<tr><td>기본적 대인관계기술</td><td></td></tr>
<tr><td>클라이언트체계 개입을 위한 지식 · 기술</td><td></td></tr>
<tr><td>교육 · 훈련
(내 · 외부)</td><td colspan="2"></td></tr>
<tr><td>학력</td><td colspan="2"></td></tr>
<tr><td>경험</td><td colspan="2"></td></tr>
<tr><td>자격증</td><td colspan="2"></td></tr>
<tr><td>기타</td><td colspan="2"></td></tr>
</table>

4. 직무내용

단위사업명	세부직무내용	직무 등급	세부 비중(%)	조정 업무량	직무성과 평가지표
총계					

5. 타부서와의 관계

타부서 · 직무명	협조 업무 내용

6. 외부와의 관계

외부자원명	자원활용 · 협조 내용

7. 업무환경 관리

책임지고 있는 시설 · 비품	세부 내용

〈부록 2〉

사회복지법인 ○○복지재단의 사명수립

목 차

Ⅰ. 정의
Ⅱ. 수립배경
Ⅲ. 수립절차
Ⅳ. 법인 발전의 기본방향
Ⅴ. 사명헌장
Ⅵ. 발전목표와 그에 따른 전략
Ⅶ. 추진계획
Ⅷ. 추진조직도

Ⅰ. 정의

1. ** VISION 2015는 법인의 향후 10년이 되는 해인 2015년까지의 법인의 발전목표와 그 실행 계획을 의미하며, 섬김과 나눔의 기독교 정신을 근간으로 고통받고 소외된 이웃들에게 보다 질 높은 삶의 기회를 제공하고 사회를 변화시키고자 하는 법인의 가치를 바탕으로 한다.
2. ** VISION 2015는 빠르게 변화하는 사회복지환경을 파악하고 미래를 예측하여 이를 법인의 설립이념 및 발전계획과 접목함으로써, 본 법인의 건립이념의 발전적 계승과 동시에 사회적 욕구에 부응할 수 있는 새로운 비전과 발전계획을 수립하는데 그 목적이 있다.
3. ** VISION 2015는 법인 발전의 기본 방향을 바탕으로 발전목표와 추진 전략의 수립, 단계별 발전목표의 구체화, 세부 실행계획의 수립 등을 기본 내용으로 한다.

Ⅱ. 수립배경

1. 사회봉사와 복음전파의 초기 설립이념의 발전적 계승
2. 기독교 정신을 바탕으로 한 사회사업의 가치와 실천윤리를 내면화한 사회복지 전문 인력 양성
3. 새로운 비전과 발전계획의 수립
4. 사회복지환경변화에 따른 능동적인 대처
5. 사회변화를 주도하는 전문 인력 및 법인
6. 조직의 강점 강화 및 약점 보완

Ⅲ. 수립절차

1. 법인발전위원회의 경과보고

1) 2005년 제3차 법인 이사회에서 법인의 중장기 발전방향을 모색하기 위해 법인발전위원회를 구성하기로 결의하다.
2) 법인발전위원회의 위원을 다음과 같이 구성하다.
   -법인 임원 대표 : 대표이사, *** 이사, *** 이사, *** 이사,
   -법인 산하 목적사업기관 대표 : *** 관장(**종합사회복지관 관장)
   -사회복지학계 대표 : *** 교수(***대학교 사회복지학과 교수)
   -사회복지법인 대표 : *** 이사(***대학교 사회복지학과 교수)
3) 2005년 10월 1일에 제1차 법인발전위원회를 개최하고 법인발전위원회의 목적과 세부 운영방안에 대해 합의한다.

▸ 목적

본 법인의 정체성과 사업방향 확립을 위하여 사회복지학계와 현장의 다양한 의견을 수렴하여, 현재와 미래의 사회문제를 이해하고 그 해결을 위한 법인의 중장기 과제를 모색한다.

▸ 목표

(1) 법인의 사명, 사업목적, 사업수행 및 그 결과와 영향 등을 검토하여 사회복지실천에서 법인이 갖는 강점과 약점을 평가한다.
(2) 법인이 위치한 사회·경제·문화적 환경을 분석하고 발생되는 문제의 원인과 현상을 이해하여 법인의 사업방향을 검토한다.
(3) 법인의 정체성, 내부지식과 자원, 조직역량을 바탕으로 새로운 사명, 핵심가치 및 비전을 수립한다.

4) 총 5회에 걸쳐 개최된 법인발전위원회에서 다룬 주요 의제와 토의내용은 다음과 같다.

회	일시	참석위원	토의 내용
제1차	2005년 10월 1일	김** 정** 김** 김** 최** 김**	1. 법인의 현황 보고 2. 법인의 중장기 발전계획 수립을 위한 기본방향 협의 -사명헌장의 필요성 -중장기 발전방향에 대한 비전 제시 -법인 조직의 역량 강화를 위한 행정체계 개선
직원 토론회	2005년 10월 25일	김** 김** 최** 산하 기관장 및 부장 총 19명	1. 법인 중장기 발전을 위한 건의
제2차	2005년 11월 16일	정** 김** 최** 김** 최** 김**	1. 법인 중장기 발전계획 수립을 위한 의세 선징 -직원토론회의 결과 보고 및 계획 수립을 위한 논의 2. 차기 회의를 위한 과제 협의
제3차	2005년 12월 2일	정** 김** 최** 김** 최** 김**	1. 중장기 발전을 위한 핵심과제 및 실천전략에 관한 토의 2. 사명수립을 위한 기초(안)에 관한 토의 -조직의 외부와 내부 환경 분석 -본 법인의 핵심가치 요약 -타 법인의 사명 및 비전 조사자료 보고
제4차	2006년 1월 28일	이** 정** 김** 최** 김** 최** 김**	1. ** VISION 2015(안) 심의 2. **복지재단 사명헌장(안) 심의
제5차	2006년 2월 25일		1. 이사회 제출을 위한 최종 보고서 심의

2. 발전계획 수립절차

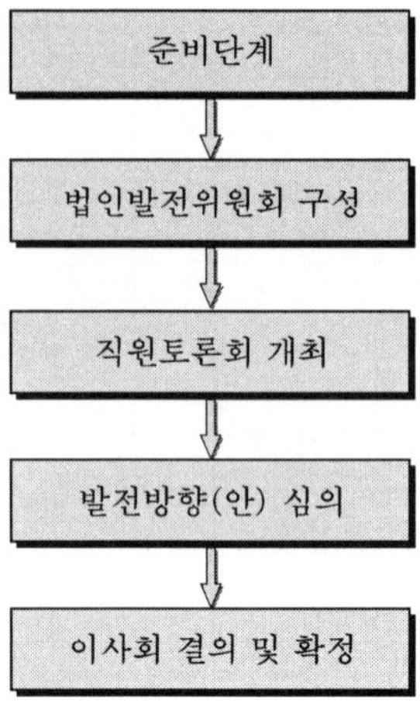

Ⅳ. 법인 발전의 기본방향

1. 사명헌장의 제정과 중장기 발전계획의 수립을 통해 비전을 제시한다.
2. 법인의 사명과 비전 달성을 위해 목적사업의 영역을 확장하고 기존의 사업구조를 개선함으로써 각 목적 사업기관의 역량을 강화시킨다.
   1) 지역사회복지관의 정체성 확립 및 전문성 증진을 통하여 선도적인 사회복지관 모델을 정립한다.
   2) 각 사회복지관의 역사성, 지역적 특성 및 강점을 고려하여 핵심 사업을 선정하고 지원함으로써 기관별 사업수행 역량을 강화한다.
   3) 국가에서 지원하지 못하거나 혹은 대처하지 못하는 사회문제와 그 대상을 전략사업으로 선정하고 적극적으로 참여하여 사회적 책무를 다한다.
   4) 본 법인의 설립이념과 목적을 실현할 수 있는 해외사업을 개발하여 수행함으로써 법인의 역사성을 재확립한다.

3. 체계적인 직원교육을 통해 법인의 사명을 감당할 수 있는 유능한 사회복지 인

력을 양성한다.

4. 미래지향적이며 성과중심의 효율적인 조직 경영을 위하여 법인의 운영체계를 개선한다.

V. 사명헌장

◆ 사명헌장(Mission Statement)

**복지재단은 섬김과 나눔의 정신으로 사회적 · 경제적으로 소외된 이웃의 삶의 질을 개선 · 향상시킴으로써 하나님의 큰 평화가 실현되는 인류사회 구현에 헌신한다.

1. 사명의 정의

사명(Mission)은 "하나님이 우리에게 맡긴 임무"로 조직의 근본적인 존재 이유와 조직이 추구하는 목적을 가치에 기초하여 표현한 것을 말한다. 이 사명은 조직의 의사결정과 운영방향을 제시하며 조직 구성원은 물론 자원봉사자와 후원자들에게 동기를 부여한다.

2. 사명수립의 기본방향

1) 사회선교와 봉사의 설립정신 실현

**복지재단은 역사적으로 암울했던 시대에 복음의 등불을 들고 찾아온 선교사들의 사회선교와 봉사를 바탕으로 한 기독교 정신을 그 핵심가치로 한다. 본 법인의 설립정신은 지난 60여년 역사동안 법인의 각 사회복지관과 그 사업에 면면히 흘러왔고 열악한 환경 속에서도 직원들이 사회복지에 헌신할 수 있는 열정과 신념의 원천이 되었다.

2) 사회사업의 윤리와 가치를 내면화한 사회복지 전문인력 양성

우리 사회에 많은 사회복지법인과 사회단체 및 기관들이 설립되어 다양한 사회문제를 해결하고자 노력하고 있으나 그 전문성과 영향력은 아직 미약하다. **는 사회복지사업의 실천과 연구영역에서 전문성을 갖춘 사회복지인력을 양성해 옴으로써 선구자적 역할을 해왔다. **복지재단이 비영리 인간봉사조직으로서의 책무를 감당하기 위해서는 사회사업의 가치와 실천 윤리를 준수하는 사회복지 전문인력을 양성하는 것이 곧 법인의 사명을 실현하는 길이다.

3) 미래지향적이며 전략적 경영에 의한 선도적인 사회복지법인으로서의 역할

**복지재단은 사회복지 전문성을 바탕으로 미래지향적이며 전략적인 법인 경영을 통하여 사회문제 해결을 통한 사회변화를 주도하는데 노력해 왔다. 본 법인이 기존의 사회복지관 중심의 사업에서 사업영역을 더욱 확대하고, 사회문제를 해결하는데 영향력을 갖기 위해서는 효율성과 효과성을 바탕으로 한 성과중심의 운영체계 구축이 선행되어야 한다. 또한 본 법인이 달성하고자 하는 궁극적인 목적인 하나님의 큰 평화가 실현되는 사회를 만들기 위해 조직의 역량을 강화해 나가야 한다.

3. 사명헌장의 분석

1) 섬김과 나눔의 정신

하나님을 경외하고 이웃을 섬김으로 기독교의 사랑을 실천하고 선행과 봉사를 통해 궁극적으로 하나님의 은혜로 인한 구원의 복음을 전하는 것을 의미한다.

2) 사회적 · 경제적으로 소외된 이웃

종교 · 이념 · 성별 · 계층을 초월하여 사회적 · 경제적으로 소외된 우리의 이웃은 인간으로서 누구나 존중받으며 자아실현을 할 수 있어야 한다.

3) 삶의 질을 개선 · 향상

대상자의 "고통과 불편함"에서 출발하는 도움을 제공함으로, 그들의 삶의 질이 과거와 다르게 변화될 수 있도록 전문적 개입을 통해 사회적 기능, 나아가 가족의 기능을 향상시키는 것이다.

4) 하나님의 큰 평화가 실현되는 인류사회

하나님의 사랑이 넘치고 분쟁과 갈등이 없는 사회를 이루는 것을 의미한다.

5) 헌신

한 사람의 조직 구성원으로서 하나님께서 맡겨주신 임무를 완수하기 위해 몸과 마음을 바친다.

◆ 비전(Vision)

1. 하나님의 큰 평화를 실현하는 사회복지 공동체
2. 사회변화를 주도하는 선도적인 사회복지사업 수행
3. 사회복지 전문인력 육성

1. 비전의 정의

비전(Vision)은 현실성 있고 믿을만하며 매력적인 조직의 미래상으로 조직의 사명과 핵심가치를 미래로 투시한 결과물이다. 비전은 조직이 장래를 내다보는 능력으로서의 비전과 조직이 장래에 얻을 수 있는 결과물로서의 비전을 통합한 것이다. 비전은 조직발전의 자극이 되며 조직 내에서 추진력을 만들어낸다. 비전의 수립과 공유를 통해 조직 구성원들은 활력을 갖게 되고 전문가로서 성장·발전하며 기꺼이 자신의 능력과 에너지를 조직의 목표달성을 위해 헌신한다.

2. 바람직한 비전의 특징

- 조직 및 시대와의 조화
- 미래지향적
- 야심적
- 탁월성의 기준설정과 높은 이상 반영

- 목적과 방향의 명료
- 열정 고취 및 헌신적 참여 유도
- 매우 정확한 표현으로 이해 용이
- 독자성 및 대의명분

3. 본 법인의 비전 수립의 기본 방향

사명현장과 핵심가치에 기초를 둔 법인 구성원들의 구체적인 발전목표를 제시하는 것이다.

◆ 핵심가치(Core Value)

- 하나님을 경외하고 이웃을 사랑하는 삶
- 비영리 인간봉사조직으로서의 책무성 이행
- 사회사업의 가치와 실천 윤리를 준수하는 책임적 행동
- 사회복지사업의 전문성 증진에 기여하는 미래지향적 헌신

Ⅵ. 발전목표와 그에 따른 추진전략

1. 발전목표

발전목표 1 : 사명을 실현하는 법인
발전목표 2 : 사회복지사업 실천역량 강화
발전목표 3 : 유능한 사회복지 전문인력 육성
발전목표 4 : 사회변화를 주도하는 능동적인 사회복지법인

2. 발전목표와 그에 따른 추진전략

발전목표 1 : 사명을 실현하는 법인
전략 1-1 : 사명과 비전수립을 통한 새로운 운영체계 구축
1-1-1 : 법인의 사명헌장 제정과 로고 제작
1-1-2 : 사명중심의 운영체계로의 전환을 위한 전략적 기획 및 실행
전략 1-2 : 사명과 비전의 공유
1-2-1 : 법인의 사명과 비전에 근거한 산하기관의 사명과 비전의 재정립
1-2-2 : 새로운 조직문화 형성을 위한 임원과 직원대상 프로그램 개발, 실시
1-2-3 : 법인 홍보사업 실시
발전목표 2 : 사회복지사업 실천역량 강화
전략 2-1 : 사업영역의 확대 및 사업구조 전환
2-1-1 : 지역사회복지관으로서의 정체성 확립을 위한 모델 정립
2-1-2 : 각 기관별 핵심사업의 선정 및 육성
2-1-3 : 특수한 문제와 대상을 지원하는 사업 등 전략사업의 개발 및 지원
2-1-4 : 해외사업의 개발, 실시
전략 2-2 : 법인 차원의 정책개발 및 사업교류 지원체계 수립
2-2-1 : 사회복지연구소 설립
2-2-2 : 사회복지개발기금의 조성
2-2-3 : 사회복지실무자 간의 네트워크 구축
발전목표 3 : 유능한 사회복지 전문인력 육성
전략 3-1 : 우수한 인력의 확보
3-1-1 : 사회복지전문가 영입을 통한 이사회 및 운영위원회의 전문성 강화
3-1-2 : 임용체계 개선을 통한 우수 인력확보
3-1-3 : 보상체계 개선
3-1-4 : 헌신하는 임원과 유능한 직업에 대한 합의된 기대목표 및 과제 수립
전략 3-2 : 리더로서의 전문성과 자질 향상을 위한 체계적인 교육

3-2-1 : 이사 및 운영위원을 대상으로 하는 Board Development 프로그램 개발 및 실시

3-2-2 : 표준화된 수퍼비전 체계 수립

3-2-3 : 직원교육·훈련의 강화

발전목표 4 : 사회변화를 주도하는 능동적인 사회복지법인

전략 4-1 : 법인 조직의 역량 강화

4-1-1 : 법인의 정관, 제 규정 및 산하기관의 제 규정

4-1-2 : 효율적인 자산관리를 위한 재물조사 및 자산평가

4-1-3 : 수익의 극대화 및 미래를 준비하는 자산 경영계획 수립

전략 4-2 : 기관 간 균형적 발전을 위한 행정 및 운영체계 개선

4-2-1 : 사명 중심의 조직 운영체계 구축

4-2-2 : 운영 및 사업평가를 바탕으로 한 표준화된 인사·재무·복무 체계의 구축

Ⅶ. 추진계획

1) 실행계획

발전 목표	발전전략	영역 분류	단계별 실행계획		
			체제구축 단계 (2006-2007)	발전단계 (2008-2010)	안정단계 (2011-2015)
1. 사명을 실현하는 법인	1-1 법인의 사명헌장 제정과 로고제작 1-2 사명과 비전의 공유	법제	사명헌장 제정/로고제작/창립기념일 제정	→→→	→→→
		재정	사명 중심의 자산관리 원칙 수립	→→→	→→→
		행정	사명을 기반으로 하는 의사결정 구조 및 운영체계 수립	전략적 기획에 의한 운영체계 전환 시도	→→→
		사업	정체성 확립을 위한 임원 및 직원 대상 교육 프로그램 실시/법인 홍보사업 실시	프로그램 안정	활성화
2. 사회복지 사업실천역량 강화	2-1 사업영역의 확대 및 사업구조 전환 2-2 법인차원의 정책개발 및 사업교류 지원체계 수립	법제	규정 제정/사회복지연구소의 설립		
		재정	사업영역 확장을 위한 기금 조성	단계별 기금사용	기금의 확대
		행정	운영 및 사업 평가를 바탕으로 한 사업수행체계 확립	→→→	→→→
		사업	지역사회복지관 모델 정립/사업 확대 및 구조 전환을 위한 연구 사업/사회복지실무자 간의 네트워크 구축	각 기관의 핵심사업 육성 / 해외사업 및 법인차원의 전략사업 실시	→→→
3. 유능한 사회복지 전문인력 육성	3-1 우수한 인력의 확보 3-2 리더로서의 전문성과 자질 향상을 위한 체계적인 교육	법제	이사회 및 운영위원회에 사회복지 전문가 영입	→→→	→→→
		재정	보상체계 개선/직원교육·훈련을 위한 실질적인 재정 지원계획 수립	단계별 적용	확대
		행정	임용체계의 개선/임원 및 직원에 대한 합의된 기대목표 및 과제 수립	단계별 적용 및 안정	→→→
		사업	임원 및 운영위원을 대상으로 한 Board Development 프로그램 개발 및 실시/직원교육·훈련	표준화된 수퍼비전 체계 확립	활성화
4. 사회변화를 주도하는 능동적인 법인	4-1 법인 조직의 역량 강화 4-2 기관 간 균형적 발전을 위한 행정 및 운영체계 개선	법제	정관, 제규정 및 산하기관 규정 완비	규정의 보완	→→→
		재정	재물조사 및 자산평가/수익의 극대화를 위한 자산관리 및 경영계획 수립	경영 체계 구축	→→→
		행정	표준화된 인사·재무·복무체계의 확립	안정	→→→
		사업	각 기관별 운영 및 사업에 대한 평가	평가체계 구축	→→→

- 체제구축단계에서는 중장기 발전을 위한 법인의 기본방향을 정립하고 이를 실현하기 위한 기본적인 법제・재정・행정・사업영역에서의 일관성 있는 체제 구축을 목표로 함.
- 각 실행과제를 실천하기 위해서는 세부목표와 실행방안, 평가지표, 예산, 추진담당 및 자원 등을 포함하는 세부계획서와 평가서를 별도로 작성함.
- 세부과제에 대한 전문적인 지식과 기술을 가진 실무진으로 구성되는 기획팀(Task Force Team)을 한시적으로 구성하여, 기획사무국 주도하에 과제에 대한 연구 및 실천 전략을 논의함.
- 계획된 과제를 실천하고 평가한 뒤 3차년도인 2007년도에 그 결과를 차기 단계인 발전단계의 전략 및 실행계획에 반영함.

▪ 역할

- 이사회 : 정책결정에 대한 최종 결의
- 규정위원회 : 규정 개정 및 심의
- 재정위원회 : 위임된 안건 심의
- 법인발전위원회 : 법인 발전계획 수립 및 달성정도 평가
- 기획사무국 : 기획 및 실행
- 사회복지연구소 : 법인 정책개발과 사업기획 및 평가
- 기관장 연석회의 : 실무진의 의견 수렴

▪ 연도별 세부실행계획

연도	과제	시행시기(월)												주관	비고
		1	2	3	4	5	6	7	8	9	10	11	12		
2005	정관 및 규정 개정					✣	✣	✣						규정위원회	
	회계체계 개선										✣	✣	✣	재정위원회	
2006	법인 발전계획수립	✣	✣											발전위원회	제1차 이사회에서 확정
	사명헌장 제정	✣	✣											〃	
	법인로고 제정			✣	✣									〃	
	표준화된 인사·재무·복무 등의 운영체계 확립			✣	✣	✣	✣	✣						〃	결과보고서 작성, 규정 개정 의뢰
	사회복지관모델 정립을 위한 계획 수립					✣	✣	✣	✣	✣				〃	기관장 연석회의
	임원 및 직원교육/홍보사업 실시							✣	✣	✣				기획사무국	직원채용 예정
	재물조사 및 자산평가					✣	✣	✣						기획사무국	산하기관 협조
	규정개정								✣	✣	✣	✣	✣	규정위원회	
2007	사회복지연구소 설립			✣										기획사무국	
	자산경영계획수립				✣	✣	✣	✣						발전위원회	재정위원회 의뢰
	법인 차원의 전략사업과 해외사업 개발				✣	✣	✣	✣						〃	연구소 협조
	각 기관의 핵심사업 선정 및 계획					✣	✣	✣	✣	✣				〃	기관장 연석회의
	전략적 기획에 의한 운영체계 개선					✣	✣	✣	✣					〃	연구소 협조
	표준화된 수퍼비전 체계 수립					✣	✣	✣	✣					〃	연구소 협조
	규정 개정									✣	✣	✣		규정위원회	
	**VISION 2015									✣	✣			발전위원회	2006년도 및 2007년도의 성과 평가 및 2단계 계획수립
	사회복지개발기금 조성												✣	재정위원회	

■ 제2단계 : 발전단계(2008 - 2010 : 3년)

▪ 목표

전문적인 사회복지사업으로 헌신하는 **

▪ 방안

- 각 목표에 따라 시행된 과제와 사업을 발전시키고 활성화함.
- 본 단계의 3차 년도인 2010년도에 사명과 비전을 검토하고 필요한 경우 수정, 재정립 함.
- 임원 및 직원들을 대상으로 사업과정 및 성과에 대한 설문조사를 실시함.
- 계획된 단·중장기 목표의 달성정도를 평가한 뒤 그 결과를 3단계에 반영함.

■ 제3단계 안정단계(2011 - 2015년 : 5년)

▪ 목표

사회문제를 해결하고 변화를 주도하는 **

▪ 방안

- 각 목표에 따라 시행된 과제와 사업을 안정시킴.
- ** VISION 2015 프로젝트의 성과를 평가하고 향후 10년을 계획함.

Ⅷ. 추진조직도

1) 조직체계

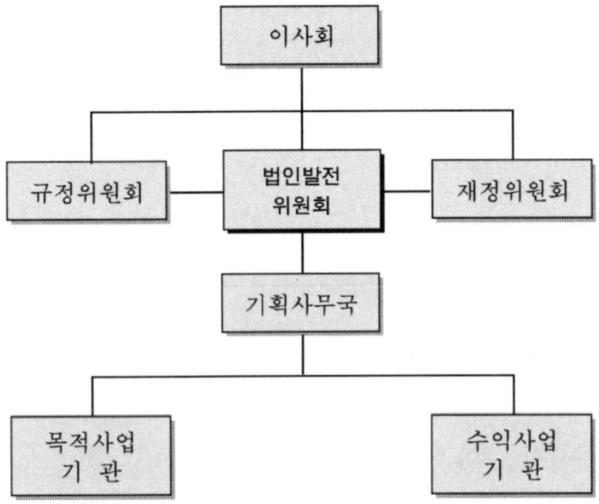

2) 수행과정도

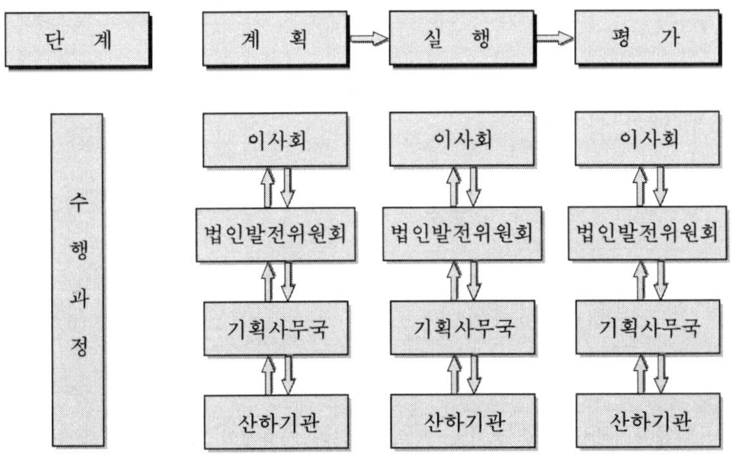

〈부록 3〉

프로그램 평가서

직 책:
성 명:

1. 프로그램명 :

2. 프로그램 내용 및 시행시기 :

3. 대상 :

4. 프로그램 참가자 : 년 _____명 월 평균 _____명 일 평균 _____명

5. 담당 사회복지사의 수와 전체 업무에서의 비중
   1) ________________해당 프로그램 / 총 업무 ________________%
   2) ________________해당 프로그램 / 총 업무 ________________%
   3) ________________해당 프로그램 / 총 업무 ________________%

6. 프로그램 예산 (계산법 : A W'er임금X비중+B W'er임금X비중+프로그램소요비용)*1)

   프로그램 예산/연예산

7. 프로그램 예산 - 이용자 부담금

---

* 비용분석에 있어 간접비용인 전기료, 프로그램관련 기자재의 감가상각비 등을 포함하여 분석하는 것이 오히려 평가를 어렵게 만드는 요인으로 작용한다고 보고, 직접비용인 프로그램 실비와 인건비만을 가지고 서비스단위당 비용을 분석한다.

8. 서비스 단위
   * 예 : 참가인원, 상담건수, 취업인원, 만족도 향상 등

9. 총 서비스 생산량

10. 서비스의 단위당 비용

11. 지역사회의 자원동원
   1) 인적자원
      (1) ________________________________ ____________명
      (2) ________________________________ ____________명
      (3) ________________________________ ____________명
   2) 물적자원 : 현 금 ____________________원
                 물 품 ____________________

12. 프로그램의 효과성 (계량화되지 않은 경우 서술할 것)
   1) 목 적
   2) 목 표
   3) 효과성

13. 해당 프로그램의 문제점과 개선방안에 관한 담당자의 견해

14. 해당 프로그램의 확대·축소·존폐 등에 대한 담당자의 견해

〈부록 4〉

연 사업평가서

1. 세부사업 평가

사업명	사업 내용	대 상	예상 인원	참석 인원	시행 시기	실 적	담당자	자원 동원	효과성 측정수단	평 가
							주 담당자와 부 담당자를 구별하여 표시할 것			

2. 전체사업 평가

1) 지역사회로부터의 지지와 자원획득
 (1) 사업결과
 (2) 문제점
 (3) 개선방안

2) 자원봉사자 모집 · 활용 · 관리
 (1) 사업결과
 (2) 문제점
 (3) 개선방안

3) 표적인구의 욕구와 관련된 프로그램 개발
 * 표적인구들이 당면하고 있는 어려움을 그 심각도에 따라 우선순위를 결정해 보고 이러한 문제에 대해 사회사업적으로 어떻게 접근했으며, 구체적으로 어떤 프로그램을 개발했는지에 대해 기술
 (1) 지역사회의 당면문제
 (2) 사업결과

(3) 문제점
(4) 개선방안

4) 과학적 평가와 관련한 프로그램 평가
(1) 사업결과
(2) 문 제 점
(3) 개선방안

5) 작년도 사업평가에 의한 200__ 년도 프로그램의 변화를 기술하시오. 만약, 반영되지 않은 것이 있다면 그 이유는 무엇인가?

6) 200__ 년도 사업계획서에 나와 있는 프로그램 중 실천되지 못한 것이 있다면 그 이유는 무엇인가?

7) 작년도 '개선방안'이 어떻게 실천되었는지 기술하시오.

8) 200__ 년도 프로그램 중 확대·축소·종결·신설에 관한 견해를 기술하시오.

9) 200__ 년도 강사, 실습생, 자원봉사자 명단(성명, 내용, 기간, 담당자 등)을 기술하시오.

〈부록 5〉

조직관리 활동 평가서

1. 조직의 구조
   1) 문제점
   2) 개선방안

2. 의사결정 및 의사소통체계
   1) 문제점
   2) 개선방안

3. 수퍼비전체계
   1) 문제점
   2) 개선방안

4. 직원개발체계
   1) 문제점
   2) 개선방안

5. 재무관리체계
   1) 문제점
   2) 개선방안

6. 후원자 개발 · 관리체계

1) 문제점

2) 개선방안

7. 기타 사항

〈부록 6〉

200×년도

책 임 자 평 가 서

200 . . .

지난 1년간 책임자로서의 자기의식, 지도력 및 지휘능력에 대한 자기 점검입니다. 발전적인 의미로 자아성찰의 관점에서 기록해 주시기 바랍니다.

성 명 :
임용년월일 :

항 목		매우 불만족	불만족	보통	만족	매우 만족
자기인식	1. 기관의 철학, 신념이 본인의 그것과 일치하는가?					
	2. 자아성찰을 하며, 자질향상을 위해 꾸준히 노력하고 있는가?					
	3. 관리자로서 솔선수범하고 있는가?					
	4. 타인의 인격을 존중하고 자기소신을 분명히 밝히고 있는가?					
	5. 어려운 문제해결에 설득력이 있다고 생각하는가?					
	6. 창조성을 가지고 사업을 계획하고, 실천하는가?					
	7. 타인의 인격을 존중하고 항상 정보에 민감한가?					
	8. 필요한 정보를 획득하고 치밀한 계획, 분석을 토대로 일하고 있는가?					
	9. 부하 직원의 의욕과 활동상황을 구체적으로 파악하고 있는가?					
	10. 부하 직원에게 감정보다도 이성으로 대하고 있는가?					
	11. 항상 부하 직원으로부터 신뢰를 받는 자기임을 자각하고 있는가?					

항 목		매우 불만족	불만족	보통	만족	매우 만족
지도력	12. 언행에 상사다운 기품과 아량으로 부하직원을 대하고 있는가?					
	13. 부하 직원 앞에서 자기 과실을 솔직하게 시인하면서 자기교정에 힘쓰고 있는가?					
	14. 부하 직원의 인격을 손상하는, 마음의 상처를 주는 언행은 하지 않았나?*					
	15. 문제해결에 과학적 사고와 분석을 하고 있는가?					
	16. 부하 직원의 직무에 대한 지도감독은 철저히 잘 이루어지고 있는가?					
	17. 부하 직원을 신뢰하고 인정하며, 지지와 격려를 아끼지 않는가?					
지휘능력	18. 기관을 전체적인 관점에서 파악하면서 세부적인 것까지 관찰하고 있는가?					
	19. 새로운 프로그램 개발을 위해 정보와 자료, 아이디어를 제공하고 있는가?					
	20. 팀웍(Team Work)과 협동심을 강조하고 있는가?					
	21. 책임자라는 절대적인 입장에서 억압하고 강요하는 일은 없는가?*					
	22. 부하직원의 의견을 무시하고 독선적인 태도를 보인 적은 없는가?*					
	23. 자기 직권의식이 때때로 발동되고 있지는 않는가?*					
	24. 서로 다른 의견에 대한 합의도출은 원활하게 이루어지고 있는가?					
	25. 부하 직원과의 의사소통은 원활하게 이루어지고 있는가?					

* 역으로 계산하는 문항임

26. 책임자로서 업무수행을 하면서 가장 큰 어려움은 무엇이었는가?

27. 꼭 시정되었으면 하는 점이나 바라는 점은?

〈부록 7〉

200×년도

직 원 평 가 서

(프로그램담당자용)

200 . . .

지난 1년 동안의 사회복지사로서의 자신과 업무를 되돌아보면서 객관화할 수 있는 기회로 삼아, 앞으로의 일에 긍정적인 영향을 미칠 수 있도록 하기 위한 평가서입니다. 발전적인 의미에서, 가급적 객관성을 가지고 해당란에 표(○)해 주시고, 33번부터는 구체적으로 기록해 주시기 바랍니다.

성 명:
직 책:
임용년월일:
현 직책 발령일:

항 목		전혀 그렇지 않다	그렇지 않은 편이다	보통이다	그런 편이다	매우 그렇다
업무수행	1. 공적인 시간적, 인적, 기타 자원을 효율적으로 활용하였는가?					
	2. 맡은 일을 책임 있게 성실히 이행하였는가?					
	3. 자신의 업무에 대한 자신감이 있는가?					
	4. 계획적인 일처리 능력, 즉 일의 순서에서의 우선순위 결정과 그에 따른 이행은 잘 되었는가?					
	5. 항상 새로운 방법과 아이디어를 모색하여 창의적으로 일하는가?					
	6. 건의시, 합당한 계통을 택하는가?					

항 목			전혀 그렇지 않다	그렇지 않은 편이다	보통 이다	그런 편이다	매우 그렇다
업무수행	7. 시간 지키기	1) 출퇴근 시간은 잘 지키었나?					
		2) 클라이언트와의 약속은 잘 지키었나?					
		3) 여러 회의 시간은 잘 지키었나?					
	8. 기관의 규칙을 잘 이행하고 있는가?						
	9. 보고서, 계획서, 출근부 및 사례기록서 등 서류 작성 및 제출은 기한 내에 잘 처리하는가?						
	10. 불평, 불만이 있을 때 의사표현을 하는가?						
	11. 그 의사표현을 정당한 방법으로 하는가?						
	12. 회의시, 의사표현은 잘 하였는가?						
	13. 자신의 실수나 잘못을 인정하는가?						
	14. 맡은 일에 대한 적극성이나 의욕은 높은가?						
	15. 내가 수행한 일의 결과에 대한 평가에 정직한가?						
직원관계	16. 기관 내에서의 종적 대인관계(선임사회복지사→과장→관장)와 의사소통은 잘 이루어지고 있는가?						
	17. 동료 직원과의 건설적인 의견교환은 잘 이루어지고 있는가?						
	18. 동료 직원들과 협력적인 관계를 유지하고 있는가?						
	19. 다른 직원에게 칭찬과 격려를 하는가?						
	20. 자신의 감정을 표현하지 않고 주로 억제하는 편인가?*						
	21. 다른 직원의 충고나 건설적인 조언을 받아들이는가?						
	22. 원만한 인간관계를 맺고 있다고 생각하는가?						
	23. 기관 공동체 의식을 가지고 있는가?						
	24. 나는 솔직하고, 정직한 사람인가?						
클라이언트와의 관계	25. 클라이언트와의 관계에서 인간의 존엄성 및 그 개인의 독특성을 인정하고 이해하는가?						
	26. 클라이언트의 자기 결정권을 존중하는가?						
	27. 클라이언트의 비밀보장을 위한 마음가짐을 가지고 있는가?						
	28. 클라이언트에 대해 공감적 이해(empathy)를 하는가?						
	29. 클라이언트와 협력자 관계(partnership)를 유지하는가?						

	항목	전 혀 그렇지 않다	그렇지 않은 편이다	보통 이다	그런 편이다	매우 그렇다
종합적평가	30. 나는 나의 직책에 적합한가?					
	31. 나는 나의 직장과 직책을 좋아하는가?					
	32. 내가 맡고 있는 사업은 중요한가?					

* 역으로 계산하는 문항임

33. 지난 1년간을 돌이켜 볼 때, 어떤 면이 가장 부족했다고 생각하는가?

34. 일하면서 가장 큰 어려움은 무엇이었는가?

35. 어떤 보람이 있었는가?
   * 개인적 성장, 전문가적 성장, 지위, 보수, 생활안정, 사회적 인정, 성취감, 만족감 등

36. 다른 부서에 대해 얼마나 협조적이었는가?

37. 자신의 성격적 강 · 약점이 자신의 전문직 수행에 미치는 긍정적 · 부정적 영향은?

38. 자신의 전문성 증진을 위해 어떤 노력을 하였는가?

39. 새로운 프로그램의 개발 혹은 프로그램 진행상 필요한 기술과 방법론을 위해 구체적으로 어떤 노력을 하였는가?

40. 지난 1년간을 돌아 볼 때, 자신이 가지고 있는 능력을 최대한 발휘하였다고 생각하는지, 발휘하지 못했다면, 그 이유는 무엇인가?

41. 본인의 능력에 따른 보상은 적절하다고 생각하는가?
   * 급여, 복리후생, 승진 등

42. 정보화 시대의 대응책으로써 창조적으로 시간을 활용하였는가?
   1) 근무시간 : 시간관리 기술이 있다고 생각하는가?
   2) 근무 외 시간 : 재충전 프로그램을 계획하고 있는가?

43. 꼭 시정되었으면 하는 점이나 바라는 점은 무엇인가?

〈부록 8〉

근무성적 평가표

평가기간: 200 년 월 일~ 월 일
제 출 일: 200 년 월 일

직원명		부 서		직책	
생년월일		임용일자		현직책 임명일자	

Ⅰ. 근무실적

1. 업무의 질(Quality of Work)

매우 불만족 — 보통 — 매우 만족

2. 업무의 양(Quantity of work)

매우 적다 — 보통 — 매우 적절하다 (비교적 많은 편)

3. 목표달성도(Degree of Objective Attainment)

미흡 — 보통 — 탁월

II. 직무수행 능력

4. 업무에 대한 지식(Knowledge of Work)
   * 업무수행과 관련된 모든 측면에서의 지식 및 이해

매우 불만족 보통 매우 만족

5. 업무에 대한 실천기술(Skills for Direct Practice)
   * 업무수행을 위해 필요한 기술

매우 불만족 보통 매우 만족

6. 효과적 시간관리(Effective Time Management)
   * 업무의 우선순위를 정하고, 공적으로 주어진 시간을 효과적으로 관리

매우 약하다 보통 매우 강하다

7. 조직력 및 계획능력(Organizing and Planning)
   * 프로그램의 개발, 기획

매우 낮은 수준 보통 매우 높은 수준

8. 창조성 (Creativity)

* 새로운 아이디어, 실행방법의 개발 및 수행능력

창조성 결여	보통	지극히 창조적

9. 판단력 (Judgment)

* 사회사업 전문지식 및 가치, 실천윤리에 근거한 결정 및 행동

판단력 결여	보통	뛰어난 판단력

10. 업무추진력(Job Driving Force)

* 중간관리자급 이상은 '통솔력'

매우 약하다	보통	매우 강하다

III. 직무수행 태도

11. 의존성(Dependability)

* 수퍼바이저의 수퍼비전 없이 업무를 수행할 수 있는 능력

대부분 필요	보통	거의 불필요

12. 협동심(Cooperativeness)
  * 상급자 및 동료와의 협조관계

매우 비협조적 | 보통 | 매우 협조적

13. 책임감(Sense of Responsibility)

매우 약하다 | 보통 | 매우 강하다

14. 솔선성(Initiative)

매우 약하다 | 보통 | 매우 강하다

IV. 자기인지

15. 자신감(Sense of Confidence)
  * 담당업무에 대한 자신감 정도

매우 부족하다 | 보통 | 매우 많다

16. 통찰력(Insight)
  * 자신의 성격적 강·약점 및 전문적 지식, 기술, 가치와 관련된 전문가로서의 강·약점에 대한 인식

매우 부족하다 | 보통 | 매우 많다

17. 자기지식(knowledge of self)
*자기지식 개발 정도

매우 부족하다		보통		매우 많다

18. 특별히 잘 하는 것은 무엇인가?

19. 무엇이 개선되기를 스스로에게 기대하는가?

20. 좀더 유능한 사회복지사가 되기 위해 어떤 훈련 및 교육이 필요하다고 생각하는가?

21. 200___년도 근무평정 결과(19번, 20번 항목)에 비추어 개선된 점이 있다면 무엇인가? 만약 만족할 만한 개선이 이루어지지 않았다면, 그 이유는 무엇이라고 생각하는가?

작성일 : 200_년 월 일

본 인	부 장	
		확인

〈부록 9〉

수퍼비전 만족도 조사표

다음의 각 항은 일반적인 수퍼비전에서 다루어지는 내용입니다.
현재 받고 있는 수퍼비전 내용의 만족정도에 따라 ∨표 해주십시오.

조사일: 200 년 월 일

	수퍼비전 내용	매우 만족	만족	보통	불만족	매우 불만족
기본정신	1. 사회사업의 가치 · 실천윤리에 대한 사명감 및 준수					
	2. 사회복지사로서의 정체성 확립					
	3. 자신의 전문적 성장에 대한 책임감					
	4. 사회복지사의 전문적 지식 기반 형성에의 기여					
	5. 법인 및 소속 기관의 사명 · 핵심가치 · 비전에 대한 이해					
	6. 일에 대한 열정과 신념 발현					
행정적 영역	7. 기관의 공식적 · 비공식적 구조 파악					
	8. 기관운영에 영향을 주는 국가 · 지방 단위의 복지정책에 대한 이해					
	9. 지역사회에 대한 이해					
	10. 지역사회복지서비스 전달체계에 관한 지식 · 활용기술					
	11. 기록관리					
	12. 업무의 우선순위					
	13. 효율적 시간관리					
	14. 각 팀 또는 단위사업 간 조정 · 협력					
	15. 업무규정에 따른 직무수행 및 책임					
	16. 제반 행정절차와 규정 준수					

	수퍼비전 내용	매우 만족	만족	보통	불만족	매우 불만족
교육적 영역	17. 클라이언트체계개입을 위한 지식 · 기술 1) 인간의 다양성 존중 및 인간행동의 다양성에 대한 지식 · 적용기술					
	2) 자료수집·면접·사정·개입·평가·의뢰·종결 및 사례관리 기술					
	3) 집단사회사업 실천기술					
	4) 지역사회주민의 욕구에 대한 대처 능력					
	18. 클라이언트를 위한 옹호활동					
	19. 사회·경제정의 증진에 대한 사명감					
	20. 새로운 프로그램의 개발					
	21. 실천에 대한 효과성·효율성 평가					
	22. 자원개발 및 활용					
	23. 기록기술 및 분석					
	24. 자아인식·자기지식 개발					
	25. 대인관계에 필요한 의사소통 기술					
	26. 동료와의 관계형성 기술					
	27. 갈등 및 위기상황 처리 능력					
	28. 자기평가 능력					
	29. 정보제공					
지지적 영역	30. 신뢰					
	31. 관점의 공유					
	32. 능력의 극대화					
	33. 창의성 자극					
	34. 업무수행의 과정·결과에 대한 인정					
	35. 업무관련 긴장 완화					
	36. 스트레스 유발상황 방지·해소·대처 원조					
	37. 결정에 대한 책임 공유					
	38. 성공을 위한 기회 제공					
	39. 동료를 통한 지지 제공					

자료: Fortune(1994)의 사회복지실천을 위해 필요한 핵심적인 내용과 기술 모델
Kadushin(1992)의 수퍼비전의 3가지 기능 및 사회복지사의 직무성과 평가영역 재구성

〈부록 10〉

Blake & Mouton의 관리격자 리더십 척도

다음의 각 사항을 상세히 읽어보시고, 그 중에 귀하의 직장에서 귀하의 행동과 꼭 들어맞는 것을 하나만 골라서 ○표를 하여 주십시오.

1.

__ 1) 남이 결정한 것을 받아들인다.

__ 2) 타인과 잘 조화하는 것을 높이 평가한다.

__ 3) 자신의 생각에 의해 결단을 내리는 것에 큰 가치를 둔다.

__ 4) 비록 완전하지는 못하더라도 실행가능성에 중점을 두고 결정한다.

__ 5) 전원이 이해하고 동의할 수 있는 건전하고 독창적인 결정을 내리는 것을 높이 평가한다.

2.

__ 1) 타인의 의견, 태도, 아이디어에 따른다.

__ 2) 자기의 의견, 태도, 아이디어를 주장하기보다는 타인의 것을 받아들이는 쪽을 택한다.

__ 3) 때로는 남의 감정을 해치는 경우라 할지라도 자신의 구상, 의견, 태도를 주장한다.

__ 4) 자기와 다른 의견, 태도, 아이디어가 생기면 자신의 것과 중간적인 입장을 취하려고 노력한다.

__ 5) 자기와 다른 의견, 태도, 아이디어에도 귀를 기울이고 또 그것을 바란다. 확고한 신념을 가졌음에도 때로는 생각을 바꾸어 타인의 건전한 아이디어도 존중한다.

3.

__ 1) 갈등이 생기면 중립을 지키거나 혹은 방관자가 되려고 한다.

__ 2) 되도록 갈등이 생기지 않게 하려고 하나 일단 일이 벌어질 때는 감정상의 융합에 노력하여 전원을 화해시키려고 한다.

__ 3) 갈등이 일어나면 되도록 그것을 빨리 처리하려고 하거나 자신의 입장을 승리로 이끌려고 한다.

__ 4) 갈등이 일어나면 되도록 공평하고도 확고한 태도로 일해서 공정하게 해결하려고 한다.

__ 5) 갈등이 생기면 그 원인을 찾아내어 근본적인 원인부터 해결하려고 한다.

4.

__ 1) 중립을 지키려고 하기 때문에 감정적으로 흐르는 일이란 거의 없다.

__ 2) 감정상의 긴장은 불안과 혼란의 원인이 되기 때문에 부드럽게 우호적으로 처신한다.

__ 3) 일이 잘 되어가지 않으면 자신을 방어하고 저항하거나 혹은 반론을 제기하여 빈격한다.

__ 4) 긴장상태 하에서는 그 이상 압력을 받지 않기 위해서 어떻게 할지 몰라 불안해한다.

__ 5) 도전 당했을 때는 불끈하는 것이 눈에 뜨일망정 제재한다.

5.

__ 1) 나의 유머는 남이 볼 때 상당히 초점에서 빗나가는 것으로 보인다.

__ 2) 나의 유머의 목적은 남과 잘 조화해 나가기 위한 것이다. 혹시 긴장상태가 생기면 심각한 문제로부터 되도록 관심을 딴 곳으로 돌리기 위해 유머를 한다.

3) 나의 유머는 남의 허점을 찌른다.

__ 4) 나의 유머는 자기 스스로가 자신의 입장을 납득시키기 위해 사용한다.

__ 5) 나의 유머는 그 상태 하에서는 적합한 것이며 올바른 관점을 시사하는 것이다. 긴장상태 하에서도 유머를 잊지 않는다.

진단 채점표(표 1)

		X	Y
1.	(1)	1	1
	(2)	1	9
	(3)	9	1
	(4)	5	5
	(5)	9	9
2.	(1)	1	1
	(2)	1	9
	(3)	9	1
	(4)	5	5
	(5)	9	9
3.	(1)	1	1
	(2)	1	9
	(3)	9	1
	(4)	5	5
	(5)	9	9
4.	(1)	1	1
	(2)	1	9
	(3)	9	1
	(4)	5	5
	(5)	9	9
5.	(1)	1	1
	(2)	1	9
	(3)	9	1
	(4)	5	5
	(5)	9	9

자기진단 평정표(표 3)

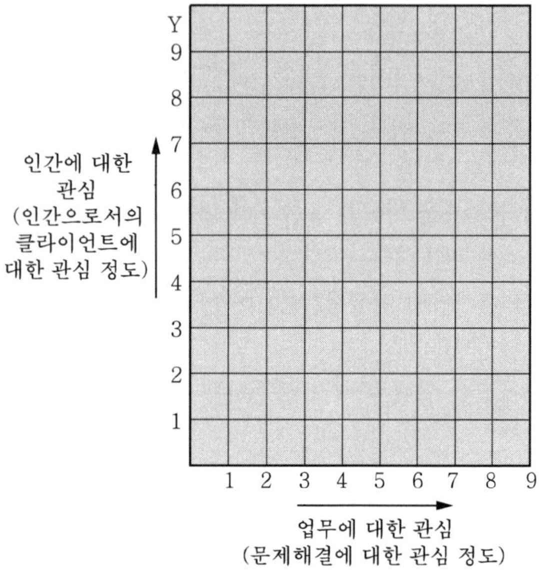

자기진단 집계표(표 2)

	X	Y
1		
2		
3		
4		
5		
합 계		
평 균		

〈부록 11〉

오하이오 리더십 척도

* 5점 리커르트 척도:
1. 전혀 그렇지 않다 2. 별로 그렇지 않다 3. 그저 그렇다 4. 대체로 그렇다 5. 매우 그렇다

번호	항목	척도				
		1	2	3	4	5
1	관장님은 직원들이 해야 할 일이 무엇인지를 분명히 알려준다.					
2	관장님은 친절하고 접근하기 쉽다.					
3	관장님은 직원들에게 일관된 절차와 규칙을 적용한다.					
4	관장님은 직원들이 기관의 구성원이 된 것을 자랑스럽고 기쁘게 여길 일을 많이 한다.					
5	관장님은 자신의 생각을 철저히 실행에 옮긴다.					
6	관장님은 직원들의 제안을 잘 받아들여 실행한다.					
7	관장님은 지도자로서 자신의 태도를 직원들에게 명백히 밝힌다.					
8	관장님은 모든 직원들을 차별하지 않고 동등하게 대우한다.					
9	관장님은 직원들에게 무엇을 할 것이고, 또 어떻게 할 것인가를 결정해 준다.					
10	관장님은 어떤 변동 사항이 있을 때는 미리 미리 그것을 알려준다.					
11	관장님은 직원들에게 과업을 구체적으로 할당해 준다.					
12	관장님은 직원들과 잘 어울린다.					
13	관장님은 자신의 지시사항이 직원들에 의해 이해되고 있는가를 확인한다.					
14	관장님은 직원들의 개인적 복지문제를 잘 보살핀다.					
15	관장님은 치밀한 계획 하에 업무를 수행해 나간다.					
16	관장님은 융통성이 있으며, 변화와 혁신에 상당히 수용적이다.					
17	관장님은 직원들에게 직무수행의 기준을 명백히 밝혀준다.					
18	관장님은 자신이 취한 행동에 대하여 상세히 설명해 준다.					
19	관장님은 직원들에게 표준화된 규칙과 규정을 따를 것을 요구한다.					
20	관장님은 중요한 일을 하기 전에 직원들과 상의를 하고 행동한다.					

* 구조주도행동과 배려행동

〈부록 12〉

변혁적 리더십과 거래적 리더십 척도

* 5점 리커르트 척도:
1. 전혀 그렇지 않다 2. 별로 그렇지 않다 3. 그저 그렇다 4. 대체로 그렇다 5. 매우 그렇다

문 항	전혀 그렇지 않다	그렇지 않다	보통 이다	그렇다	매우 그렇다
1. 우리 관장은 내가 본받을 만한 인물이다.					
2. 많은 사람으로부터 존경을 받을 만하다.					
3. 믿을 만한 사람이다.					
4. 내가 성장하면 닮고 싶은 사람이다.					
5. 그와 같이 일하는 것에 긍지를 느낀다.					
6. 나와 직원들이 열심히 일하도록 만든다.					
7. 조직의 미래에 대해 비전을 제시한다.					
8. 장래에 대해 긍정적인 시각을 갖도록 한다.					
9. 조직에서 중요한 것을 파악하는 능력이 있다.					
10.내가 조직에 충성심을 갖고 일하도록 한다.					
11. 새로운 방식으로 문제해결 방안을 제시한다.					
12. 문제에 대해 다양한 시각으로 접근한다.					
13. 사전에 합리적으로 생각하여 접근하도록 한다.					
14. 나의 능력이 배양되도록 도와준다.					
15. 소외된 조직구성원에도 관심을 가진다.					
16. 나의 직무를 지도하기 위해 충분한 시간을 할애한다.					
17. 나를 독특한 욕구와 능력을 가진 하나의 개인으로 본다.					
18. 지시한 것을 따르면 원하는 것을 해준다.					
19. 기대 충족 시 나에게 만족감을 표현한다.					
20. 직무 완수 시 그에 대한 적절한 보상을 한다.					
21. 목표 성취 시 받게 될 반대급부를 분명히 한다.					
22. 문제가 심각해질 때까지 아무 행동도 하지 않는다.					
23. 직원들이 규칙을 위반하거나 실수를 할 때에만 관여한다.					
24. 조직운영에 별다른 문제가 없으면 그대로 둔다.					
25. 내가 관례에 따르기만 하면 특별히 관여하지 않는다.					
26. 업무 관련 의사결정은 주로 미루는 편이다.					

비고 : 변혁적 리더십 1~17번/거래적 리더십 18~26번
* 변혁적 리더십은 카리스마(1-10번), 지적자극(11-13번), 개별화와 배려(14-17번)의 3개 하위변인으로 구성됨.
* 거래적 리더십은 보상반대급부(18-21번), 예외적 관리(22-26번)의 2개 하위변인으로 구성됨.

〈부록 13〉

예시: 사회복지관의 직원 수퍼비전체계

1. 수퍼비전의 개념 정의

수퍼비전은 경험이 있고 훈련받은 전문가가 실습생, 신규직원, 일선사회복지사, 자원봉사자, 그 외 본 기관의 구성원들을 대상으로 사회사업의 지식과 실천기술을 제공하기 위해 행정적 · 교육적 · 지지적 · 평가적 기능을 수행하는 전문적 사회화의 과정이다. 즉 실무자로 하여금 그들의 지식과 기술을 이용하여 맡은 업무를 보다 효과적·효율적으로 수행할 수 있도록 돕는 과정이다.

2. 수퍼비전 모델

아래에 제시된 모델을 기본모델로 하면서, 다양한 수퍼비전 모델을 보충적 · 절충적으로 활용한다.

1) 리더십 모델

▸빠르게 변화하는 사회복지환경에 능동적으로 대처하기 위해, 최고관리자 및 중간관리자들의 리더십을 핵심으로 한다.

▸효과적 · 효율적인 조직의 목표 달성 및 서비스의 질 보장을 위해 리더로서의 수퍼바이저의 역할을 강조한다.

2) 역동적 체계 모델

▸수퍼바이지가 관계하는 다수의 체계들의 중간에 위치해서, 이 체계들과 수퍼바이지가 보다 효과적으로 협상을 할 수 있도록 돕는다.

▸수퍼비전의 생태체계적 요소들인 지역사회, 표적집단, 사회복지전문직, 기관, 소속 팀, 수퍼바이저-수퍼바이지의 관계 등의 체계들과의 상호작용이 원활하게 이루어질 수 있도록 수퍼바이지를 돕는다.

3. 수퍼비전의 기반

기본적으로 일반주의실천(generalist practice)을 적용하여 대상 집단의 복합적인 문제해결을 시도하면서, 이 일반주의실천 능력을 기반으로 필요시 고급의 일반주의실천(advanced generalist practice)을 적용한다. 따라서 사회복지실천의 근간이 되는 일반주의 실천가(generalist)로서의 실무 능력을 갖출 수 있도록 수퍼비전 한다. 또한 대상 및 영역에 따라 고급실천가(specialist)로서의 실천을 할 수 있도록 행정적 · 교육적 · 지지적 · 평가적 수퍼비전을 수행한다. 일반주의 실천을 위해서는 Fortune(1994)이 제시한 사회복지실천을 위한 핵심적인 내용 및 기술 모델을 따르며, 이 모델을 적용하면서 Kadushin(1992)의 수퍼비전의 기능 모델을 활용, 행정적 · 교육적 · 지지적 수퍼비전으로 수퍼비전의 기능을 명료화하면서 수퍼비전을 실시한다. 사회사업학문의 특성상, 평가는 사회복지사의 자질 향상 및 사회사업의 전문성 증진을 위해 핵심적인 요소이므로 전통적인 위의 세 가지 기능에 평가적 기능을 포함한다. Fortune이 제시한 모델은 다음의 표와 같다.

〈Fortune(1994)의 사회사업실천에 필요한 핵심적인 내용과 기술모델〉

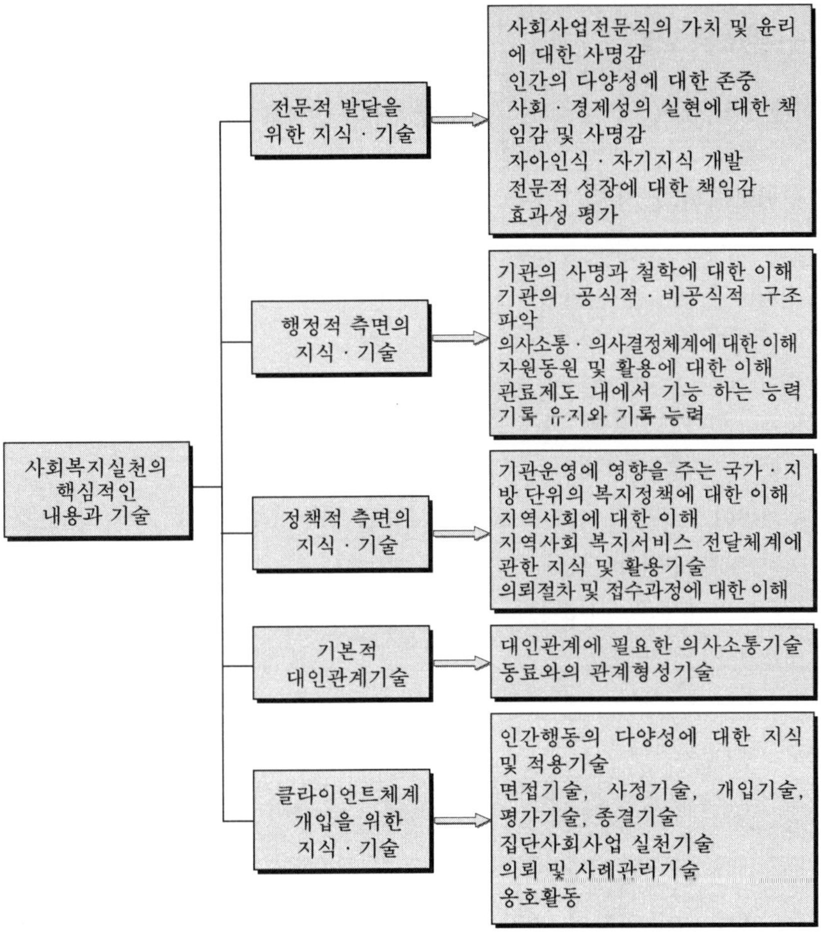

자료: Fortune(1994), Field Education, In Reamer ed., *The Foundation of Social Work Knowledge*, NY: Columbia Univ. Press

4. 수퍼비전의 유형 및 방법

1) 수퍼비전의 유형

▸업무수행에 대한 자기평가, 개별수퍼비전, 집단수퍼비전, 외부 수퍼바이저 초빙

수퍼비전의 세 가지 유형을 중심으로 행한다.

▸집단수퍼비전은 프로그램회의, 팀 회의, 사례회의 등이 포함된다.

2) 수퍼비전의 방법

▸사례활용, 참관, 기록, 강의, 기법전수, 책읽기, 녹음 및 녹화 등이 있다.

5. 수퍼바이저의 자격

1) 수퍼바이저는 본 기관에서 5년 이상 실무한 자로서, 기관이 마련하는 소정의 '수퍼바이저 교육' 과정을 이수하여야 한다.
2) 수퍼바이저 자격 취득을 위한 교육은 총 40시간으로 학습유형목록 작성, 자기지식 개발, 사회문제, 일반주의실천 및 고급일반주의실천에 대한 이해, 수퍼비전의 기능 등의 주제로 구성되어 있다.
3) 수퍼바이저 자격을 취득한 자는 수퍼비전 업무수행 1년간 제2선 수퍼바이저로서의 선임 수퍼바이저의 수퍼비전을 받는다.
4) 수퍼바이저가 된 지 3년이 지난 시점에서 기관이 마련한 '수퍼바이저 재교육' 과정을 이수한다.
5) 수퍼바이저 재교육은 기관장 및 선임 수퍼바이저, 그리고 동료 수퍼바이저와의 워크숍을 통해 실시된다. 이 워크숍은 수퍼비전 경험, 자기지식 개발, 수퍼바이저 스타일, 수퍼바이저로서의 리더십, 수퍼비전 모델의 재검토 등을 주제로 한다.

6. 수퍼바이저의 역할과 책임

1)
2)
3)
4)
5)

7. 수퍼비전의 기능

Kadushin(1992)이 제시한 수퍼비전 모델의 세 가지 기능에 평가적 영역을 추가, 포함시킨다.

〈표 2〉 수퍼비전의 기능

목표	행정적 수퍼비전	교육적 수퍼비전	지지적 수퍼비전	평가적 수퍼비전
	작업 환경 제공	업무 능력 개선	업무 만족감 지원	자아인식발달
내용	- 실무를 효과적으로 수행할 수 있도록 업무환경을 구조화하고 필요한 자원을 제공 - 기관의 정책·행정절차에 관한 올바르고 효과적인 이해 및 준수	- 업무에 필요한 지식과 기술을 제공 - 목적적·의도적으로 전문적 자아를 활용하도록 도움	- 효과적으로 업무를 수행할 수 있도록 심리적, 대인관계적 자원을 제공	- 원조도구로서의 자신에 대한 통찰력 제공
장애물	조직	무지	정서	사고
관심 영역	-조직에 사회복지사를 효과적으로 연결시켜 사회복지사가 조직의 구조와 자원을 효율적으로 이용할 수 있도록 하는데 관심	-지식과 기술의 향상을 통해 사회복지사의 효율성을 증대시키는데 관심	-업무수행을 방해하는 스트레스를 감소시키고 사기를 증진시켜 사회복지사의 효율성을 증대시키는데 관심	-다면적이고 입체적인 다양한 방식의 평가를 통해 사회복지사로서의 자질을 향상시키는 데에 관심
필요 도구	-조직의 미션·핵심가치·비전, 정관, 내규, 업무규정표, 직무기술서, 업무표준지침서, 업무지침, 지역사회 서비스 전달체계, 지역사회 자원목록, 기관의 역사책 등	-자기지식 개발틀, 직원교육일정표, 학습유형목록, 윤리강령, 참고도서, 사례기록, 월업무보고서, 3개월사업계획서, 연사업계획서, 연사업평가서, 프로그램 평가서 및 기타자료	-스트레스 사정 도구, 사회복지사의 임파워먼트 척도 등	-직원평가서, 직무성과 평가서, 근무평정표, 실습지도자 평가서, 수퍼바이저 평가서, 수퍼비전 만족도 조사표
사회 복지사 모델	-효율적으로 과제를 수행하는 사회복지사	-자질 있고 능력 있는 사회복지사	-감정이입적이고 이해심 많은 사회복지사	-성장하는 사회복지사
역할	1. 직원의 채용과 선발 2. 임명과 배치 3. 업무계획 4. 업무할당 5. 업무위임 6. 업무검토, 평가 7. 업무조정 8. 의사소통 촉진 9. 행정적 완충자 10. 변화 대행자 11. 옹호자 12. 지역사회연계자	1. 교수 2. 학습을 촉진 3. 훈련 4. 경험과 지식의 공유 5. 정보제공 6. 명확화 7. 안내 8. 문제해결법을 찾도록 원조 9. 전문적 성장을 제공 10. 조언, 제안	1. 스트레스 유발상황의 방지 2. 스트레스 해소 3. 스트레스 대처원조 4. 신뢰관계형성 5. 관점 공유 6. 결정에 대한 책임 공유 7. 성공을 위한 기회 제공 8. 동료를 통한 지지 제공 9. 업무관련 긴장 완화	1. 전문가로서의 자신에 대한 이해 도모 2. 평가능력 향상 3. 자기효능감 도모 4. 평가를 위한 정보 수집 및 평가설계

자료: Kadushin(1992) 「Supervision in Social Work」의 수퍼비전의 모델에 평가적 수퍼비전을 포함하여 재구성함.

8. 각 영역별 수퍼비전 지침

1) 행정적 수퍼비전

▸인사관리, 조직관리, 자원관리의 3개 영역으로 구분하며, 세부 내용은 다음과 같다.

*인사관리: 프로그램 설계, 직무분석, 직무성과 평가, 직원개발, 직원 채용·배치, 보상, 조직문화

* 조직관리: 전략적 기회, 학습조직

* 자원관리: 마케팅 이론, 정보·회계·서식관리 및 리더십 이론

▸지역사회 내 인간봉사조직과의 상호교류, 지역사회자원 목록 작성

▸

▸

2) 교육적 수퍼비전

▸일반주의실천, 고급일반주의실천, 생태체계이론, 강점관점, 과제중심모델, 문제해결과정, 사례관리 등의 필요한 제 이론을 활용한다.

▸실천가-조사자로서의 역량 강화

▸직급별 직무교육, 수퍼바이저 교육(자격교육 및 재교육), 실습지도자 교육(자격교육 및 재교육), 신입직원 교육, 인턴생 교육 등

3) 지지적 수퍼비전

▸의사소통 이론, 피드백, 스트레스 관리, 시-테크, 소진과 사기진작

▸

▸

4) 평가적 수퍼비전

▸자기평가, 동료평가, 상급자 평가, 하급자 평가 등의 방식을 통해 다면적이고 입체적인 평가를 실시한다.

▶

▶

9. 수퍼비전에서 다루어야 할 내용

1) 기본정신

(1) 사회사업의 가치 · 실천윤리에 대한 사명감 및 준수
(2) 사회복지사로서의 정체성 확립
(3) 자신의 전문적 성장에 대한 책임감
(4) 사회복지사의 전문적 지식 기반 형성에의 기여
(5) 법인 및 소속 기관의 사명 · 핵심가치 · 비전에 대한 이해
(6) 일에 대한 열정과 신념 발현

2) 행정적 영역

(1) 기관의 공식적 · 비공식적 구조 파악
(2) 기관운영에 영향을 주는 국가 · 지방 단위의 복지정책에 대한 이해
(3) 지역사회에 대한 이해
(4) 지역사회복지 서비스 전달체계에 관한 지식 · 활용기술
(5) 기록관리
(6) 업무의 우선순위
(7) 효율적 시간관리
(8) 각 팀 또는 단위사업 간 조정 · 협력
(9) 업무규정에 따른 직무수행 및 책임
(10) 제반 행정절차와 규정 준수

3) 교육적 영역

(1) 클라이언트 체계 개입을 위한 지식·기술
가. 인간의 다양성 존중 및 인간행동의 다양성에 대한 지식 · 적용기술

나. 자료수집 · 면접 · 사정 · 개입 · 평가 · 의뢰 · 종결 및 사례관리 기술
다. 집단사회사업 실천기술
라. 지역사회주민의 욕구에 대한 대처 능력

(2) 클라이언트를 위한 옹호활동
(3) 사회 · 경제정의 증진에 대한 사명감
(4) 새로운 프로그램의 개발
(5) 실천에 대한 효과성 · 효율성 평가
(6) 자원개발 및 활용
(7) 기록기술 및 분석
(8) 자아인식 · 자기지식 개발
(9) 대인관계에 필요한 의사소통 기술
(10) 동료와의 관계형성 기술
(11) 갈등 및 위기상황 처리 능력
(12) 자기평가 능력
(13) 정보제공

4) 지지적 영역

(1) 신뢰
(2) 관점의 공유
(3) 능력의 극대화
(4) 창의성 자극
(5) 업무수행의 과정 · 결과에 대한 인정
(6) 업무관련 긴장 완화
(7) 스트레스 유발상황 방지 · 해소 · 대처 원조
(8) 결정에 대한 책임 공유
(9) 성공을 위한 기회 제공
(10) 동료를 통한 지지 제공

5) 평가적 영역

(1) 전문가로서 자신에 대한 이해
(2) 실천 효과성 평가능력

(3) 자기효능감

자료: Fortune(1994)의 사회복지실천을 위해 필요한 핵심적인 내용과 기술 모델·Kadushin(1992)의 수퍼비전의 기능모델 및 사회복지사의 직무성과 평가영역 재구성

〈부록 14〉

조직관리 시스템 체크리스트

이사들을 대상으로 다음과 같은 질문들을 통해 기관이 잘 관리되고 있는지(응답 '예'), 기관을 발전시켜야 할 필요성이 있는 것인지(응답 '아니오'), 그리고 이사들에게 어떤 주제로 오리엔테이션을 해야 하는지(응답 '잘 모르겠음')를 알 수 있다.

번호	항 목	예	아니오	모르겠다	해당되지 않는다
1	조직의 사명, 비전, 목표에 대해 명확히 알고 있다.				
2	조직의 가치와 신념은 명확하며 조직의 프로그램과 활동에 반영된다.				
3	조직의 이사, 조직구성원, 자원봉사자들을 이끌 전략적 계획을 가지고 있다.				
4	이사회와 위원회의 참석률이 높다.				
5	이사들 간의 갈등은 이사회 업무에 영향을 미치지 않는다.				
6	모든 이사들은 조직의 특별한 행사에 잘 참여한다.				
7	재정을 모니터하고 통제하는 시스템이 잘 갖추어져 있다.				
8	기관의 최고 경영자와 이사회의 관계는 상호 신뢰와 존중의 관계이다.				
9	이사들의 역할과 조직구성원의 역할은 서로에게 보완적이며 충돌하지 않는다.				
10	최고 경영자의 활동은 정기적으로 충분히 평가되고 있다.				
11	이사들은 해마다 기관에 기부금을 내고 있고, 특별한 행사를 후원한다.				
12	재정은 기관이 추구하는 목적과 우선순위에 걸맞게 사용되고 있다.				
13	조직이 프로그램과 활동의 질과 양은 조직의 자원에 걸맞게 이루어지고 있다.				
14	이사들, 기부자들은 조직의 주요 결정과 재정적 상황에 대한 인식을 가지고 있다.				
15	조직의 이사와 임원들은 신중히 채용되고 선발된다.				
16	조직은 이사와 조직구성원, 자원봉사자들을 위한 충분한 오리엔테이션과 훈련, 평가를 제공한다.				
17	이사회는 이해상충을 예방할 적절한 보호장치를 가지고 있다.				
18	조직의 인사관리는 조직구성원들을 폭행과 성희롱으로부터 보호해 줄 적절한 보호장치를 가지고 있다.				
19	조직은 향후 3년간 조직에 어떠한 일이 발생하든 그 문제에 잘 대처할 수 있을 것이라고 낙관할 수 있는 충분한 근거를 가지고 있다.				
20	나는 이 조직의 이사인 것에 대해 긍지를 가지고 있다.				

〈부록 15〉

2007년
사회복지법인 꿈·희망·미래 재단-예시

이 사 매 뉴 얼
(The Board Manual)

본 이사 매뉴얼은 신입 이사의 오리엔테이션 및 이후 이사 활동에 자료가 되는 도구입니다.

목 차

〈제 1 부〉

Mission Statement ······ 3
정관 ······ 4
법인 운영규정 ······ 11

〈제 2 부〉

연혁 ······ 25
조직도 ······ 26
업무규정 ······ 27
주요사업 ······ 28

〈제 3 부〉

이사회의 구성 ······ 30
이사회의 책임과 의무 ······ 31

〈부 록〉

회의록
05년 사업실적 보고서
05년 결산서
06년 사업계획서
06년 예산서
법인설립허가서 사본
등기부등본 사본
<첨부자료> 재단소식지, 사업안내서

Mission Statement

꿈 · 희망 · 미래 재단은 사랑과 봉사의 섬김 자세로
사회적 · 경제적 소외계층을 대상으로
그들의 삶의 질을 향상시킴으로써
정의와 평화가 있는 인류사회 구현에 헌신하고자 합니다.

이러한 사명을 실현하기 위하여,

첫째, 극심한 경제적 곤란 상태에 있는 한국과 연변의 고등학생들이 꿈과 희망을 가지고 자신의 미래를 설계할 수 있도록 돕습니다.

둘째, 입는 것, 먹을 것이 충분하지 않은 북한의 어린이들이 건강하게 성장할 수 있도록 돕습니다.

셋째, 경제적 궁핍으로 인하여 해체 직전에 있는 가정을 위기상황에서 벗어날 수 있도록 돕습니다.

넷째, 사회적 · 경제적 약자의 삶의 질을 과거와는 다르게 변화시키고자 합니다.

다섯째, 나눔의 기부문화 조성으로 더불어 사는 따뜻한 세상 만들기에 기여하고자 합니다.

이를 위해, 재단의 전 구성원들은 다음의 가치를 핵심가치로 삼고자 합니다.
하나. 하나님을 경외하는 삶을 지향한다.
둘. 윤리적 책임행동을 준수한다.
셋. 클라이언트 중심의 임상을 실천한다.
넷. 자기지식 개발 및 자기변화를 통해 클라이언트의 변화를 기대한다.
다섯. 미래지향적 사고의 틀 안에서 클라이언트의 잠재력과 성장가능성을 믿는다.

정 관

제1장 총 칙

제1조 (목적) 이 법인은 사랑과 봉사의 기독교 정신과 설립자의 법인 설립 이념을 바탕으로 사회복지사업을 경영함과 더불어, 사회복지사업법 제2조의 규정에 의한 사회복지시설의 지원과 저소득 국민에 대한 경제적 지원 및 이와 관련된 복지사업을 수행함으로써 사회복지 증진에 기여함을 목적으로 한다.

제2조 (명칭) 이 법인의 명칭은 사회복지법인 꿈·희망·미래 재단(이하 "법인"이라 한다) 이라 칭한다.

제3조 (사무소의 소재지) 이 법인의 사무소는 서울특별시 마포구 신수동 1번지 서강대학교 동문회관 402호에 둔다.

제4조 (사업의 종류) 이 법인은 제1조의 목적을 달성하기 위하여 다음의 사업을 수행한다.

1. 결손·빈곤·위기가정 지원사업
2. 미자립 영세복지시설 지원
3. 복지관 수탁 운영
4. 그밖에 이 법인의 목적 달성에 필요한 사업

제2장 자산 및 회계

제1절 자 산

제5조 (자산의 구분) ① 이 법인의 자산은 기본재산과 보통재산으로 구분하되, 기본재산은 목적사업용 기본재산과 수익용 기본재산으로 구분하여 관리한다.

② 기본재산은 다음 각 호의 재산으로 하며, 평가가액에 변동이 있을 때에는 지체없이 정관 변경의 절차를 밟아야 한다.

1. 설립 당시 기본재산으로 출연한 재산
2. 부동산
3. 이사회의 결의에 의하여 기본재산으로 편입된 재산

③ 기본재산의 목록과 평가가액은 "표 1"과 같다.

④ 기본재산 이외의 모든 재산은 보통재산으로 한다.

제6조 (자산의 관리) ① 기본재산을 매도·증여·교환·임대 또는 담보에 제공하거나 그 밖의 권리의 포기, 의무의 부담 등의 처분을 하고자 하는 때에는 이사회의 의결을 거쳐 주무

② 법인이 매수·기부체납·후원 등의 방법으로 재산을 취득한 때에는 지체없이 이를 법인의 재산으로 편입 조치하여야 한다.

③ 제2항의 재산을 취득한 경우, 법인은 그 취득사유, 취득재산의 종류·수량 및 가액 등, 취득상황을 매년 1월말까지 주무관청에 보고하여야 한다.

④ 법인이 보건복지부령이 정하는 금액 이상을 장기 차입하고자 하는 때에는 주무관청의 허가를 받아야 한다.

⑤ 기본재산과 보통재산의 운영과 관리에 관하여는 법령과 이 정관에 따로 정한 경우를 제외하고는 별도의 규정이 정하는 바에 의한다.

제7조 (경비와 유지방법) 이 법인의 운영비는 기본재산에서 발생하는 과실, 수익사업의 수익금, 기부금과 그 밖의 수입으로 충당한다.

제2절 회 계

제8조 (회계의 구분 등) 이 법인의 회계는 법인에 속하는 법인 일반회계와 시설운영에 속하는 시설회계, 수익사업에 속하는 수익사업회계 및 기타 특별회계로 구분한다.

제9조 (회계의 처리) 이 법인의 회계 처리는 사회복지사업법 및 관계법규에서 따로 정한 경우를 제외하고는 별도의 규정이 정하는 바에 따른다.

제10조 (회계년도) 이 법인의 회계년도는 정부의 회계년도에 따른다.

제11조 (사업계획 및 예산) 이 법인의 매 회계년도의 사업계획 및 예산은 대표이사가 매 회계년도 개시 1월 전에 이사회의 의결을 거쳐 "사회복지법인 재무·회계규칙(보건복지부령) "이 정하는 서류를 첨부하여 주무관청에 제출하여야 한다.

제12조 (사업실적 및 결산) 이 법인의 매 회계년도의 사업실적 및 결산은 회계년도가 끝난 후 1월 이내에 대표이사가 작성하여 감사의 감사를 거친 후 이사회의 의결을 거쳐 "사회복지법인 재무·회계규칙(보건복지부령)"이 정하는 서류를 첨부하여 주무관청에 제출하여야 한다.

제13조 (잉여금의 처리) 이 법인의 매 회계년도 결산 잉여금은 차입금 상환 또는 다음 회계년도에 이월 사용하는 것을 원칙으로 하되, 이사회의 결의에 의하여 특정한 사업을 위한 기금으로 적립할 수 있다.

제14조 (예산 외의 채무부담) 수지예산으로서 정한 것 이외의 의무부담 또는 권리의 포기는 이사회의 의결을 거쳐야 한다.

제3장 임 원

제15조 (임원의 종류와 정수) 이 법인은 다음의 임원을 둔다.

1. 대표이사 1인
2. 상임이사 1인
3. 이사 7인 (대표이사 및 상임이사 포함)
4. 감사 2인

제16조 (임원의 선임) ① 대표이사, 이사 및 감사는 이사회에서 선출하며, 대표이사는 선임된 이사 중에서 호선한다.

② 상임이사는 대표이사가 선임된 이사 중에서 지명하여 이사회의 의결을 거쳐 선임한다.

③ 선임된 임원은 주무관청의 승인을 얻어 취임한다.

④ 이사를 임면하는 때에는 보건복지부령이 정하는 바에 의하여 지체없이 이를 주무관청에 보고하여야 한다.

제17조 (임원선임의 제한) ① 이 법인은 이사 상호간의 관계에 있어서 사회복지사업법 제18조 제2항의 규정에 의한 "특별한 관계에 있는 자"가 이사 현원의 5분의 1을 초과할 수 없다.

② 감사는 감사 상호간 또는 이사와의 관계에 있어서 사회복지사업법 제18조 제2항의 규정에 의한 "특별한 관계에 있는 자"가 아니어야 한다.

제18조 (임원의 임기 등) ① 이 법인의 대표이사 및 이사의 임기는 3년으로 하고 감사의 임기는 2년으로 하되, 연임할 수 있다.

② 보궐된 이사와 감사의 임기는 전임자의 잔임기간으로 한다.

③ 임원 중 결원이 생긴 때에는 2월 이내에 보충하여야 하며, 임기가 만료되는 임원의 후임자는 임기만료 1월 이전에 선임하여야 한다.

제19조 (임원의 결격사유) ① 사회복지사업법 제19조 각 호의 1에 해당하는 자는 법인의 임원이 될 수 없다.

② 법인의 임원이 제1항의 사유에 해당할 때에는 그 직을 상실한다.

제20조 (임원의 해임) ① 대표이사는 법인의 임원에 대하여 사회복지사업법 제22조의 규정에 의한 보건복지부장관의 해임 명령을 받은 때에는 지체없이 해임하여야 한다.

② 대표이사는 법인의 임원이 다음 각 호의 1에 해당할 때에는 이사회의 의결을 거쳐 해임할 수 있다.

1. 법령, 법인의 정관 또는 규정에 위반한 때
2. 고의 또는 중대한 과실로 법인에 상당한 손해를 끼친 때
3. 직무태만·품위손상 기타 사유로 인하여 임원으로서 적당하지 아니하다고 인정되는 때
4. 기타 임원으로서의 능력이나 자질이 현저히 부족하다고 판단되는 때

제21조 (임원의 직무) ① 대표이사는 이 법인을 대표하고, 제반 사무를 총괄하여 이사회의 의장이 된다.

② 상임이사는 대표이사를 보좌하고, 대표이사가 사고가 있는 때에는 그 직무를 대행한다.

③ 이사는 이사회를 구성하고, 이사회의 권한에 속하는 사항을 심의·의결한다.

④ 감사는 다음의 직무를 행한다.

1. 이 법인의 재산상황과 회계를 감사하는 일
2. 이사회의 운영과 그 업무에 관한 사항을 감사하는 일
3. 제1호 및 제2호의 감사결과, 부정 또는 불비한 점이 있음을 발견하는 때에는 이를 이사회와 주무관청에 보고하는 일
4. 제3호의 보고를 하기 위하여 필요한 때에는 이사회의 소집을 요구하는 일
5. 그밖에 이사회 운영과 그 업무에 관한 사항에 대하여 이사회에 참석하여 의견을 진술하는 일
6. 기타 임원 직무 관련 사항은 이사 매뉴얼을 참조한다.

제22조 (대표권의 제한) 이 법인의 대표이사 이외의 이사는 이 법인을 대표하지 않는다.

제23조 (임원의 대우) 이 법인의 상임이사를 제외한 임원은 명예직으로 하되, 예산의 범위 안에서 임원의 활동에 필요한 실비를 지급할 수 있다.

제24조 (겸직금지) ① 이사는 이 법인의 시설장을 제외한 직원을 겸할 수 없다.

② 감사는 이 법인의 이사, 시설장 또는 직원을 겸할 수 없다.

제4장 이사회

제25조 (이사회의 구성) ① 이 법인에 대표이사 및 이사로 구성되는 이사회를 둔다.

② 감사는 이사회에 출석하여 발언할 수 있다.

제26조 (의결사항) 이사회는 다음 사항을 심의·의결한다.

1. 정관의 변경에 관한 사항
2. 제 규정의 제정 및 개정에 관한 사항
3. 법인 합병 및 해산에 관한 사항
4. 임원 선출에 관한 사항
5. 사업계획·실적 및 예산·결산에 관한 사항
6. 재산의 취득·처분 및 관리에 관한 사항
7. 법인이 설치한 시설의 장의 임면에 관한 사항
8. 법인이 설치한 시설의 운영에 관한 사항
9. 수익사업에 관한 사항
10. 그밖에 법령이나 이 정관에 의하여 이사회의 권한에 속하는 사항

제27조 (이사회의 소집 등) ① 이사회는 정기이사회와 임시이사회로 구분한다.

② 정기이사회는 매년 1월중에 개최하고, 임시이사회는 대표이사가 필요하다고 인정하는 때 또는 재적이사 3분의 1 이상의 서면 요청이 있는 때와 감사의 연서에 의한 요청이 있는 때에 소집한다.

③ 이사회를 소집하고자 하는 때에는 대표이사가 회의 목적을 명시하여 회의 개최 7일 이전까지 각 이사에게 통지하여야 한다.

④ 대표이사는 재적이사 3분의 1 이상이 회의 안건을 명시하여 소집을 요구한 때와 감사가 연서로 소집을 요구한 때로부터 14일 이내에 이사회를 소집하여야 한다.

제28조 (이사회의 개의와 의결정족수) ① 이사회는 이 정관에서 따로 정한 바를 제외하고는 재적이사 과반수의 출석으로 개의하고, 출석이사 과반수의 찬성으로 의결한다.

② 이사회의 의사는 서면결의에 의할 수 있다.

제29조 (의결제척사유) 대표이사 또는 이사가 다음 각 호의 1에 해당하는 때에는 그 의결에 참여하지 못한다.

1. 임원선임 및 해임에 있어서 자신에 관한 사항
2. 금전 및 재산의 수수를 수반하는 사항으로서 임원 자신이 법인과 직접 관계되는 사항

제30조 (이사회 회의록) ① 이사회의 의사에 관하여는 의사록을 작성하여야 한다.

② 의사록에는 의사의 경과·요령 및 결과를 기재하고 의장과 참석이사 전원이 기명 날인하여야 한다.

③ 대표이사는 의사록을 법인 사무실에 비치하여야 한다.

제 5 장 수익사업

제31조 (수익사업의 종류) ① 이 법인은 사회복지사업법 제28조의 규정에 의하여 법인의 목적사업 수행에 지장이 없는 범위 안에서 수익사업을 할 수 있다.

② 제 1항의 수익사업을 경영하기 위하여 대표이사는 이사회의 의결을 거쳐 관리자 또는 책임자를 임명한다.

제32조 (수익의 처분 및 관리) 수익사업에서 얻어지는 순수익은 법인 목적사업에 충당하거나 이사회의 결의에 의거, 특정한 기금으로 적립할 수 있다.

제 6 장 사무조직 및 운영

제33조 (사무국) ① 이 법인의 업무를 처리하기 위하여 법인 사무국을 둔다.

② 사무국의 조직과 운영에 관하여는 별도의 규정으로 정한다.

제34조 (직원) ① 법인 사무국 및 시설에는 필요한 직원을 둔다.
② 직원의 임용·복무·보수 등에 관하여는 별도의 규정으로 정한다.
③ 제2항의 규정에는 종사자의 정년을 규정한 인사규정이 반드시 포함되어야 한다.

제7장 정관 변경 및 해산

제35조 (정관 변경) 이 법인의 정관을 변경하고자 하는 때에는 재적이사 과반수 이상의 의결을 거쳐 주무관청의 허가를 받아야 한다.

제36조 (해산 및 합병) 이 법인을 해산하거나 다른 법인과 합병하고자 하는 때에는 재적이사 4분의 3 이상의 의결을 거쳐 주무관청의 허가를 받아야 한다.

제37조 (잔여재산의 귀속) 이 법인이 해산하는 때의 청산 후 잔여재산은 국가 또는 지방자치단체에 귀속한다.

제8장 공고방법

제38조 (공고의 방법) ① 이 법인의 법령과 정관 및 이사회의 의결에 의하여 공고하여야 할 사항은 일간신문에 싣는다.
② 제1항의 공고기간은 7일 이상으로 한다.

제9장 보 칙

제39조 (준용규정) 이 정관에 규정하지 아니한 사항에 대하여는 사회복지사업법령, 공익법인의 설립·운영에 관한 법령 및 민법과 그 밖의 관계법규를 준용한다.

제40조 (운영규정) 이 정관 시행에 관하여 필요한 사항은 별도의 운영규정으로 정한다.

제41조 (규정의 제·개정) ① 이 법인의 운영과 관련된 주요 규정의 제·개정에 대하여는 이사회의 의결을 거쳐야 한다.
② 제1항의 내용 중, 주요 규정의 여부는 이사회에서 결정한다.

부 칙

① (시행일) 이 정관은 주무관청의 허가를 받은 날부터 시행한다.
② (설립 당시의 임원 선임에 대한 경과조치) 이 법인 설립 당시 발기인 총회에서 선임된 임

원은 이 정관에 의하여 선임된 것으로 본다.

③ (설립 당시의 임원) 이 법인 설립 당시의 임원 및 법인이 사용할 인장은 "표2 내지 3"과 같다.

정관변경인가: 2004. 7. 2. 서울특별시장으로부터 인가 받은 사항은 다음과 같다.

제2조 (명 칭) 이 법인의 명칭은 사회복지법인 꿈·희망·미래 재단(이하 "법인"이라 한다)이라 칭한다.

법인 운영규정

제1장 총 칙

제1조 (목적) 이 규정은 조직운영에 필요한 직무에 관한 사항을 규정하고, 근로기준법의 정신을 기초로 하여 직원의 취업조건을 정함으로써 조직의 질서 유지 및 효율적 운영을 도모함을 목적으로 한다.

제2조 (적용범위) 사회복지사업법 및 시행령 · 시행규칙, 사회복지법인 재무 · 회계 규칙, 근로기준법 및 시행령 · 시행규칙, 정관 외에는 이 규정이 정하는 바에 의한다.

제3조 (직원의 정의) 이 규정에서 직원이라 함은, 제2장에서 정하는 절차에 의하여 정식으로 임명된 정규직 직원을 말한다.

제2장 인사관리

제1절 임용

제4조 (인사위원회) 상임이사가 자문을 요청하는 인사문제를 다루기 위하여 5인의 인사위원회를 조직할 수 있다. 단, 위원장과 상임이사는 당연직으로 하며, 인사위원회는 상임이사의 요청으로 위원장이 소집한다. 이 인사위원회의 위원은 이사회에서 정한다.

제5조 (인사권) 직원의 임 · 면은 대표이사의 재가를 받아 상임이사가 관장한다.

제6조 (인사원칙) 직원의 승진, 승급, 배치전환, 휴직, 징계, 해고, 퇴직 등 인사사항의 결정은 공정성, 객관성을 기한다.

제7조 (보직자의 자격 및 임기) 보직자의 자격 및 임기는 다음과 같다.

1. 부장: 부장은 과장으로 5년 이상 근무한 자 중에서 대표이사의 위임을 받아 상임이사가 임명한다.
2. 과장: 선임사회복지사로 2년 이상 근무한 자 중에서 상임이사가 임명한다.
3. 선임사회복지사: 본 재단에서 1년 이상 근무한 사회복지사로서 4호봉 이상인 자로, 이는 보직은 아니다.
4. 팀장: 팀장을 둘 수 있다.

제8조 (채용의 원칙 및 방법) 직원 채용은 공개경쟁에 의하며, 본 재단이 시행하는 소정의 전형을 거쳐야 한다.

제9조 (수습근무) 1. 신규 채용이 확정된 자는 직원으로서의 적격여부를 시험하고 자질을 갖

추기 위해 3개월간의 수습기간을 둔다. 수습기간의 근무성적 평가 결과, 부적격자는 채용을 취소할 수 있다.

2. 수습기간은 근속년수에 포함한다.

3. 사회복지 경력자로서 특별 임용되는 자는 수습기간을 두지 아니하거나 그 기간을 단축할 수 있다.

4. 졸업 전까지는 정규 직원이 될 수 없으며, 수습기간을 거친 후 정규직원으로 임명된다.

제10조 (제출서류) 직원 채용 시 제출 서류는 다음과 같다.

1. 이력서/사진부착 및 자기소개서 각 1통
2. 주민등록등본 3통/주민등록초본 1통(남자-병역관계)
3. 최종학교 졸업증명서 1통
4. 사회복지사 자격증 사본 1통
5. 교인증명서 1통
6. 건강진단서 1통(지정병원이나 보건소)
7. 재정보증보험 가입서 1통: 경리, 서무-1,000만원/과장 및 팀장-1,000만원
   부장-2,000만원
8. 경력증명서 1통(해당자에 한함)
9. 인사기록카드 작성: 본 재단 소정 양식/사진 부착
10. 기타 법인에서 필요하다고 인정되는 서류

제 2 절 승급 및 전보

제11조 (승급) 1. 승급은 연공승급과 능력승급의 2종으로 구분한다.

2. 연공승급은 1년간 근무성적이 양호한 자로, 능력승급은 상임이사의 제청으로 인사위원회에서 결정한다.

3. 승급은 매년 1월 1일 및 7월 1일자로 시행한다.

4. 호봉 산정 시, 사회복지기관 근무경력과 군복무기간을 인정한다.

5. 징계 처분을 받은 자는 일정 기간 승급을 보류할 수 있다.

제12조 (전보) 업무상 필요에 따라 직원에게 직무의 변경을 명할 수 있다.

제 3 절 인사기록

제13조 (인사기록) 직원의 인사기록은 비밀이 보장되어야 하며, 직원이 신규 임용, 승진, 휴직, 복직, 전보, 징계 등 인사상의 변동이 있을 때에는 지체 없이 이를 해당 인사기록부에 기록하여야 한다.

제14조 (인사기록의 열람) 직원의 인사기록은 직원 각 개인이 원할 때 언제든지 열람할 수 있다. 다만, 열람 장소는 인사기록이 보관되어 있는 정해진 공간에 한정한다.

제15조 (인사기록의 보관) 직원의 인사기록은 소정의 양식에 의하여 개인별로 기록되어 기록철의 형태로 보관하여야 한다.

제3장 복 무

제1절 복무수칙

제16조 (복무수칙의 준수) 직원은 다음의 복무수칙을 준수하여야 하며, 이를 위반할 경우 징계의 대상이 된다. 아래의 각 항 외에 「한국사회복지사 윤리강령」을 준수하여야 한다.

1. 직원은 법인의 정관 및 규정을 준수하며, 상급자의 직무상 명령을 성실히 이행하여야 한다.
2. 직원은 자신의 직무에 성실하며, 본 법인의 직원으로서의 품위를 유지하여야 한다.
3. 직원은 법인의 명예나 위신을 손상시키지 않아야 한다.
4. 직원은 대인관계에 있어 친절하며, 직원 상호간에 협조하여야 한다.
5. 직원은 재직 중, 또는 퇴직 후라도 직무상 취득한 기밀을 누설해서는 아니된다.
6. 직원은 본 법인의 업무 외 업무에 종사하지 않아야 한다. 단, 진학의 경우는 소정의 절차를 밟아야 한다.
7. 직원은 직무와 관련하여 사례증여 및 금전거래 행위를 해서는 아니된다.
8. 직원은 본 법인의 현금, 물품에 손실을 끼치는 경우, 이를 변상하여야 한다.
9. 직원은 근무시간을 준수하고 근무 중 무단이탈을 해서는 아니된다.
10. 직원은 정당, 기타 정치단체의 결성에 관여하거나 이에 가입할 수 없다.
11. 직원의 복무에 관하여 이 규정에 정한 것을 제외하고는 공무원 복무규정을 준용한다.

제2절 휴직 및 복직

제17조 (휴직) 직원이 다음 각 항의 1에 해당될 때는 휴직을 명할 수 있다.

1. 신체 및 정신상의 질병으로 인하여 1월을 초과하여 장기요양을 요할 때
2. 병역 관계법에 의하여 징집 및 소집되었을 때
3. 기타 법률의 규정에 의한 의무를 수행하기 위해 직무를 이탈하게 될 때
4. 일신상의 사정으로 휴직을 청원하여 타당성이 인정될 때
5. 생후 1년 미만의 영아를 둔 직원이 그 영아의 양육을 위하여 휴직(이하 '육아휴직'이라 한다)을 신청하는 경우

제18조 (휴직기간) 1. 전조 1항의 규정에 의한 휴직기간은 1년을 초과하지 않는 범위로 한다.

2. 전조 2, 3항의 규정에 의한 휴직기간은 그 복무기간이 만료될 때까지로 한다.
3. 전조 4항의 규정에 의한 휴직기간은 1월 이내로 한다.
4. 전조 5항의 규정에 의한 육아휴직기간은 1년 이내로 하되, 당해 영아가 생후 1년이 되는

날을 경과할 수 없다. 육아휴직기간은 근속기간에 포함한다.

제19조 (휴직 중 신분) 1. 휴직 중인 직원은 신분은 보유하나 직무에 종사하지 못한다.

2. 휴직 중 본 법인의 승인 없이 타 직무에 종사하지 못한다.

제20조 (복직) 1. 임용권자는 휴직기간 중 그 사유가 소멸되었을 때에는 휴직자에 대하여 복직을 명할 수 있다.

2. 휴직자는 휴직기간 종료일로부터 7일 이내에 복직원을 제출하여야 한다.

3. 휴직자가 복직원을 제출하지 않을 때에는 자연퇴직으로 처리한다.

제21조 (휴직 중 급여) 1. 제17조 1항의 휴직의 경우, 첫 1월은 월 급여액의 전액(직책수당 및 중식 수당 제외)을 지급하고 2월부터는 5할로 한다.

2. 제17조 2,3,4,5항에 의한 휴직기간에는 보수를 지급하지 아니한다.

3. 병역법에 의한 휴직 및 공상으로 인한 휴직과 직원으로서 신분을 존속하는 휴직에 대하여는 근무연수에 산입한다.

제 3 절 퇴직

제22조 (신분보장) 직원은 형의 선고, 징계처분, 또는 규칙에 정한 사유에 의하지 않고는 그 의사에 반하여 휴직, 강임, 면직을 당하지 아니 한다.

제23조 (당연 퇴직) 직원이 다음의 각 호의 1에 해당할 경우 당연 퇴직된다.

1. 사직원을 제출하여 수리되었을 때
2. 정년에 달하였을 때
3. 사망하였을 때

제24조 (해고) 직원이 다음의 각 항의 1에 해당할 때에는 해고할 수 있다.

1. 신체 및 정신상의 장애로 계속 그 직무를 담당할 수 없고 회복의 전망이 없을 때
2. 징계심사에서 면직 처분이 결정되었을 때
3. 휴직기간의 만료 또는 휴직 사유가 소멸된 후에 정당한 이유 없이 복직 요구에 응하지 아니할 때
4. 형사상의 범죄로 금고 이상의 형을 확정 판결 받았을 때
5. 기타 허위 경력 등으로 인사질서를 문란하게 할 때

제25조 (해고 예고) 본 법인의 귀책사유로 인해 직원을 해고시키고자 할 때에는 30일 전에 당해 직원에게 예고하여야 한다.

제26조 (사직원 제출) 직원이 퇴직하고자 할 때에는 특별한 사유가 없는 한, 30일전에 사직원을 제출하여야 한다.

제27조 (징계 심사 회부) 근무기간 동안 시말서를 3회 이상 제출하였을 경우, 징계심사에 회부될 수 있다.

제28조 (휴직 및 복직) 직원에 대해 해당 규정에 의해 휴직 및 복직을 시행할 수 있다.

제29조 (정년) 1. 직원의 정년은 만 60세가 되는 당월 말로 한다.

제 4 절 근무 및 휴게

제30조 (근무시간) 1. 직원의 일상 근무시간(시업과 종업시간)은 다음과 같다.

2. 3월부터 10월까지는 09:00-18:00로 하며, 11월부터 익년 2월까지는 09:00-17:00로 한다.

3. 근무시간은 휴게시간(통상 12:00-13:00)을 제하고 1일 8시간, 1주 44시간을 원칙으로 한다(주5일제/주 40시간 근무제가 도입되면 그러하지 아니하다). 단, 식사시간은 휴게시간에 포함된다.

4. 업무의 특성에 따라 근무시간과 휴게시간을 변경, 조정할 수 있다.

제 5 절 출근 및 결근

제31조 (출근) 직원은 시업시간 전에 출근하여 출근부에 날인하여야 한다.

제32조 (결근계 제출) 1. 직원이 질병 기타 부득이한 사유로 결근하고자 할 때는 소정의 절차에 따라 결근계를 전일 정오까지 제출하여야 한다. 다만, 예기치 못한 사유로 출근하지 못하는 때에는 유선, 기타 방법으로 그 사유를 상급자에게 연락, 보고하고 익일 또는 다음 출근과 동시에 결근계를 제출하여야 한다.

2. 병고로 계속 5일 이상 결근 시에는 의사의 진단서를 첨부하여야 한다.

3. 잔여휴가가 있을시, 휴가일수에서 결근일수를 제한다. 다만, 결근계를 제출하지 않았을 때에는 무단결근으로 간주하며, 무단결근 1일은 연가 3일로 간주한다.

제33조 (외출 및 조퇴) 직원이 질병 및 기타 사유로 인하여 조퇴 혹은 외출하고자 할 때는 상급자의 허락을 받는다.

제 6 절 휴일 및 휴가

제34조 (주휴일) 본 법인은 매주 일요일을 주휴일로 정하고 소정의 근로일수를 개근한 자에 대하여 유급으로 한다.

제35조 (정휴일) 본 법인은 국가가 정한 휴일 및 본 법인의 설립기념일(3월 7일)을 정휴일로 하고 유급으로 한다.

제36조 (기타) 1. 전 조항의 각 휴일을 다른 날로 변경할 수 없다.

2. 업무처리상 긴급을 요한다고 인정하는 때에는 통상 근무시간 외에도 소관업무를 수행하여야 한다.

3. 주휴일과 국가가 정한 법정 공휴일이 중복될 경우에는 주휴일 만을 인정한다.

4. 휴일 근무에 대하여 임금을 지급하는 것에 갈음하여 휴가를 부여할 수 있다.

제37조 (연·월차 휴가) 1. 본 법인은 월간 통상 근무일수를 개근한 자에게 1일의 월차 유급휴가를 준다.

2. 본 법인은 연간 개근한 자에게는 10일, 90% 이상 출근한 자에게는 8일의 연차 유급휴가를 준다. 미사용 월·연차 휴가는 수당으로 지급하지 않는다.
3. 직원의 월차유급휴가는 월1회 사용을 원칙으로 한다. 다만, 연차가 발생하지 않는 직원의 경우 자유의사에 따라 1년간에 한하여 적치하거나 분할하여 사용할 수 있다.
4. 여름휴가는 연차휴가를 사용하되, 5일이상의 휴가를 계획하여 심신의 휴식을 취하도록 한다.
5. 1항 및 2항의 연·월차휴가는 1년간 행사하지 아니한 때에는 소멸된다.
6. 휴가의 산출기간은 다음과 같다.
  1) 월차휴가: 매월 1일부터 말일까지 만근 시
  2) 연차휴가: 매년 1월 1일부터 12월 31일까지 만근 시(다만, 연차휴가는 각 직원의 발령일자로부터 만 1년으로 한다)
7. 규정으로 정한 휴가 및 업무상 질병, 또는 본 법인의 귀책사유로 휴업한 기간은 출근한 것으로 본다.

제38조 (특별휴가 및 경조휴가) 1. 직원이 다음의 각 호의 1에 해당할 때는 특별휴가(공가)를 주며, 유급으로 한다.
  1) 병역관계법에 의하여 근무소집 및 동원되는 기간
  2) 공민권 행사 또는 공적직무를 집행하기 위한 기간
  3) 근무 중에 신체적 사고를 당하였을 경우, 치료를 요하는 기간
  4) 천재지변, 교통차단, 기타 사유로 출근이 불가능할 때
2. 직원이 다음의 각 호의 1에 해당할 때는 본인의 청구에 따라 경조휴가(청가)를 주며, 유급으로 한다. 경조에 따른 비용지급은 별도의 세칙(경조비 규정)에 따른다.
  1) 본인의 결혼: 근무일 6일(주5일제/주 40시간 근무제가 시행되는 때에는 근무일 5일로 한다)
  2) 자녀의 결혼: 근무일 2일
  3) 형제의 결혼: 근무일 1일
  4) 부모, 배우자, 자녀의 상: 근무일 5일
  5) 형제의 상: 근무일 3일
  6) 조부모의 상: 근무일 2일
  7) 백숙부모의 상: 근무일 1일

다만, 형제의 결혼 경우, 행사일이 공휴일과 중복될 때는 별도의 휴가를 할 수 없다.

3. 직원이 재화를 당하였을 때는 사정에 따라서 1-5일의 특수휴가를 줄 수 있다.
4. 임신 중의 여성 직원에 대하여는 산전후를 통해 90일의 보호휴가를 주어야 한다. 이 경우, 휴가기간의 배치는 산후에 45일 이상이 확보되어야 한다. 최초 60일은 유급으로 한다.
5. 여성 직원의 경우 월 1일의 생리휴가를 할 수 있다(주5일제/주 40시간 근무제가 시행되는 때에는 그러하지 아니하다).

제39조 (휴가신청) 1. 휴가를 얻고자 하는 직원은 소정의 절차에 따라 휴가 3일 전에 신청하여 상급자의 허가를 받는 것을 원칙으로 한다.
2. 휴가는 근무성적에 영향을 미치지 아니한다.

제7절 출장 및 사무인계

제40조 (출장명령) 본 법인은 업무상 필요에 따라 직원에게 출장을 명할 수 있다.

제41조 (출장보고서) 출장자가 귀임하였을 때는 귀임 후, 출장보고서를 제출하여야 한다.

제42조 (여비) 출장비는 별도의 세칙(여비규정)에 따른다.

제43조 (사무인계 인수) 1. 직원이 퇴직, 휴직, 직무이동 등 변동이 있을 때는 담당 사무에 대한 서류, 물품, 금품 및 미결사항을 상세히 열거한 인계 인수서를 작성한다.
2. 사무인계 인수 시 차상급자가 입회, 날인한다.

제4장 임 금

제1절 보수

제44조 (급여결정의 원칙) 1. 직원의 봉급은 월급제로 하고 급여는 서울시의 사회복지시설 종사자 급여 권고안을 기준으로 본 법인의 급여체계를 수립한다.
2. 급여는 통상 임금인 기본급과 제 수당으로 구분한다.

제45조 (계산 및 지급) 기본급과 제 수당을 산출의 근거로 하여 연봉을 산출한 후, 12월로 나누어 1일부터 말일까지의 임금을 매월 25일에 지급한다. 지급일이 휴일일 때는 그 전일로 한다.

제46조 (신입 및 퇴직자의 급여) 신규 임용자 및 퇴직자, 기타 신분변동이나 직무변경 시, 급여 계산은 다음의 방법에 의한다.
1. 신규 임용자의 당월 급여는 출근일로부터 일할 계산한다.
2. 사망 시에는 당월 급여를 전액 지급한다.
3. 휴직 시에는 일할 계산하나, 10일 이상 근무한 경우에는 당월 급여를 전액 지급한다. 다만, 임용된 지 2년 미만인 자는 일할 계산한다.
4. 2년 이상 근무한 정규직원이 퇴직할 경우, 당월 10일 이상 근무한 경우, 당월 전액을 지급한다.

제47조 (제 수당) 수당의 명목과 기준은 이사회의 결의를 거친다.

제48조 (급여의 지급 방법) 직원의 급여는 각 직원의 개인 통장에 무통장 입금한다. 급여명세에 관해서는 매년 책정되어 3월에 각 직원에게 배부되는 본 법인의 급여표를 참조한다.

제49조 (임금대장) 법인은 직원 개인별 임금대장을 비치하고, 필요에 따라 각 직원은 자신의 임금대장을 열람할 수 있다. 다만, 열람하는 장소는 임금대장이 비치, 보관되어 있는 공간에

한한다.

제50조 (비상시 지불) 법인은 직원이 출산, 질병, 재해, 기타 대통령령이 정한 비상한 경우의 비용에 충당하기 위하여 청구하는 경우에는 지급 기일 전이라도 기왕의 근무에 대한 임금을 지급할 수 있다.

제51조 (휴업수당) 법인의 귀책사유로 휴업하는 경우에는 당해 직원에 대하여 평균임금의 100분의 70 이상의 수당을 지급한다.

제 2 절 퇴직금 및 상여금

제52조 (퇴직금) 직원이 1년 이상 계속 근무하고 퇴직할 때는 계속 근무년수 1년에 대하여 평균 임금 30일분을 퇴직금으로 지급한다.

제53조 (상여금) 법인은 서울시 사회복지시설 종사자 급여 권고안에 준한 본 법인의 급여체계에 의하여 직원에게 상여금을 지급한다. 다만, 해당 기간 중 징계처분을 받은 자는 지급을 하지 않거나 제한할 수 있다.

제 5 장 상 벌

제54조 (포상) 1. 직원이 본 법인의 업무상 특별한 공로가 있을 때는 이사회의 결의로 표창한다.

2. 본 법인은 부장이 만6년을 근속한 경우, 1년 이내에 1개월의 연수월을 갖는다. 연수월은 유급 휴가로 한다.

제55조 (징계) 직원이 본 법인의 정관 또는 규정을 위배하거나 직무에 태만하였을 경우, 징계할 수 있다.

제56조 (징계의 종류) 징계는 다음의 5종으로 구분, 실시한다.

1. 견책: 시말서를 제출하게 하고 경고 조치한다.
2. 근신: 15일 이내로 한다.
3. 감봉: 1회 사범은 평균 임금 1일 분의 50% 이내에 한하며, 수회 사범에 대하여는 그 총액이 임금 지급 시에 있어서의 임금 총액의 10%를 초과하지 않는다.
4. 정직: 3개월 이내로 하며, 담당 직무에 종사하지 못한다. 정직기간은 직원의 신분은 보유하나 급여는 지급하지 아니 하며, 근속년수에는 포함한다.
5. 면직: 면직 확정일로부터 30일 후에 해고한다.

제6장 처 무

제57조 (업무집행) 1. 모든 업무는 원칙적으로 상임이사의 결재를 받아 집행한다. 다만, 상임이사가 부장에게 위임한 사안은 부장의 결재로 집행할 수 있다.

2. 모든 결재 시, 결재 일자를 기입하고 서명을 함으로써 결재를 하였음을 표시한다.

3. 상임이사의 유고 시, 이사회의 결의에 따라 지명된 사람이 대리 집행할 수 있다.

4. 본 법인의 대표이사의 직무권한 및 상임이사의 국, 부장에 대한 위임전결 사항은 별도의 세칙(위임전결규정)으로 정한다.

5. 전결권자는 위임된 전결사항에 대해 책임을 져야하고, 전결 처리한 사항 이 업무수행 상 필요하거나 중요하다고 인정되는 것은 상급자에게 보고하여야 한다.

제58조 (문서처리) 1. 문서를 접수하였을 때는 즉시 공문접수대장에 기입하고 공문접수철에 철한다.

2. 문서를 발송할 때는 즉시 공문발송대장에 기입하고 공문발송철에 철한다.

3. 공무상의 모든 발신 문서는 대표이사의 명의로 발송하여야 한다.

4. 직원은 상급자의 허가 없이 어떠한 문서이든 외부인에게 내어 주어서는 아니 된다.

5. 기밀을 요하는 문서는 상임이사가 맡아서 보관한다.

6. 문서보존에 관한 사항은 '문서보존연한규정'에 따른다.

제59조 (회계) 1. 법인의 회계연도는 1-12월로 한다.

2. 회계는 일반회계와 특별회계로 구분한다.

1) 일반회계라 함은 법인 고유의 업무에서 발생하는 모든 거래를 처리하는 회계를 말한다.

2) 특별회계라 함은 일반회계 상에서 발생하는 거래 이외의 거래로서 발생하는 모든 거래를 처리하는 회계를 말한다.

제60조 (경리) 1. 금액의 다소와 과목을 막론하고 결재 없이는 출납하지 못한다.

2. 출납에 사용되는 전표는 다음과 같다.

1) 수입결의서

2) 지출결의서

3) 예금인출결의서

3. 결의서에는 계정과목을 표시하여야 한다.

4. 전표에는 증빙서류를 붙여야 한다.

5. 영수증을 발행할 경우에는 복사를 요한다.

6. 출납이 끝난 전표는 기장 정리 후, 보관한다.

7. 증빙서류는 원본으로 구비하여야 한다.

8. 회계 담당자는 매월 세입·세출 결산서를 작성하여야 한다.

9. 결산 시, 장부와 현금에 착오가 있을 때에는 그 사유여하를 막론하고 담당 직원이 이를 변상해야 한다.

10. 회계결산에 잉여가 생겼을 때에는 이를 가수금으로 처리하고 상임이사의 지시를 받아야 한다.

11. 경리사무 처리를 위하여 다음의 장부를 비치 · 정리한다.

1) 현금출납부
2) 수입 · 지출결의서
3) 예금인출결의서
4) 총계정원장
5) 퇴직적립금장부
6) 특별장부

제61조 (전도금) 1. 당해 예산에 편성되어 있는 소액의 지출을 위해 전도금을 교부할 수 있다 이 전도금은 가지급금으로 처리하고 당해 회계연도 말에 정산한다.

2. 전도금을 취급하는 직원은 지급받은 전도금에 대해 특별한 경우를 제외하고는 지출결의에 의해 업무를 처리하는 것을 원칙으로 한다.

제62조 (장부의 기재원칙 및 오기 정정) 1. 오기의 정정은 정당한 정정절차에 의하여야 한다.

2. 장부의 오기 사항은 해당부분을 적색 2평행선으로 말소하고, 그 위에 담당자의 작은 도장을 찍음으로 정정을 표시 한다.

3. 장부가 전면 오기되었거나 공백인 때에도 위의 2항에 준한다.

4. 금액은 일행 중 일부가 오기일지라도 그 행 전부를 정정하여야 한다.

제63조 (장부의 검열) 1. 예산관리자는 매월 장부 기입을 검열하여야 한다.

2. 예산집행 책임자인 상임이사는 매월 월별 세입·세출결산서를 검토하고, 결재하여야 한다.

제64조 (수입과 지출의 원칙) 1. 회계는 일일회계를 원칙으로 한다.

2. 출납의 마감시간은 업무 종료 전으로 한다.

3. 현금 시재액은 매일 책임자가 검사한 후 보관하여야 한다.

4. 모든 수입은 당일 입금함을 원칙으로 한다. 다만, 은행업무 종료시간을 감안하여 오후의 수입금은 익일 오전에 처리할 수 있다.

제65조 (물품) 1. 물품관리담당자는 사업의 목적과 용도에 따라 적절하게 물품을 사용, 관리한다.

2. 물품관리를 위해 비품대장을 비치하고 물품의 취득, 불용에 대한 기록을 유지하고 연 1회 상급자에게 보고한다.

제 7 장 직제 및 업무분장

제66조 (계통과 직제) 1. 법인에는 대표이사, 이사, 감사로 구성된 이사회와 법인의 업무를 처리하기 위한 사무국을 둔다. 사무국의 조직과 기능은 다음과 같다.

1) 상임이사: 상임이사는 이사회의 인준을 거친 자로 대표이사가 위임한 법인의 제반 운영에 대해 책임을 진다. 상임이사는 법인운영규정이 정하는 바에 따라 직원을 임용하고 보직을 부여한다.

2) 국장: 상임이사의 업무를 보좌하고 상임이사의 명을 받아 법인행정 업무를 처리하며 부장, 과장 및 직원의 업무를 지도감독 한다.

3) 부장: 부장은 국장의 지도감독 하에 과장 이하 직원의 업무를 지도한다.

4) 과장: 과장은 부장의 지도감독 하에 직원의 업무를 지도한다.

5) 직원: 직원은 정규직을 의미한다. 정규직 외에 사업의 특성에 따라 계약직, 전일제 임시직, 시간제 임시직을 둘 수 있다.

2. 특별한 사안이 발생하는 경우 이사회의 결의에 의하여 한시적으로 특별 소위원회를 구성하여 위임된 사항을 심의, 처리할 수 있다. 이 위원회에는 분야별 전문가를 위원으로 위촉할 수 있다.

제67조 (업무분장) 1. 각 직원의 업무분장은 매년 작성되는 업무규정과 직무기술서에 의한다.

2. 본 법인의 사업은 사회의 요구에 따라 변동될 수 있고, 변동되는 대로 업무분장이 달라질 수 있다.

제 8 장 교육훈련

제68조 (교육훈련) 본 법인은 직원의 자질향상을 위해서 필요한 교육이나 훈련을 실시한다.

1. 진학: 직원은 자질 향상과 사업의 전문성 증진을 위해 대학원 석사과정에 진학할 수 있다. 다만, 정규직 직원으로서 본 법인에서 3년 이상 근무한 자에 한한다. 세부사항은 별도의 '진학규정'에 따른다.
2. 해외연수
3. 국내연수

제 9 장 보 건

제69조 (건강진단) 직원은 임용 시와 임용 후 2년에 1회, 본 법인의 지시에 따라 건강진단을

받아야 한다.

제70조 (결과조치) 1. 본 법인은 건강진단의 결과에 따라 직원의 보건 상 필요한 조치를 취하며, 직원은 이에 순응하여야 한다.

2. 본 법인은 전염병, 정신질환 또는 근무로 인하여 병세가 악화될 우려가 있는 질병에 걸린 직원을 의사의 진단에 따라 취업을 금지시킨다.

제71조 (요양보상) 직원이 업무상 부상 또는 질병에 걸린 때에는 법인은 필요한 요양을 행하게 하고 요양비를 부담한다. 업무 상 재해 시, 연차휴가는 영향을 받지 않는다.

제72조 (휴업보상) 전조의 규정에 의하여 요양 중에 있는 직원에 대하여 법인은 직원의 요양 중 평균임금의 100분의 60을 휴업보상으로 지급한다.

제73조 (장해보상) 직원이 업무상 부상 또는 질병에 걸려 완치 후 신체에 장해가 있는 경우에는 그 장해 정도에 응하여 근로기준법에서 정한 보상을 한다.

제74조 (유족보상) 직원이 업무상 사망한 경우에는 법인은 그 유족에 대하여 평균임금의 1,000일분의 유족보상을 행한다.

제75조 (장의비) 직원이 업무상 사망한 경우에는 법인은 평균임금의 90일분의 장의비를 지급한다.

제76조 (일시보상) 업무상 질병이나 부상으로 보상을 받은 직원이 요양개시 후 2년을 경과하여도 부상 또는 질병이 완치되지 아니하는 경우에는 평균임금의 1,340일분의 일시보상을 행하여, 그 후 근로기준법에 의한 모든 보상 책임을 면할 수 있다.

제10장 기 타

제77조 (준용규정) 본 규정에 명시되지 아니한 사항은 관계 법령과 사회의 통상관례에 따른다.

부 칙

이 규정은 2001년 3월 3일부터 시행한다.

이 규정은 2006년 3월 16일에 이사회 결의를 통해 개정하였다.

연　　혁

2001년

2.19	1기 장학생 선정 (고등학생 29명, 대학생 43명)
2.28	제1회 장학생 모임 개최
5.22	재단소식지 제1호 소식지 발생
8. 1	2기 장학생 선정 (고등학생 86명, 특별장학생 11명)
8.13-15	제1회 장학생 캠프 "꿈 · 희망 · 미래" 개최
8.16	임시이사회 개최
9.22	제1회 대학생 모임 개최

2002년

1.29-31	01년 BB/BS활동우수 장학생 여행 (장소: 제주도/참가: 장학생 15명)
3. 1	3기 장학생 선정 (고등학생 33명, 대학생 11명, 특별장학생 15명)
6. 1	4기 장학생 선정 (고등학생 1명, 대학생 1명) 선정
7. 1	연변사무소 개소(중국 연길시 연변과학기술대학 內)
11. 9	제1회 연변고중학생 모임 개최

2003년

3. 1	5기 장학생 선정 (고등학생 32명)
2.13	사회복지법인 설립허가 취득
8. 1	학교사회사업 프로그램 지원
11.1	미신고 장애인시설 지원

2004년

3. 1	6기 장학생 선정 (고등학생 34명)
7. 2	사회복지법인 꿈 · 희망 · 미래 재단으로 재단명 변경
5.10	사회복지(사업)전공 대학생 자원봉사활동 지원
7. 1	북한이탈청소년 멘터링 프로그램 지원

2005년

3. 1	7기 장학생 선정 (고등학생 32명)
3.15	가족기능강화 프로그램 지원

2006년

2.	8기 장학생 선정(고등학생 32명)
4.	북한이탈청소년 대안학교(셋넷학교 지원)

조 직 도

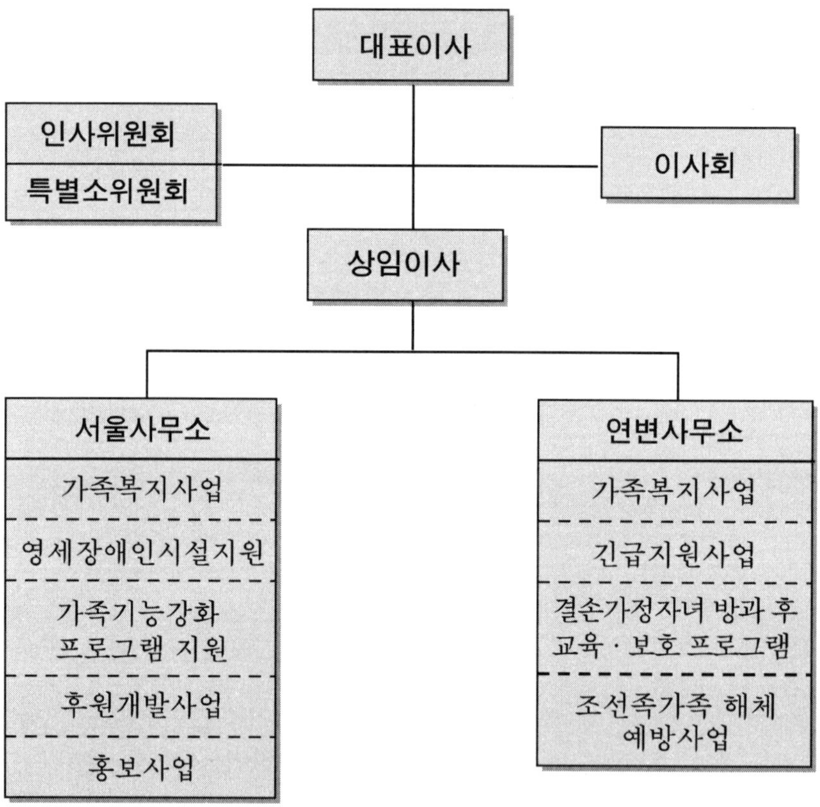
대표이사
인사위원회
특별소위원회
이사회
상임이사
서울사무소
가족복지사업
영세장애인시설지원
가족기능강화
프로그램 지원
후원개발사업
홍보사업
연변사무소
가족복지사업
긴급지원사업
결손가정자녀 방과 후
교육 · 보호 프로그램
조선족가족 해체
예방사업

업무규정

〈서울사무소〉

담당자명	직위	담당 업무
김**	부장	· 장학생 선정 및 관리 / 장학생 취업 지도 · 대학생·졸업생 모임 지도 · 장학생 캠프 기획 및 진행 · 사회복지전공 대학생 자원봉사활동 수퍼비전 · 장애인시설 지원 대상 선정 · 기부자 개발과 관리 · 홈페이지 관리 · 법인 행정 업무
김**	선임사회복지사	· 장학생 선정 및 관리 / 장학생 취업 지도 · 장학생 모임 기획 및 진행 · BB/BS활동 지도 · 가족기능강화· 북한이탈청소년 프로그램 지원 · 긴급 지원사례 관리 · 기부자 관리 · 재단소식지 발행

〈연변사무소〉

담당자명	직위	담당 업무
박**	소장	· 장학생 선정 및 관리 / 장학생 취업 지도 · 대학생·졸업생 모임 지도 · 장학생 캠프 기획 및 진행 · 조선족 동포 가족지원사업 사례관리 · 지역사회봉사학교 운영 · 홈페이지 관리
박**	프로그램 담당자	결손가정 자녀 방과후 교육·보호 프로그램

주요사업

가족복지사업

1. 학업지원서비스

□ 학비지원을 통해 청소년들이 경제적 어려움으로 인한 곤란 없이 학업에 충실할 수 있도록 격려

□ 청소년들이 희망을 가지고 자신의 미래를 구체적으로 설계할 수 있도록 지지 · 지원

□ 졸업 후, '희망나눔'을 통한 기부문화 조성

(희망나눔 : 대학 졸업 후 취업을 통해 경제적 안정을 이룬 후, 일정 금액을 재단에 기부함으로써 후배를 지원하는, 후배에게 희망을 전하는 특별한 기부)

2. BB/BS(Big Brother/Big Sister) 사업

□ 장학생으로 선정된 대학생, 고등학생을 형제 · 자매로 결연하여 서로에게 지속적인 관심과 지지를 보이고 따뜻하게 격려해 줌으로써 서로의 성장 · 발달에 상호 기여하도록 활동 지원

□ 활동 우수팀 해외봉사활동 기회 제공

3. 집단활동프로그램

집단활동을 통하여 재단의 소속감과 긍지를 높이고 장학생으로서의 역할을 수행할 수 있는 기회 제공

□ 캠프-"꿈 · 희망 · 미래"

□ 소집단활동-대학생 모임/문화체험, 자원봉사활동, 여가선용 프로그램

4. 긴급지원서비스

장학생 및 장학생 가정에 발생한 긴급 상황에 대해 경제적 · 심리적 서비스를 제공하여 가족이 처한 위기를 극복하도록 지원

□ 현금 및 현물지원

□ 사후지도 및 관리

□ 가족해체 예방 및 가족기능 간화

지 원 사 업

1. 시설지원사업

□ 미신고 장애인시설 지원

□ 재정자립이 어려운 시설 및 단체 지원

2. 사회복지프로그램 지원사업

사회복지 전문프로그램에 대한 직·간접적인 지원을 통해 사회복지 서비스의 질적 향상과 전문성 향상에 기여

□ 가족기능강화 프로그램 지원

□ 북한이탈청소년 멘터링 프로그램 지원

□ 사회복지(사업)전공 대학생의 미신고 복지시설 봉사활동 지원 및 전문적 수퍼비전 제공

3. 연변사업

중국 연변조선족자치주에 사회복지사를 파견, 사회복지서비스의 전문성 증진에 기여

□ 학업지원서비스-중국 연변, 동북3성(길림성, 요령성, 흑룡강성) 지역의 초·고중학생, 대학생, 직업훈련학교 학생을 대상으로 학비 지원

□ BB/BS활동

□ 긴급지원서비스-현금·현물지원, 심리적 지지, 모니터링

□ "중국 연변 지역 조선족 아동 방과후 교육· 보호 프로그램"-사회복지공동모금회 지원

□ 연변인민출판사 발행잡지「중학생」의 윤동주 문학상 지원

□ 대북지원사업-함경북도 라진어린이집 운영비 지원

□ 지역자원봉사학교 운영

□ 조선족 동포 가족지원사업

기 타 사 업

1. 홍보사업

홈페이지 운영, 연 2회(3, 9월) 소식지 발행/연 보고서 발행

2. 후원사업

후원자 개발과 관리

취업한 졸업생의 "희망나눔" 관리

이사회의 구성

◇ 관련규정: 정관 제3장 제15조 ~ 24조

직 위	성 명	임기
대표이사	김**(** 기업 대표)	2003. 3. 7~2006. 3. 6
상임이사	김**(**대학교 사회복지학과 교수)	2003. 3. 7~2006. 3. 6
이 사	신**(**사회복지기관 대표)	2003. 3. 7~2006. 3. 6
이 사	양**(**캐피탈 대표)	2003. 3. 7~2006. 3. 6
이 사	이**(**사회복지회 원장)	2003. 3. 7~2006. 3. 6
이 사	정**(**대학교 사회복지학과 교수)	2003. 3. 7~2006. 3. 6
감 사	김**(**회계법인 대표)	2005. 3. 7~2007. 3. 6
감 사	최**(**사회복지법인 이사)	2005. 3. 7~2007. 3. 6

이사회의 책임과 임무

(The Responsibilities and Duties of Trustees)

◇ 관련규정: 정관 제4장 제24조 ~ 30조

본 재단은 현재 고문 이사회 모델을 표방하고 있으며, 정책이사회 모델을 일부 지향하고자 합니다.

1. 사회복지법인 꿈 · 희망 · 미래 재단(이하 재단)의 이사는 자신의 전문적 지식과 경험을 제공함으로써, 재단이 전문적 사회복지서비스의 실천을 통해 설립 이념을 구현할 수 있도록 적극적으로 협조하여야 한다.

2. 이사의 임기는 3년으로 1회 연임할 수 있으며, 보선에 의해 선임되는 이사의 임기는 잔임기간이다.

3. 이사는 정기이사회 및 임시이사회에 반드시 참여하여야 한다.

4. 이사는 재단의 주요 정책 결정 과정에 참여하여야 한다.
   1) 재단 운영에 관련한 정관 및 운영 규정, 기타 필요한 제 규정을 연1회 이상 검토한 후 필요시 이에 대한 수정 · 보완을 요청하여야 한다.

5. 이사는 재단의 설립이념 구현을 위한 사업방향을 제시하여야 한다.
   1) 연1회, 연사업계획을 검토하여 각 사업의 목적과 목표 및 예산 배정의 적절성, 필요성, 실현 가능성을 검토하여야 한다.
   2) 임기 중 1회 이상 재단의 중 · 장기 발전 방향을 구체적으로 제시하고, 계획 수립 과정에 참여하여야 한다.

6. 이사는 재단에 재정적으로 기여하여야 한다.
   1) 재단의 기금조성 상황을 파악하고 기금조성 계획수립 과정에 참여하여야 한다.
   2) 기금조성을 위한 지역사회 인적 · 물적 자원 개발 및 동원에 적극적으로 임하여야 한다.
   3) 매년 일정 금액을 기금조성을 위해 기부하여야 한다.

7. 이사는 재단의 사업홍보를 위해 지역사회와 의사소통 할 수 있어야 한다.
   1) 재단의 설립 이념, 비전, 사업 방향, 주요사업내용을 숙지해야 하며 대외적으로는 재단의 입장을 대변할 수 있어야 한다.
   2) 재단사업과 관련된 지역사회의 의견이 재단사업에 반영될 수 있도록 조정자, 전달자의 역할을 할 수 있어야 한다.
   3) 재단의 대외 이미지를 제고시킨다.

8. 이사는 연사업계획에 따라 진행되는 사업수행 일정 및 내용에 지속적인 관심을 가져야 하며 필요시, 참여하여야 한다.

9. 이사는 재단 직원에 대한 인사권을 행사할 수 없다.

10. 재단의 사업과 관련한 업무를 수행할 경우, 필요한 경비를 실비로 지급한다.

그 외,
1) 본 재단에 중요한 기여를 할 수 있는 후보이사를 이사회에 소개한다.
2) 필요 시, 특별소위원회에 참여하여 안건을 심의한다.
3) 재단의 사명, 주요사업, 프로그램에 대해 지속적으로 알아간다.
4) 이사회 또는 위원회 모임 전에 안건이나 보조 자료를 미리 살피고 읽어온다.
5) 직원들에게 개인적인 청탁을 하지 않는다.
6) 공사(公私)의 이해충돌과 관련한 재단의 정책을 준수한다.

〈부록〉

1. 최근 3차의 이사회 회의록
2. 작년도 사업실적보고서 및 결산서
3. 당해연도 사업계획서 및 예산서
4. 법인설립허가서 사본
5. 법인 등기부등본 사본 각 1부

* 비고 : 위 〈부록〉의 다섯 가지 서류들을 이사 매뉴얼에 함께 철하는 이유는, 이사들로 하여금 조직의 전반적인 상황을 충분히 이해하고, 이사로서의 책무를 촉구하기 위한 것임.

찾아보기

〈사항〉

[ㄱ]

가치 26, 30
가치 경쟁적 리더십 210
가치 지향성 204
가치전제 115, 132, 136
감정이입 274
감정이입적 개입 217
개발문화 222, 223
개별사회사업 153
개별수퍼비전 126
개별화된 배려 217, 219
개인적 기능 283
개인적 욕구 281
거래적 리더십 217
결과목표 80, 81
경로-목표 이론 203
경영이론 234
경제성 241
경제적 복리후생 101
경제정의 188
계열 항목식 예산편성 165
고객 39, 40
고객지향성 38, 42
고문 이사회 모델 250
고문형 이사회 모델 251
공공 서비스 50, 76
공공 서비스 사명 51
공공성 26
공식적 목표 25
공식적 의사소통 92, 93
과업 지향적 리더 206
관료적 조직 118
관료제 117
관리 15, 38
관리격자 이론 201
관리자 40
관리체계 모델 256
관심도와 수용성 93
교육 · 훈련 183
교육 · 훈련 실시 41
교육적 수퍼비전 113, 122, 123
구조주도 행동 199, 200
국민기초생활보장법 210
규범적 욕구(normative need) 269
근무성적평가 102, 265
기관 실습지도 141
기금모금 253
기능적 예산편성 161
기본평가서 134
기부문화 179
기부자-투자자 180
기술 26
기획 73, 227
기획과정 27, 89
기획단계 175
기획모델 78
꼬마 P.P.B.S. 162

[ㄴ]

내부지향 212

능력부여 38, 39

[ㄷ]

대리책임 121
델파이 방법 88
동기부여가 212
동료 수퍼비전 275
동의 달력 89

[ㄹ]

리더십 15, 20, 30, 171
리더십 대체물 이론 204
리더십 상황 204
리더십 유형 201
리더십 측정 202
리더십 통합모형 211

[ㅁ]

마케팅 172
명료성 93
모금 역량 176
모금전문가 182
목표 달성가 213
목표달성 24, 28, 190
목표설정 27, 73
목표지향 · 지휘적 유형 213
문제해결과정 42
문제해결능력 41, 42
미국 정부회계기준이사회(GASB: Governmental Accounting Standards Board) 240
미국사회사업교육협의회 130
미션 29, 229
미시간 연구 201
민간재원 236
민간전달체계 63, 67

[ㅂ]

발전기금조성 176
배려 · 지원적 유형 212
배려행동 199
배포성 93
법인 운영규정 259
법인회계 160
법정 복리후생 100
법정 외 복리후생 100
변혁적 리더십 217
변화 지향적 리더 205
변화매개자 121
병리적 문화 224
보상 100
보상 수준 101
보상관리 101
보상체계 101
보수 · 신중적 유형 212
보호자 모델(Patron Model) 251
복리후생 100
복식부기 159
부가급부 101
분기별 사업계획서 28, 35
분석가 212
브레인 스토밍(brain storming) 247
비공식적 의사소통 93
비밀보호 정책 247
비영리기관의 기금조성 172
비영리기관의 마케팅 171, 180
비영리조직 30, 38, 42, 48, 101, 229
비영리조직 리더 194
비영리조직 마케팅 48
비영리조직경영 30
비영리조직의 모금 168
비전 29
비전제시가 212
비정형화된 의사결정 86, 87

[ㅅ]

사례 관리 29
사례회의 108, 126
사명 48
사명선언서 54
사명수 49
사명헌장 41, 231
사업계획서 34, 49, 259
사업평가서 49
사회문제 24, 25, 207
사회문제해결 63
사회복지 서비스 17, 18, 24, 68, 115, 267
사회복지 서비스 전달체계 62
사회복지 욕구 25
사회복지 욕구조사 267
사회복지공급 주체 213
사회복지공동모금법 181
사회복지법인 30, 231
사회복지사 윤리강령 22, 149, 245
사회복지사업법 30, 159, 169, 213, 248
사회복지사의 책무성 245
사회복지서비스 25, 208
사회복지욕구 232, 236
사회복지전달체계 63
사회복지정책 18, 62
사회복지주직 17, 18, 23, 25, 42, 75
사회복지행정 15, 16, 17, 116, 227
사회복지행정가 17, 20, 68, 187, 189, 210
사회복지행정의 과제 19
사회복지환경 187, 189, 194, 207, 210, 221
사회사업(복지) 전문직 17, 112
사회사업의 가치전제 24, 26
사회사업의 전문성 26
사회사업행정 16, 17
사회적 기능 130
사회적 단위 23
사회적 목표 18
사회적 욕구 268
사회적 욕구 충족 19
사회적 적절성 65
사회정의 67, 188
사회지표 271
사회행정 17
사후지도체계 237
산출 240
3개월 사업계획서 36
상대적 욕구(relative need) 269
상향식 의사소통 92
상호교류 프로그램 108
상황이론 202
상황적 보상 218
상황적합 이론 203
생산성 210
서비스 공급 주체 66
서비스 기술 25
서비스 대상자 26
서비스 전달체계 30
서비스계약 구매방식(POSC: Purchase Of Service Contracting) 240
서비스의 경쟁력 강화 65
서비스의 접근용이성 19
서비스의 질 38, 43
선형기획 78
설립 취지 29
설립이념 24, 25, 40, 168
성과 240
성찰적 사회복지행정 219
소비자 주권(consumer sovereignty) 의식 235
소진 103
소집단 투표 89
수익사업회계 160
수익창출 76
수직적 의사소통 91
수퍼바이저 85, 96, 112
수퍼바이지 96, 112, 126
수퍼비전 29, 30, 111, 114
수퍼비전 관계 112, 116

수퍼비전 기술 30
수퍼비전 체계 103, 235
수평적 관계 116
수평적 의사소통 92
시설평가제 209
시설회계 160
신념체계 121, 190
실습 매뉴얼 131
실습교육 131, 135
실습교육계약 136, 149
실습지도 132, 138
실천 효과성 검증능력 231, 235, 245
실천 효과성 평가 30
실천윤리 30, 127
실천효과성 115
쓰레기통 모형 88

[ㅇ]

안정 지향적 리더 206
업무개선 팀 40
업무계획 119
업무분석 41
업무분석표 28
업무위임 119
업무할당 119
SEA(Service Efforts and Accomplishments) 보고서 240
SWOT 분석 48, 60
MBO 방식 27
역할 모델 115, 192
연 사업계획서 28
연공주의 102
영 기준 165
영 기준 예산편성 161
영리조직 51
예산수립 160
예산편성 157
예외적 관리 218
오하이오 연구 199
옹호자 67, 120
옹호활동 128, 134
외부지향성 213
외부환경 17, 67, 85, 92, 214
욕구 부응성과 책무성 64
욕구 충족 65
운영상의 목표 25
운영지침 53
운영팀 모델(Management Team Model) 253
워크숍 107
월 사업계획서 28
위계문화 222
위기개입 29
유연성 210
윤리적 지표 192
윤리적 책임행동 54, 114, 244
융통성 205
의뢰체계 237
의사결정 73, 75, 84
의사결정 과정 85
의사결정 구조 251
의사소통 75, 80, 90, 120, 221
이단 121
이론의 임상화 작업 151
이사 매뉴얼 49, 259
이사회 81, 163, 194
이사회 개발 프로그램(Board Development Program) 247
이사회 모델 30
이직 103
이해관계자 39
이해당사자 24
이해집단 24
인간관계 기술 20
인간봉사조직 17, 24, 25, 207, 229, 234, 238
인력개발 106
인력유지 102
인력평가체계 235

인사계획 96
인사고과 96, 99
인사관리 48, 96
인사관리 매뉴얼 49
인사관리체계 235
인적자원관리 29, 95, 102
인지욕구(perceived need) 269
인화 지향적 리더 205
일관성 93
일반주의 실천가 127
일반행정 20
일선 사무단위 21
일선 사회복지사 20, 21, 26, 85, 112
일탈행동 121
임상 사회사업(복지) 워크숍 108
임파워먼트 124

[ㅈ]

자금 조달원 239
자기지식 132, 147
자기지식 개발 30, 128
자기평가 128
자기학습 프로그램 109
자생력 194
자신에 대한 이해(self-awareness) 131, 274
자아인식 30, 123, 128, 137
자아인식 발달 132
자아학습(self-study) 276
자원개발 29
자원봉사자 112
자율성 21, 26, 114
자활목표 65
잠재 기부자 177
잠재적 수혜자 25
재무관리 48, 157
재무관리체계 235
재원 24
재활 65
적시성 93
적응력 194
적정성 93
전략기획 253
전략적 기획 74, 75, 213
전략적 일치 80
전문가 43
전문성 19, 64
전문성 증진 109, 115, 228, 233, 263
전문적 발달 30
전문적 사회화 112
전문적 성장 30, 263
전문적 자아 124
전문적 지식 99
전문적 훈련 21
전문평가서 134
접근 용이성 64
정관 259
정부전달체계 63
정책 18
정책 이사회 모델(Policy Board Model) 255
정체성 53, 114
정체성 확립 235
정형화된 의사결정 86
Genogram 279
제2선 수퍼바이저 118
제한된 합리성 모형 87
조력자의 역할 217
조직관리 38, 84
조직관리 기법 27
조직관리활동평가 266
조직구성원 20, 27, 39, 41, 48, 81, 84, 189
조직도 91
조직문화 40, 219
조직문화 형성 223
조직의 목표 23
조직의 주도권 21
조직의 질 43
조직적 역량 38

주도권 26, 114
주중 업무계획표 28, 37
중간관리자 30, 58
중간관리층의 리더십 214
중개자 67
중개자의 역할 216
지도감독 21
지도감독자 평가 265
지방자치제 208
지속적 개선 38
지식 26
지역사회 26, 122, 127, 267
지역사회 망 237
지역사회 연계자 121
지역사회 자원목록 124
지역사회 프로그램 욕구조사 270
지역사회복지협의회 67
지역사회의 승인 242
지역사회의 인정 19, 220
지역사회자원 20
지역사회조사 271
지역사회주민 25, 65, 128, 175, 208, 267
지적자 218
지지적 수퍼비전 113, 123
지출통제 158
직관적 결정 85
직무기술서 28, 29, 96, 124
직무내용 28
직무만족 219
직무명세서 97
직무분석표 96
직무배정 119
직무성과 102, 243
직무성과 평가 96, 99, 244, 266
직무수행요건 28
직원 수퍼비전 125
직원 재교육 107
직원개발 106
직원교육·훈련 29
직원교육·훈련체계 235
직원교환 프로그램 107
직원면담 제도 103
직원모집 118
직원채용 118
직원평가 97, 265
직접 서비스 25, 28
집단문화 222
집단사회사업 153
집단수퍼비전 126
집중 총력 모금 캠페인 176
집중거액모금 캠페인(Capital Campaign) 251

[ㅊ]

책무성 26, 74
책무성 수퍼비전 112
책무성 이행 114
책무성 이행 의무 209
책무성 평가 244
책무성 확보장치(accountability mechanism) 250
철학 30
체계론적 관점 91
체계이론학파 92
촉진자의 역할 217
총체적 품질경영 38
최고관리자 41, 58, 187, 220
최고관리층 215
최고관리층의 리더십 214

[ㅋ]

카리스마적 리더 217
클라이언트 26
클라이언트체계 30

[ㅌ]

통제구조 21

통합기획 80
통합성 64
투명성 207
투입 240
특성이론 198
TQM 38, 235

[ㅍ]

판단적 결정 85
평가지표 25
평등주의 205
표출욕구(expressed need) 269, 271
프로그램식 예산편성 방법 165
피드백 99, 120
P.P.B.S. 161

[ㅎ]

하위관리층의 리더십 215
하위목표 18
학교 실습지도 136
한국대학기금조성 실무자협의회 170
한국사회복지교육협의회 132, 153
한국사회복지사협회 153
합리문화 222
합리성 모형 87
항목별 예산편성 160
핵심가치 30, 53
행동이론 198
행정 15, 18, 118
행정가 85, 116
행정모델 16, 17
행정적 수퍼비전 113, 117, 118, 121, 124
행정적 완충자 121
행정체계 228, 235
혁신·모험적 유형 212
혁신문화 224
혁신자의 역할 216
현임훈련 107, 232
협력모델(Co-operative Model) 251
환경변화 58, 74, 75
환류 116
회계감사 159
효과성 26
효과적 19
효용의 극대화 64
효율성 26
효율적 19
후원 이사회(Patron Board) 251
후원자 26, 194

〈인명〉

Barnard 92
Blake & Mouton 201
C. Hampton 178
Erik Erikson 281
Etzioni 23
Fortune 131
Gilbert Smith 21
House 203
Johnson 129, 273
Kadushin 99
Martin 42
Packard 85
Patti 18
Peter Drucker 27
Pettes 116
Quinn & McGrath 222
Quinn 211, 223
Robbins 195
Skidmore 77, 84
Taylor 91
Terry 195
Trecker 195, 227
Yukl 195

강철희 197
김영종 197
남기민 17, 195
바스 217
신준섭 197
최성재 17

[저자 약력]

서울여자대학교 대학원 사회사업학과/사회복지학박사
이화여자대학교 대학원 사회사업학과/문학석사
서울여자대학교 사회사업학과/문학사
현 서울여자대학교 인간개발학부 사회사업학전공 부교수
현 사회복지법인 꿈·희망·미래 재단 이사/사회복지법인 하트-하트 재단 이사/한국사회복지행정학회 이사/한국지역사회복지학회 이사
태화기독교사회복지관 관장 역임

〈저서 · 역서 및 논문〉
『사회복지기관행정론』, 『기부문화의 대변혁』
'사회복지사의 윤리적 책임행동 결정변인', 한국사회복지행정학, 제5호, pp. 79-113, 2001. 외 다수

Homepage : http://family.swu.ac.kr/~kimkh/
e-mail : kimkh77@hanmail.net

사회복지행정론

2012년 8월 25일 중판인쇄
2012년 8월 30일 중판발행

저 자 김 경 희
발행인 유 성 렬
발행처 **청목출판사**
서울특별시 영등포구 신길로 40길 20
전화 (02) 849-6157(代) · 2820 / 833-6090~1
FAX (02) 849-0817
등록 제318-1994-000090호

파본은 바꾸어 드립니다. 값 18,000원

http : //www.chongmok.co.kr

ISBN 978-89-5565-204-8